Ulrike Stedtnitz
Mythos Begabung

Aus dem Programm Verlag Hans Huber
Psychologie Sachbuch

Im Verlag Hans Huber ist weiterhin erschienen – eine Auswahl:

Ulrike Stedtnitz

Mythos Begabung

Vom Potenzial zum Erfolg

Mit einem Vorwort von Lutz Jäncke

Verlag Hans Huber

Adresse der Autorin
Dr. Ulrike Stedtnitz
Im Wingert 9
CH-8049 Zürich
E-Mail: info@stedtnitz.ch
www.stedtnitz.ch

Lektorat: Monika Eginger, Gaby Burgermeister
Herstellung: Peter E. Wüthrich
Umschlag: Atelier Mühlberg, Basel
Satz: ns prestampa sagl, Castione (TI)
Druck und buchbinderische Verarbeitung: Hubert & Co., Göttingen
Printed in Germany

Bibliografische Information der Deutschen Bibliothek
Die Deutsche Bibliothek verzeichnet diese Publikation in der Deutschen Nationalbibliografie; detaillierte bibliografische Daten sind im Internet über http://dnb.d-nb.de abrufbar.

Anregungen und Zuschriften bitte an:
Verlag Hans Huber
Hogrefe AG
Länggass-Strasse 76
CH-3000 Bern 9
Tel: 0041 (0)31 300 45 00
Fax: 0041 (0)31 300 45 93

1. Auflage 2008

ISBN 978-3-456-84445-9

Inhaltsverzeichnis

Vorwort

Lernen gleich Anpassung – der Mensch als Lernwesen

«Ich kann das nicht, weil ich dafür nicht begabt bin.» So oder so ähnlich hören wir es aus allen Munden, wenn es darum geht, zu erklären, warum man etwas nicht kann. Begabung – oder besser die Nichtbegabung – sind wahrscheinlich die häufigsten Entschuldigungen für etwas, was man nicht kann. Zum Teil mag dies zutreffen, aber in den meisten Fällen ist es lediglich eine beliebte Ausrede, um die Verantwortung für das, was man nicht kann, an etwas anderes, Unerreichbares zu übertragen. Im Vordergrund steht vor allem die Verlagerung der Verantwortung für das, was man nicht kann, möglichst weit weg, um sich selbst zu entlasten. Dieses naive Begabungskonzept hat seine Ursprünge in der Romantik, wo man noch glaubte, dass Fähigkeiten und insbesondere außergewöhnliche Fähigkeiten eher göttliche «Geschenke» seien (s. auch den englischen Ausdruck für Begabung: *giftedness*), die man quasi ohne eigenes Zutun erhalten habe. Diese Idee floss in gewisser Weise auch in die klassische Intelligenzforschung ein, die sich im Wesentlichen der biologisch determinierten Unterschiedlichkeit der Intelligenz annahm. Intelligenz und Begabung sind allerdings Konzepte, die eher statischer Natur sind. Diese Konzepte beschreiben einen Zustand anhand konventioneller Tests, die auf der Basis von kulturell spezifischen Aufgaben konzipiert sind. Es ist unbestritten, dass Begabung und auch das Intelligenzpotenzial wesentliche Grundlagen für die vielfältigen kognitiven Leistungen des Menschen sind. Es wäre allerdings fahrlässig, diese Grundlagen als allein bestimmende Größen zu thematisieren. Dies würde den biologischen Anlagen des Menschen überhaupt nicht gerecht und würde wichtige Aspekte der Entwicklung kognitiver Leistungen negieren. Aktuelle intellektuelle Leistungen sind nie das Produkt eines einzelnen Aspektes, sondern hängen elementar von vielen Anteilen ab. Neben den intellektuellen Grundlagen sind Wissen, Motivation, Erfahrung, Selbstdisziplin und Zeit der Auseinandersetzung mit dem Lernstoff weitere wichtige Bedingungsgrößen.

Erst die komplexe Interaktion dieser Bedingungsgrößen lässt die aktuelle intellektuelle Leistung erklären. Viel wichtiger ist allerdings, dass diese vielen Bedingungsgrößen vielfältige Möglichkeiten der flexiblen und eleganten Anpassung an verschiedene Lernanforderungen ermöglichen.

Der Mensch ist ein biologisches Wesen, das sich infolge der Evolution zu einem besonderen «Lernwesen» entwickelt hat. Trotz einiger rudimentärer biologisch verankerter Reaktionsmechanismen verfügt der Mensch über kognitive und motivationale Fertigkeiten, die es ihm erlauben, sich an verschiedene Sozialsysteme und biologische Nischen anzupassen. Ein typisches Beispiel ist die enorme Fähigkeit des Menschen, konventionelle Sprachsysteme zu entwickeln, was sich daran zeigt, dass der Mensch prinzipiell in der Lage ist, ca. 6000 Sprachen mit ca. 20 000 Dialekten zu lernen. Darüber hinaus kann er sich praktisch in jedes komplizierte Sozialsystem «hineinlernen», obwohl die Sozialsysteme in der Regel auf konventionellen Normen beruhen. Wie bei vielen Dingen in der Natur sind positive Aspekte unausweichlich auch mit negativen verknüpft. So hat der Mensch *trotz* oder vielleicht gerade *wegen* der enormen Lernfähigkeit die Möglichkeit geschaffen, sich selbst zu vernichten und die Umwelt zu zerstören. Das bedeutet, dass der Mensch prinzipiell aufgrund seiner intellektuellen Fähigkeiten über Möglichkeiten verfügt, die Natur aus dem Gleichgewicht zu bringen. Ich zähle diese bemerkenswerten Fähigkeiten nicht auf, um beim Leser so etwas wie *Depressivität* oder *Pessimismus* aufkommen zu lassen, sondern mein Bestreben ist es vielmehr, dem Leser klar und deutlich vor Augen zu führen, dass der Mensch quasi von der Natur mit einem bemerkenswerten intellektuellen Apparat ausgestattet wurde, dessen Grundlage die individuelle Anpassung an *konventionelle* Normen und Regeln ist. Hierbei entfernt sich die intellektuelle Leistung des Menschen zunehmend von engen biologischen Determinanten. Das bedeutet, dass der Mensch quasi zum Lernen «verpflichtet» ist, denn die biologischen Determinanten helfen ihm nicht, sich in den konventionellen Sozialsystemen zurechtzufinden.

Auch wenn wir die Ebene der Spezies verlassen und uns dem einzelnen Individuum zuwenden, erkennen wir eindrücklich, über welch bemerkenswerte Lernfähigkeiten der Mensch prinzipiell verfügt. Wir wissen, dass grundlegende intellektuelle Fähigkeiten bestenfalls zur Hälfte durch genetische Faktoren determiniert sind. Es wäre auch fatal, wenn das kognitive System stärker durch genetische Faktoren determiniert wäre, denn dann wäre die Anpassungsfähigkeit des Menschen an die sich ständig (vom Menschen) veränderten Umwelten und sozialen Strukturen erheblich eingeschränkt. Insofern besteht enorm viel Möglichkeit, dass

Erfahrung (im weiteren Sinne) und das Lernen spezifischer Aspekte unser Verhalten beeinflusst. Einer der bemerkenswertesten Ergebnisse der modernen kognitiven Neurowissenschaften ist, dass das menschliche Gehirn neurophysiologisch und neuroanatomisch plastisch ist. Das heißt, das Gehirn wird infolge von Erfahrungseinflüssen neurophysiologisch (also funktionell) und neuroanatomisch verändert. Gerade letzter Aspekt ist erstaunlich, denn dass Erfahrungseinflüsse die Hardware des Gehirns beeinflussen können, wäre noch vor zirka 15 Jahren von ernsthaften Neuroanatomen mehr oder weniger als «Hirngespinst» disqualifiziert worden. Mittlerweile wissen wir, dass sich neuroanatomische Veränderungen im menschlichen Gehirn innerhalb von fünf Tagen einstellen können. An Modellversuchen konnte außerdem gezeigt werden, dass sich anatomische Veränderungen an den Dendriten (das sind die Antennenbäume der Nervenzellen) schon innerhalb von 30 Minuten einstellen. Ein weiteres wichtiges Ergebnis der Neurowissenschaften ist, dass das Gehirn zunehmend als dynamisches und selbst organisierendes System begriffen wird. Hierbei wird auch klar, dass viele der komplexen intellektuellen Leistungen von den unterschiedlichen Individuen (und deren Gehirnen) höchst individuell kontrolliert und moduliert werden. Insgesamt muss man deshalb feststellen, dass das menschliche Gehirn in jeder Hinsicht zum Lernen vorbereitet ist, man könnte sogar sagen, dass das Gehirn zum Lernen «verpflichtet» ist.

Leider hat sich diese Sichtweise im pädagogischen Alltag noch nicht wirklich durchgesetzt. Man trifft hier vielmehr auf althergebrachte und pessimistische Ansichten bezüglich der intellektuellen Fertigkeiten der zu Unterrichtenden («aus dem wird nie etwas»; «was Hänschen nicht lernt, lernt Hans nimmermehr» etc.). Dabei existieren Befunde und Konzepte, die uns eigentlich mit Zuversicht und hoher Motivation in die Zukunft und Gegenwart schauen lassen. Bieten wir doch einfach dem Menschen (und seinem Gehirn) viele Möglichkeiten, zu lernen und sich zu entwickeln. Die Menschen erwarten es und können auch damit umgehen. Wir müssen «nur» die internen Motivationen wecken und den didaktisch effektiven Zugang finden.

Das vorliegende Werk ist diesem optimistischen Ziel, den modernen Erkenntnissen der Psychologie sowie den kognitiven Neurowissenschaften verpflichtet. In neun Kapiteln rechnet die Autorin mit gängigen und althergebrachten Begabungs- und Intelligenzkonzepten ab und beschreibt alternative Konzepte. Der Kern ihrer Argumentation ist, dass beruflicher und persönlicher Erfolg nicht nur (vielleicht sogar viel weniger als bislang vermutet) von statischen Determinanten wie Intelligenz und/oder

Begabung abhängen, sondern vom kreativen, motivierten und intensiven Umgang mit den Herausforderungen des Lebens, sei es in der Schule, im Beruf, in der Freizeit oder einfach im Alltag. Erfolg in diesen Lebensbereichen ist nicht das Ergebnis einer «geschenkten» Begabung, sondern vielmehr abhängig von der persönlichen Erfahrung und anderen bislang vernachlässigten psychischen Funktionen wie Motivation, Disziplin und Kreativität. Insgesamt ist dieses Werk eine exzellente, kreative und motivierende Anregung für alle, die sich mit dem Lernen und der Entwicklung von Menschen auseinandersetzen.

Lutz Jäncke
Zürich, im August 2007

Kapitel 1
Vom Begabungspotenzial zur konkreten Umsetzung

Es ist eine Binsenwahrheit, dass gute oder sogar sehr gute Fähigkeiten nicht zwangsläufig zur erfolgreichen Umsetzung dieses Potenzials über das ganze Leben hinweg führen. Auch der umgekehrte Fall wird vom Volksmund kommentiert: «Der dümmste Bauer hat die dicksten Kartoffeln».

Zum Beispiel der Schweizer Ivar Niederberger[1], der 22 Geschäfte besitzt, einen Jahresumsatz von 8 Millionen Euro generiert und 58 Mitarbeitende organisiert. Legastheniker, Schulversager, Tourette-Syndrom[2]. Sozialkompetenz? Die Lehre musste er abbrechen, weil er dem Lehrmeister «eine geknallt» hatte. Eine seltene Ausnahme, insgesamt einfach Glück gehabt?

Nun ist ja, wie so oft, die Realität etwas komplexer. In den letzten Jahren sind zahlreiche Ratgeber für Eltern und Lehrpersonen erschienen, die sich mit Fragen beschäftigten wie: Wie erkennt man Begabungen, Talente oder Fähigkeiten bei Kindern? Wann soll eine Förderung einsetzen? Und wie sollte eine sinnvolle Förderung aussehen? Die vielleicht wichtigste Frage jedoch wird von den Ratgebern ausgelassen, nämlich: Wie wird aus dem Versprechen einer Begabung tatsächlicher Lebenserfolg? Wie kann jemand wie Ivar Niederberger so erfolgreich sein, obwohl er während der Schulzeit bestimmt nicht als begabter Schüler auffiel? Zu dieser Frage gibt es in den letzten Jahren zahlreiche Erkenntnisse.

---

1 In: Eigenmann, A. Mit einem Tic mehr zum Millionär. Migros-Magazin 32, 7.8.2006.

2 Das Tourette-Syndrom ist eine neurologische Abweichung, die durch wiederholte, unfreiwillige Bewegungen und sprachliche Äußerungen, auch Tics genannt, charakterisiert ist.

Viele Eltern sind heute extrem verunsichert, in einem Klima von Globalisierung, ständig wachsendem wirtschaftlichen Druck und immer schnelleren technologischen und kulturellen Veränderungen. In den nächsten zwanzig Jahren könnten wir Veränderungen sehen, die so umfassend sind wie die, die zwischen 1900 und 2000 stattfanden – und dies könnte eine konservative Schätzung sein, meint Harvard-Psychologe Howard Gardner. Tatsächlich zeichnet sich ab, dass Arbeitnehmer in Zukunft ein hohes Bildungsniveau, Flexibilität und Fähigkeit zum schnellen Umlernen, multikulturelle Kompetenz, vielfältige Problemlösefähigkeit und unendliche Lernfreude, Sozialkompetenz und emotionale Stabilität aufweisen müssen, sollen sie auf einem globalen Marktplatz erfolgreich sein. Dies mag der Grund sein, dass viele Eltern zur Selbsthilfe greifen, wo die pädagogischen Institutionen scheinbar versagen: Mit vorgeburtlichem Enrichment – etwa Gespräche und klassische Musik fürs noch Ungeborene, mit Drill und Lernprogrammen für Dreijährige, und insgesamt Millionen Euros für Nachhilfeunterricht. Führen diese Maßnahmen zum gewünschten Erfolg? Verschaffen sie den Kindern einen Vorsprung?

Dieses Buch richtet sich in erster Linie an Eltern und Ausbildungsverantwortliche, und dabei nicht nur an solche, die mit «begabten» Kindern und Jugendlichen zu tun haben. Denn wenn die biografische, psychologische und neuropsychologische Forschung der letzten Jahre eines zeigt, dann sicher dies: Letztlich sind die Voraussetzungen für Erfolg komplexer, als viele dachten. Es gibt keine gerade kausale Linie von einem hohen Intelligenzquotienten oder ausgezeichneten Schulnoten zum Erfolg im Erwachsenenalter. Umgekehrt gibt es keine kausale Linie von Lernbehinderungen oder Aufmerksamkeitsstörungen zum Misserfolg.

Ziel dieses Buches ist nicht, eine neue Definition von Hochbegabung zu präsentieren oder zu definieren, wer «wirklich hoch begabt» ist oder nicht. Im Gegenteil – es soll aufgezeigt werden, dass die Suche nach der besten Definition von Hochbegabung möglicherweise in eine Sackgasse mündet, weil Hochbegabung kein Selbstzweck und keine akademische Schreibtischübung ist. Fähigkeiten müssen sich immer in der Lebensrealität bewähren, sollen sie irgendeine Bedeutung haben. Während in zahlreichen Schulen in Deutschland, Österreich und in der Schweiz gegenwärtig überlegt wird, wie sich angeblich hoch begabte Kinder noch früher finden und dann fördern lassen, soll hier aufgezeigt werden, wie problematisch die Etikettierung *Hochbegabung* sein kann. Dazu werden einige wichtige aktuelle Sichtweisen von Begabung oder hohen Fähigkeiten am Rande gestreift, um Antworten auf die für Eltern, Lehrpersonen und vor allem die Kinder selbst eigentlich wichtigste Frage zu finden: Was braucht es wirklich, um die eigenen Fähigkeiten im Leben umzusetzen?

Einmal begabt, immer begabt?

Der Begriff «Begabung» legt nahe, dass wir es hier mit etwas eher Gegebenem, Statischem zu tun haben als mit etwas, das sich ständig entwickelt, entfaltet und vielleicht auch verändert. Dies wird in der englischen Bezeichnung *gifted child* für ein begabtes Kind deutlich, denn *gift* bedeutet Geschenk. Auch der deutsche Begriff spricht ja eine Gabe, etwas Gegebenes und somit ebenfalls eine Art Geschenk an. Viele Eltern glauben noch immer, dass beispielsweise ein einmal bestimmter Intelligenzquotient als Gradmesser der Fähigkeiten ihres Kindes im Wesentlichen lebenslang stabil bleibt. Dass Hochbegabung etwas ist, womit man geboren wird – der amerikanische Erziehungspsychologe Joseph Renzulli nennt es etwas spöttisch «das goldene Chromosom». Sie denken, wenn ihr begabtes Kind von den Lehrpersonen nur richtig erkannt und gefördert wird, so ist der Lebenserfolg des Kindes sichergestellt. Eltern lassen sich gerne überzeugen von der Sichtweise, dass sich eine Hochbegabung ohne weiteres mit dem Intelligenzquotienten definieren lässt – bei uns hat man sich dafür auf den relativ willkürlich bestimmten IQ-Grenzwert von 130 geeinigt. Ein IQ von 130 bedeutet, dass bei einem anerkannten Intelligenztest, wie etwa dem Hamburg-Wechsler-Intelligenztest HAWIK-IV, nur 2 von 100 aller gleichaltrigen Kinder gleich gut oder besser abschneiden. Das heißt, wenn das Kind einen IQ von 131 hat, darf es ins schulische Förderprogramm, mit dem sehr nahe gelegenen IQ von 129 leider nicht. Denn schließlich sind ja die Ressourcen begrenzt, und es kann nur eine bestimmte Anzahl von Kindern ins Förderprogramm. Das ist nur fair, oder nicht?

Auch zahlreiche Fachleute in der schulischen Begabungsförderung und Initianten von Förderprogrammen teilen diese Ansicht. Denn sonst würden sie ja nicht IQ-Werte als teilweise sogar einziges Zutrittskriterium für ein Förderprogramm verwenden. Wenn IQ-Werte dazu verwendet werden, auf der Basis eines bestimmten Grenzwertes – oftmals, wie schon gesagt, wird dafür ein IQ von 130 angenommen – Hochbegabung zu definieren, dann ist der nächste Schritt eine Einteilung in *hoch begabte* und *nicht hoch begabte* Kinder.

Einer der weltweit führenden Intelligenzforscher, Robert Sternberg – lange an der renommierten Yale University und jetzt in leitender Funktion an der Tufts University tätig – beanstandet, dass Kinder breitflächig als *hoch begabt* oder als eben *nicht hoch begabt* etikettiert werden. Dies mit langfristigen Folgen und ohne ein klares Konzept, was Hochbegabung überhaupt bedeutet (Sternberg 2004). Im Hinblick auf spätere Lebensleistung ist eine solche Unterscheidung besonders im Einzelfall höchst unzuverlässig und darum nicht zulässig. Und jedes Schulkind ist ein Einzelfall.

Nicht nur Eltern und Fachleute haben eine oft statische Sichtweise von Begabung und Intelligenz, auch Kinder übernehmen diese schnell einmal. Carol Dweck, Professorin an der Eliteuniversität Stanford in Kalifornien, hat die Überzeugungen untersucht, die Schüler bezüglich ihrer Intelligenz haben. Es gibt Schüler, die Intelligenz als unveränderbare persönliche Eigenschaft ansehen. Dweck nennt diese statische Sichtweise die *Entity Theory* von Intelligenz. Dann gibt es Schüler, die glauben, dass sie ihre Intelligenz durch eigene Anstrengung vermehren können – ihre Sichtweise entspricht eher einer veränderungsbasierten *Incremental Theory*. Interessant ist nun, dass Dweck empirisch zeigen konnte, dass Schüler mit einer statischen Sicht ihrer Intelligenz sich in geringerem Maße an Herausforderungen wagen und eher zu schulischer Minderleistung tendieren als die Schüler, die an die Veränderbarkeit ihrer Intelligenz glauben (Dweck 1999). Wenn Erwachsene Schüler für ihre Intelligenz loben, statt für ihre Anstrengung, dann vermitteln sie einem Kind – wohl unbeabsichtigt – die Botschaft, dass Erfolg und Misserfolg außerhalb der Kontrolle des Kindes liegen. Ein Kommentar wie: «Peter, ein prima Prüfungsresultat, du bist so clever!» wird von Peter so interpretiert: «Wenn Erfolg heißt, dass ich clever bin, so bedeutet Misserfolg bestimmt, dass ich dumm bin.» Wenn solche Kinder gute Noten machen, so ist ihr Selbstwertgefühl intakt. Das ändert sich schlagartig nach dem ersten und jedem weiteren schulischen Misserfolg. Kinder, die für ihre Anstrengung gelobt werden, sehen ihre Fähigkeiten eher als beeinflussbar an und sind deshalb eher willens, sich auch nach Rückschlägen wieder aufzuraffen und es nochmals zu versuchen. Weil sie davon überzeugt sind, dass Intelligenz durch Anstrengung und Durchhaltevermögen wachsen kann, setzen sie sich leistungsorientierte Ziele und suchen akademische Herausforderungen, von denen sie glauben, dass daraus geistiges und schulisches Wachstum resultieren kann. Es braucht nicht viel Fantasie, um sich vorzustellen, dass diese Forschungsergebnisse auch auf junge Erwachsene und schließlich Erwachsene zutreffen könnten.

Warum ist die Aufteilung in *hoch begabt* und *nicht hoch begabt* mit Hilfe des IQs oder auch zusätzlicher Kriterien problematisch? Dafür gibt es eine Vielzahl von Gründen, die auf der aktuellen Hirnforschung, auf der Lernpsychologie und auf Fakten aus der Arbeitswelt beruhen, um nur einige zu nennen. Denn Tatsache ist: Auch als ursprünglich *nicht hoch begabt* etikettierte Menschen können im Leben sehr erfolgreich sein. Die Gründe für diesen Erfolg sollen in diesem Buch beleuchtet werden.

«Leidenschaft plus Ausdauer – die Erfolgsformel, mit der Sie Ihre Ziele erreichen» titelte die deutsche Zeitschrift *Psychologie Heute* kürzlich, und doppelte nach: «Nur die Harten kommen in den Garten.» Interessanterweise erwähnte dieser Artikel überdurchschnittliche Fähigkeiten als Komponente einer eigentlichen Erfolgsformel nur am Rande.

Kurzum: Alle Menschen werden zweifellos mit einem gewissen Begabungspotenzial geboren. Der allgemeine Konsens unter den Wissenschaftlern ist, dass zusammen mit den genetischen Faktoren das Ausmaß dieser «Begabung» etwa 50 Prozent einer späteren, aktualisierten und optimalen Leistung ausmacht – maximal. Der ganze Rest des Leistungspotenzials resultiert aus dem laufenden Zusammenspiel von sich entwickelnden Fähigkeiten, aus persönlichen und aus Umgebungsfaktoren sowie aus ständigem Feedback des persönlichen, schulischen oder beruflichen Umfelds.

Was die Leistungsfähigkeit unseres Gehirns betrifft, so ist die Botschaft der Neurowissenschaftler klar: Der größte Teil des Gehirnleistung ist wenig genetisch determiniert, eine viel größere Rolle spielen Faktoren wie körperliche Bewegung, die richtige Gehirnnahrung und tägliches Dazulernen.

Diese Ansicht ist nicht ganz neu. Der Zürcher Denker Heinrich Jacoby formulierte bereits vor Jahrzehnten folgende Gedanken, die im Buch *Jenseits von «begabt» und «unbegabt»* bis heute erscheinen (Jacoby 1983, S. 10):

> Die Meinung, besonders qualifizierte, ‹begabte› Leistungen hingen weitgehend von spezifischen, besonders günstigen physiologischen Voraussetzungen ab und besonders ‹unbegabte› Leistungen von besonders ungünstigen Voraussetzungen physiologischer Art; die Meinung, dass der eine zum Beispiel ein besseres, der andere ein schlechteres Gehör, geschicktere oder ungeschicktere Hände oder ähnliches schon mit auf die Welt bringe, ist ein irreführendes und unhaltbares Vorurteil und reicht nicht aus zur Erklärung ‹begabter› oder ‹unbegabter› Leistungen.

Traditionelle Sichtweisen von Begabungspotenzial

Vorsprünge. Wie steht es denn mit Kindern, die schon sehr früh durch Leistungen auffallen, die wir eigentlich von Erwachsenen erwarten würden, oder jedenfalls erst von sehr viel älteren Kindern oder Jugendlichen? Solche frühkindlichen Leistungen können das Umfeld sehr verblüffen und verleiten zur Überzeugung, dass es angeborene Begabungen geben muss. Das wunderbare Buch *First Glance. Childhood creations of the famous* (Kupferberg und Topp 1978) berichtet von Dutzenden solcher Kinder: Mozart und Beethoven komponierten schon als Kinder und spielten an den europäischen Höfen der Adligen. Auch Chopin komponierte seine erste Polonaise im Alter von sieben Jahren, und man sagt, dass er so leicht improvisierte wie er atmete. Albrecht Dürer zeichnete bereits mit 13 Jahren mit Hilfe eines Spiegels ein hervorragendes Selbstporträt, das sogar eines der frühesten Selbstporträts der Kunstgeschichte darstellt. Bobby Fischer, einer der besten Schachspieler der Geschichte, lernte das Schachspiel mit etwa sechs Jahren von seiner Schwester. Bereits im frühen Jugendalter war er einer der besten Schachspieler der USA, und mit 14 Jahren gewann er die U.S.-Championship. Sigmund Freud konnte nach einem übersprungenen Schuljahr im Alter von neun Jahren bereits in das Gymnasium eintreten und war dort jahrelang Klassenbester – allerdings auch außerordentlich fleißig. Zahlreiche später berühmte Autorinnen und Autoren schrieben schon als Kinder Tagebücher oder Geschichten: Norman Mailer, Ernest Hemingway, Anaïs Nin, Friedrich Nietzsche, George Orwell, Sylvia Plath. Auch Pablo Picasso zeichnete und malte schon früh, wurde allerdings auch schon früh intensiv geschult. Mit elf Jahren begann er damit, eigene «Kunstzeitschriften» zu kreieren.

Wenn man diese Beispiele betrachtet, scheinen sich bei diesen Kindern Werke auf Erwachsenenniveau früher im musikalischen und zeichnerischen Bereich als im sprachlichen zu manifestieren. Wenn Jugendliche hoch leistend waren, so hatten sie in der Regel oft bereits intensiven Einzelunterricht in der betreffenden Disziplin genossen. Diese Kinder wurden zweifellos mit einem starken Fähigkeitspotenzial geboren, gleichzeitig jedoch auch früh und gezielt gefördert. Die Eltern solcher «kleinen Genies» spielten dabei in vielen Fällen eine wichtige Rolle. In den höheren Schichten waren schon seit jeher Mentoren, Tutoren und Privatlehrer für viel versprechende Kinder – und vor allem auch für Jungen – keine Seltenheit. Denn offenbar hatte Maria Anna Mozart, das Nannerl, von Beginn an ähnlich gute Fähigkeiten wie ihr Bruder Wolfgang Amadeus, jedoch wurde ihr Können bald von dem ihres Bruders überschattet, schon weil dieser regelmäßig zu eigenen Kompositionen ermutigt wurde. Die Schwester arbeitete in der Folge als Klavierlehrerin. Ähnliches lässt sich auch über die Schwestern weiterer Prominenter sagen, von denen viele im späteren Leben mit Depressionen und psychischen Schwierigkeiten zu kämpfen hatten (Pusch 1985).

David Henry Feldman, ein führender Entwicklungspsychologe, hat über eine zehnjährige Langzeitstudie von sechs Kindern mit sehr speziellen Fähigkeiten berichtet – ebenfalls allesamt Jungen (Feldman 1991). Obwohl er bei diesen Kindern nicht das frühe Wachstum der Fähigkeiten beobachten konnte, waren alle sechs Kinder schon sehr früh hoch leistend in verschiedenen Domänen, nämlich Musik, Schach, Schreiben, Naturwissenschaft und Mathematik. Ein Kind zeigte extreme Vorsprünge in verschiedenen Sprachen, in der Mathematik und den Naturwissenschaften, in der Musik und in Symbolsystemen. Diese vielseitige Kombination nannte Feldman «omnibus prodigy» (etwa: «Allroundgenie»). Feldman betont, wie schwierig es war, sogar in den USA als einem Land mit damals über 200 Millionen Einwohnern solche Kinder überhaupt zu finden. Er konnte verfolgen, was aus diesen Kindern nach zehn Jahren wurde: Nur eines hatte die musikalische Karriere beständig weiter verfolgt, ein weiteres nahm ein Universitätsstudium in Naturwissenschaften und Ingenieurwesen auf. Die zwei Schachspieler gaben Schach bereits in der 11. Klasse der High School auf und spielten nachher nur noch gelegentlich, «zum Spaß». Das Kind, das gerne schrieb, begann sich der Musik zuzuwenden und Musiktexte zu schreiben. Und auch der «Alleskönner» wandte sich vor allem der Musik zu. Am Ende des Projekts stellte Feldman ernüchtert fest, wie viel er über diese Kinder gelernt hatte und wie wenig er doch von ihnen wusste. Hatten zu Beginn der Studie auch die Mentoren der Kinder ihren Schützlingen viel versprechende Karrieren in ihren damaligen Spezialgebieten vorausgesagt, so folgert Feldman, dass selbst bei solch herausragenden Vorsprüngen Schlüsse auf spätere Hochleistungen kaum möglich sind – erst recht nicht in den Domänen, wo man das eigentlich erwartet hätte.

Eine aktuelle Langzeitstudie aus der Schweiz hat frühe Vorsprünge in den Kulturtechniken Lesen und Rechnen untersucht (Stamm 2005). Diese Studie ist schon durch die große Zahl an teilnehmenden Kindern sehr interessant. Die Studie wurde 1995 mit fast 400 Schulanfängern begonnen und soll erst 2008 ganz abgeschlossen werden. 2003 waren noch 317 Jungen und Mädchen in der Studie.

Die an der Universität Fribourg tätige Professorin Margrit Stamm schließt aus den Ergebnissen, dass es auf die Frage nach bleibenden Vorsprüngen bei frühem Lesen und Rechnen keine einfache Antwort gibt. Immerhin hatten sich 56 Prozent der Kinder aus eigenem Antrieb Lesen oder Rechnen schon vor der Schule beigebracht, nur rund die Hälfte davon lernten durch die Imitation von Geschwistern oder Nachbarskindern und noch weniger, nur 17 Prozent, durch elterliche Anleitung. Stamm schlussfolgert, dass eigenmotiviertes, vorschulisches Lesen und Rechnen Indikatoren für generell überdurchschnittliche intellektuelle Fähigkeiten sind, während sich das von nur frühem Lesen oder nur frühem Rechnen allein nicht sagen lässt. Allerdings verlor von den «Alleskönnern», den Lesern *und* Rechnern, eine Gruppe den Vorsprung schon im Laufe der ersten Klasse und holte ihn auch in der Folge nicht mehr auf. Dagegen gehörten Kinder aller Gruppen, ob Frühleser, Frührechner oder Alleskönner, die in den ersten drei Schuljahren leistungsmäßig im Top-Drittel der Klasse abschnitten, auch nach acht Jahren noch zu den Besten. Stamm schreibt über die Voraussagekraft von Vorsprüngen aufgrund ihrer Forschungsresultate (Stamm 2005, S. 210):

> Nicht die allgemeinen Fähigkeitsniveaus oder das frühe Lesen- oder Rechnenlernen sind Bedingungsmerkmale für Leistungsexzellenz am Ende der obligatorischen Schulzeit, sondern besonders ausgeprägte Persönlichkeitsmerkmale wie Ausdauer, Leistungsmotivation oder Konzentrationsvermögen. Dem bereichsspezifischen Vorwissen kommt jedoch dann eine besondere Rolle zu, wenn es eigenmotiviert erworben worden ist.

Auch in meiner langjährigen Beratungspraxis habe ich Vorsprünge bei Kindern sehen können. Wie beim Sechsjährigen, der sich zum Ziel gesetzt hatte, die mathematische Größe Pi selbst auszurechnen. Oder beim Fünfjährigen, der 80 Prozent der Aufgaben des Mathematiktests für abschließende Verkaufslehrlinge – zu dem ein Elternteil zufällig Zugang hatte – korrekt beantworten konnte. Aber reichen solche Vorsprünge für spätere Hochleistungen? Sicher nicht.

Was sagen uns diese Beispiele? Sicher, dass es Kinder mit Vorsprüngen gibt, wie immer diese sich auch erklären lassen – genetisch, oder durch Eltern und weitere Erwachsene, die schon früh um die Ermutigung und Förderung dieser Vorsprünge besorgt waren. Vielleicht, dass in relativ strukturierten und definierten Wissensdomänen Vorsprünge leichter sichtbar sind, wie in der Musik, im Zeichnen, in der Mathematik, in den Kulturtechniken Lesen und Schreiben. Jedoch auch, dass frühe Vorsprünge auf keinen Fall längerfristige Voraussagen über eine herausragende Lebensleistung in den betreffenden Bereichen erlauben. Und umgekehrt – wie wir sehen werden: Frühe Schwierigkeiten erlauben nicht unbedingt eine Aussage über späteren Misserfolg.

Der Intelligenzquotient. Die meisten gängigen Intelligenztests[3] bestehen aus einer mehr oder weniger umfangreichen Serie von Einzelaufgaben. Der Durchschnittswert, der von einer Testperson erreicht wird, wird Intelligenzquotient genannt. Dieser Wert lässt sich auch als Prozentrang ausdrücken. So bedeutet ein Prozentrang von 98 in einem Intelligenztest, dass nur 2 von 100 zumeist ungefähr gleichaltrigen Vergleichspersonen in diesem Test gleich gut oder besser abgeschnitten haben.

Am Intelligenzquotienten mögen viele, dass er eine scheinbar genaue Aussage macht. Es ist attraktiv, wenn sich die Fähigkeiten eines Menschen mit einem einzigen Wert beschreiben lassen – und es erleichtert auf den ersten Blick die Planung und Finanzierung von Förderprogrammen für Kinder.

Die Präzision des Intelligenzquotienten ist trotz der standardisierten Testdurchführung eine Täuschung. Denn jede psychologisch ausgebildete Fachperson weiß, dass ein IQ von 130 beispielsweise bedeutet, dass der tatsächliche IQ mit einer 95-prozentigen Wahrscheinlichkeit zwischen 123 und 134 liegen könnte.[4] Diese Annahme trägt der Fehlerquote Rechnung, die bei der Messung vorausgesetzt wird. Das bedeutet aber auch, dass ein Kind mit einem gemessenen Intelligenzquotienten von 125 mit 95-prozentiger Wahrscheinlichkeit einen IQ von 118-130 haben könnte. Nun verlangen zahlreiche Förderprogramme für *hoch begabte* Kinder mindestens einen IQ von 130 als Zugangskriterium. Ein präzises Zugangskriterium für einen ungenauen Messwert.

Macht der IQ eine Aussage über die gesamte Intelligenz eines Menschen? Die Antwort ist ganz klar: nein. Es ist zwar noch sehr häufig so, dass Intelligenz von Testbenutzern als das definiert wird, was Intelligenztests messen – denn dies war die lapidare Definition des an der Harvard University tätigen Professors Edward Boring in den 1920er-Jahren.

Mit wenigen Dingen wurde so viel Forschung in der Psychologie betrieben wie mit Intelligenztests. Und es ist durchaus nicht so, dass –

3 Für eine verständliche Übersicht über die wichtigsten aktuellen Intelligenztheorien und Tests, siehe Funke und Vaterrodt-Plünnecke 2004.

4 Tewes, U., Rossmann, P., Schallberger, U. (Hrsg.) HAWIK-III Manual. Bern: Verlag Hans Huber, 1999.

wenn man Untersuchungen an größeren Gruppen von Testpersonen zugrunde legt – mit Intelligenztests gemessene Leistungsunterschiede unwichtig sind. So hat die Forschung deutlich gezeigt, dass Intelligenztestwerte insgesamt sehr gut die Arbeitsleistung von Erwachsenen vorhersagen, und das über die gesamte Lebensspanne hinweg (Schmidt et al. 1992). Aber eben – insgesamt, nicht unbedingt im Einzelfall. Es gab auch Studien, die das allgemeine Fähigkeitsniveau mit dem späteren Verdienst oder mit einer erfolgreichen Laufbahnentwicklung in Zusammenhang brachten – und dann auch wieder Studien, die dafür keine Belege fanden. Wilk und Sackett (1996) fanden, dass ein durch den IQ beschriebenes höheres Fähigkeitsniveau den Aufstieg in komplexere und damit möglicherweise auch lukrativere Tätigkeiten begünstigte.

Nicht überraschend ist es, dass ein enger Zusammenhang zwischen der Vorhersagekraft des Intelligenzquotienten und Schulleistungen besteht, wenn auch wiederum nicht im Einzelfall. So sagt Heller (2000): «Intelligenzprädiktoren klären immer noch mit Abstand den größten Anteil der Schulleistungsvarianz auf, weit mehr als motivationale oder emotionale Faktoren [...].» Hier beißt sich die Katze in den Schwanz. Denn nachweislich werden zahlreiche Intelligenztests ja gerade durch Schulleistungen und Lehrerurteile validiert – d. h. auf diese Weise wird ihre Gültigkeit bestimmt. Das heißt, wenn ein starker Zusammenhang zwischen Intelligenztestleistungen und Schulleistungen für eine größere Gruppe von Kindern besteht, nimmt man an, dass der Intelligenztest auch wirklich die Fähigkeiten misst, die er messen soll.

Der Intelligenzforscher Robert Sternberg fragt, wie wichtig uns schlussendlich Schulnoten sind, und was sie tatsächlich über den Erfolg im späteren Leben aussagen. Viel wichtiger wären doch vergangene erfolgreiche Tätigkeiten im Alltagsleben, meint Sternberg (2002): «[...] solch einen Prädiktor finden wir offensichtlich eher in erfolgreichen Aktivitäten innerhalb der realen Welt, die sich über geraume Zeit entwickeln können, als in jenen speziellen dreistündigen Aktivitäten in der Welt der Tests.»

Interessanterweise definieren Laien Intelligenz in der Regel viel breiter als Intelligenztestmacher – und dies zu Recht. Denn die Arbeiten der führenden Intelligenztheoretiker der letzten Jahrzehnte, wie Sternberg, Gardner und anderer, haben deutlich gezeigt, dass die menschliche Intelligenz sich nicht auf das Resultat eines zwei- oder dreistündigen Tests beschränken lässt. Kein einziger Intelligenztest erfasst die emotionale und soziale Intelligenz, die musikalische oder sportliche Intelligenz eines Menschen. Nur ansatzweise wird eine differenzierte Aussage über mathematische, sprachliche und visuell-räumliche Fähigkeiten gemacht. Intelligenztests können hervorragende Lebensleistungen in allen diesen Bereichen nicht wirklich voraussagen.

Walberg et al. (1981) schließen auf der Basis ihrer umfassenden Untersuchungen hoch leistender Persönlichkeiten: «Zweifellos gibt es zwischen dem IQ und Eminenz einen Zusammenhang, aber dieser Zusammenhang ist nicht sehr eng [...]. Man kann feststellen, dass die Intelligentesten nicht unbedingt die Besten sind.»

Auch Stamm (2005) zieht nach einer umfassenden Durchsicht der Literatur und Forschungsergebnisse den Schluss, «dass herausragende intellektuelle Fähigkeiten und/oder bereichsspezifische Kompetenzen im Kindesalter allein noch keine Gewähr bieten, dass auch im Erwachsenenalter Spitzenleistungen erzielt werden [...]. Begabungsprädiktoren sind keine hinreichende Voraussetzung für treffsichere Prognosen von Leistungsexzellenz».

Wie sich noch zeigen wird, gibt es praktisch keine zuverlässigen Voraussagen von Leistungsexzellenz im Erwachsenenalter – besonders im Einzelfall.

Kann der IQ wenigstens die aktuellen Fähigkeiten eines Kindes angemessen beschreiben? Im Einzelfall auch dies nicht immer. Mein sechsjähriger Klient, der sich zum Ziel gesetzt hatte, die mathematische Größe Pi selbst auszurechnen, erreichte im Wechsler-Intelligenztest einen genau durchschnittlichen IQ von 100. Der Grund dafür war, dass dieses Kind neben den weit überdurchschnittlichen Fähigkeiten im Rechnen damals noch einige gravierende Schwächen in anderen Bereichen hatte, und der Intelligenzquotient ist ja lediglich ein Durchschnittswert. Die überragenden mathematischen Fähigkeiten des Jungen wurden allerdings selbst durch das hohe Ergebnis im Rechnen nur andeutungsweise ausreichend beschrieben.

Wenige der heute generell eingesetzten kommerziellen Intelligenztests basieren auf einer stimmigen Intelligenztesttheorie, und schon gar nicht auf einer, die neue Erkenntnisse und Forschungsresultate reflektiert. Der für Menschen aller Altersgruppen international gebräuchlichste Test, ursprünglich von David Wechsler in den USA entwickelt, hat inzwischen zwar eine Reihe nützlicher Revisionen erfahren, jedoch stammt das dem Test zugrunde liegende theoretische Konzept aus den 1930er- und -40er-Jahren – wohl undenkbar in den Naturwissenschaften und vielen anderen wissenschaftlichen Disziplinen.

Darum überrascht es eigentlich nicht, dass Intelligenztests in der Berufswelt zwar vereinzelt für Assessments auf Kaderstufe eingesetzt werden, sonst allerdings keine größere Bedeutung haben. Viel wichtiger sind hier Faktoren wie bisherige Leistungsausweise, die Aus- und Weiterbildung, und natürlich Persönlichkeitsfaktoren wie Motivation und Sozialkompetenz. Es gibt – sogar in den testfreudigen USA – einfach keine Unternehmen, Schulen und Universitäten, die Lernende und Mitarbeitende regelmäßig auf der Basis eines Intelligenztests auswählen oder gar evaluieren. Wenn schon, werden Leistungstests eingesetzt, so von den amerikanischen Eliteuniversitäten, die für die Zulassung der Anfänger praktisch alle sehr hohe Ergebnisse in Tests wie dem SAT (Scholastic Aptitude Test) verlangen. Für Tests dieser Art kann gelernt werden, und entsprechend gibt es in den USA eine florierende Vorbereitungsindustrie: Kurse, Software, Übungsbücher. Ein hoher Intelligenzquotient dagegen hat in der Erwachsenenwelt generell keinen Marktwert und öffnet keine Türen. Hohe Kompetenzen in einer spezifischen Domäne – Fußball, Informatik, Anlageberatung – dagegen schon eher.

Sternberg (2002) führt allerdings aus, dass die akademische Unterscheidung zwischen Intelligenz- und Leistungstests nicht ganz legitim ist, denn einerseits verlangen auch Leistungstests Intelligenz, andererseits messen die meisten Intelligenztests größere Anteile von Leistung, beispielsweise in der Form von Wortschatz oder Kopfrechnen. Auch für Intelligenztests könnte demnach selbstverständlich gelernt werden – nur erlauben die Testhersteller keine kommerziell vertriebenen Übungsprogramme. Es soll jedoch vereinzelte geschäftstüchtige Psychologen geben, die Eltern ein Training für einen höheren Intelligenzquotienten ihres Kindes versprechen. Doch was soll dies dem Kind schlussendlich bringen? Wie schon gezeigt wurde, entspricht ein höherer IQ keinesfalls zwangsläufig einer höheren Intelligenz oder besseren Erfolgsaussichten in Schule und Beruf.

Heißt all dies nun, dass Intelligenztests gänzlich unbrauchbar sind? Nein, das sind sie nicht, denn die sorgfältige Analyse des gesamten Fähigkeitsprofils kann die aktuelle Leistungsfähigkeit eines Kindes besonders im Hinblick auf schulische Anforderungen recht gut beschreiben. Aktuelle Schwierigkeiten und Blockaden können recht gut aufgezeigt werden. Man muss sich nur hüten, aus Intelligenztestresultaten mehr zu machen, als sie sind – sinnvolle, begrenzte Aussagen über einige begrenzte Aspekte menschlicher Leistungsfähigkeit. Es ist vorgeschlagen worden (Funke und Vaterrodt-Plünnecke 2004), eher von Testintelligenz als von Intelligenz zu sprechen. Noch besser wäre: anhand von Tests erfasste Fähigkeiten. Und der weitaus passendere und weniger vorbelastete Begriff für *Intelligenztests* wäre *Fähigkeitstests.*

Robert Sternberg hat einmal in einem provokativen Tagungsbeitrag vorgeschlagen, den IQ mit dem Messwert für die Körpergröße zu ersetzen. Letztere ließe sich im Gegensatz zum IQ wesentlich präziser erfassen und habe durchaus ebenfalls eine nicht zu unterschätzende Vorhersagekraft in Bezug auf sozialen und beruflichen Erfolg. Tatsächlich zeigt eine gerade publizierte Langzeitstudie mit über 950 000 schwedischen Männern, dass die Körpergröße im Alter von 18 Jahren starke Voraussagekraft für das spätere Bildungsniveau hatte (Magnusson et al. 2006).

Schulleistungen. Schulnoten werden von vielen Eltern und natürlich auch Lehrpersonen sehr ernst genommen, immer weniger von Arbeitgebern. Manchmal braucht es auch sehr gute Schulnoten, um von einer Ausbildungsstätte in die nächste zu kommen – weniger bei uns in Europa als in den USA, mit Ausnahme von Studiengängen, die einem Numerus Clausus unterliegen.

Wie steht es mit der Voraussagekraft von Schulnoten für den späteren Lebenserfolg? Um diese Frage zu beantworten, kann man Langzeitstudien bemühen oder aber bereits hoch leistende Erwachsene über ihre Schullaufbahn und insbesondere ihre Schulnoten befragen. Beides ist gemacht worden. Interessant sind beispielsweise die Schulleistungen von Menschen, die, historisch gesehen, wesentlich zum kulturellen und wissenschaftlichen Fortschritt beigetragen haben. Darüber berichtet das Buch *Genies in der Schule. Legende und Wahrheit über den Erfolg im Leben* von Gerhard Prause (1987). Natürlich führt Prause in diesem Buch auch Beispiele von erfolgreichen Menschen an, die leistungsmäßig gute Schüler waren. Doch die zahlreichen Beispiele schlechter Schüler geben zu denken (s. **Tab. 1-1** auf S. 30).

Interessanterweise finden sich in den Listen schlechter Schüler praktisch nur Männer, mehr hoch leistende Frauen auf der Liste der guten Schüler. Was ließe sich daraus schließen? Schwer zu sagen, zumal sich in den letzten Jahren die Bedingungen, unter denen jemand im Berufsleben erfolgreich sein kann, stark geändert haben. Es ist heute sicher schwieriger als früher, mit schlechten Noten an gute Ausbildungsplätze und besonders an attraktive Arbeitsplätze zu gelangen – nicht zuletzt aufgrund der wachsenden globalen Konkurrenz.

Ich habe mit mehreren später hoch leistenden Erwachsenen gearbeitet, die in der Schule bestimmt nicht als hoch begabt etikettiert worden wären. Da ist zum Beispiel die Top-Führungskraft einer Großbank, die als Zehnjährige von ihrem Grundschullehrer regelmäßig in die «Dummenecke» gestellt wurde und es nach der 6. Klasse aufgrund von Lernstörungen

Tabelle 1-1: Schulleistungen bekannter Persönlichkeiten (nach Prause 1987)

Schlechte bis allenfalls befriedigende Leistungen
Albert Einstein
Wilhelm Busch
Franz Schubert
Richard Wagner
Henry Kissinger
Die Schule gehasst und fast verzweifelt
Winston Churchill
Franz Kafka
Gottfried Keller
Hermann Hesse
Bertold Brecht
Erfolgreich trotz mangelhafter Schulbildung
Thomas Edison
Alfred Nobel
Andrew Carnegie
Abraham Lincoln
Charlie Chaplin
Jean-Jacques Rousseau

gerade einmal auf das niedrigste Niveau der Oberstufe, eine Realschule, schaffte. Oder die Top-Führungskraft eines weltweit bekannten Unternehmens, aufgrund von Lese-Rechtschreib-Störungen ebenfalls Realschüler, jetzt seit Jahren beruflich und finanziell außerordentlich erfolgreich. Interessanterweise wurde dieser Mann aufgrund seines beruflichen Leistungsausweises später ohne Abitur zu einem universitären Nachdiplomstudium an einer Eliteschule zugelassen. Das ist zu begrüßen. Oder der junge Mann, der aufgrund sehr schwacher Noten und viel schulischen Desinteresses kaum den Mittelschulabschluss schaffte, dann jedoch schon mit 24 Jahren aufgrund eines Schicksalsschlags die väterliche Firma übernahm und sich jetzt im In- und Ausland als Vorzeigeunternehmer und

Trendsetter einen Namen gemacht hat. Es ist postuliert worden, dass der beste Prädiktor für spätere Erfolgsintelligenz vorausgegangene Erfolgsintelligenz ist (Sternberg 2002). Mit Erfolgsintelligenz ist die erfolgreiche Auseinandersetzung mit anspruchsvollen Herausforderungen und Situationen gemeint. Obwohl dies in sehr guten Schulen im Rahmen der schulischen Anforderungen geschehen kann, findet diese Art von Auseinandersetzung doch sehr häufig eher im Alltagsleben statt – beispielsweise bei Jugendlichen, die sich für gemeinnützige und soziale Zwecke engagieren, schon früh eigene Unternehmen auf die Beine stellen, große Partys organisieren oder daheim im eigenen Labor forschen. Es ist meine Erfahrung, dass sich Lehrpersonen oft sehr wenig dafür interessieren, was junge Leute in der Freizeit fordert und begeistert. Schade, denn so ließe sich der Unterricht mühelos bereichern. Produktive junge Menschen wie diese dienen den Klassenkameraden alleweil als Rollenmodell.

Wie steht es mit den Langzeitstudien und Metaanalysen über schulische Leistungen? In einer kürzlichen Langzeitstudie wurden aus über 30 Schulen im amerikanischen Bundesstaat Illinois die 82 Schulabgänger mit den besten Noten über 15 Jahre lang untersucht. Kein Einziger dieser Schulbesten konnte eine herausragende berufliche Laufbahn aufweisen, dies traf in dieser Stichprobe besonders auf die Frauen zu (Arnold 1995). Walberg, Autor zahlreicher Metaanalysen, kommt zu folgendem Schluss (1981): «Es ist bekannt, dass Schulnoten und Ergebnisse von Leistungstests für Gruppen von Schülern mit gleich viel Bildung, wenn überhaupt, nur sehr wenig über die Zufriedenheit und die Leistung in der Welt außerhalb der Schule aussagen.»

Worüber sagen schulische Leistungen denn etwas aus? Sicherlich über Fleiß und Durchhaltevermögen, beides wichtige Faktoren für beruflichen Erfolg, wie wir sehen werden. Sie sagen auch etwas über die Fähigkeit, sich mit dem System Schule zu arrangieren. Der amerikanische Erziehungspsychologe Joseph Renzulli betont allerdings, dass Menschen, die lediglich fleißig sind, im Arbeitsleben meistens keine Positionen einnehmen, die für andere Arbeitsplätze schaffen (in Renzulli et al. 2001). Sie sind oft wertvolle Arbeitskräfte für die Wirtschaft, sind und bleiben jedoch vor allem Ausführende.

Es gibt viele und schon jahrelang bekannte Gründe, warum Schulnoten mit großer Vorsicht interpretiert werden müssen:

- *Die Benotungspraxis variiert von Lehrperson zu Lehrperson.* Es gibt nur sehr wenige Schulmodelle, beispielsweise das an vielen internationalen Schulen angebotene International Baccalaureate Program (IB)[5], wo externe Prüfer und Leistungsbewerter beigezogen werden und dadurch eine gewisse standardisierte Qualitätskontrolle der Benotungspraxis erreicht wird. Deshalb beeinflussen an den weitaus meisten Schulen das Verhalten des Schülers und damit persönliche Sympathien maßgeblich die Notengebung. Angenehme, *pflegeleichte* und sympathische Schülerinnen sind deutlich im Vorteil.

- Auch der sozioökonomische Status beeinflusst das Urteil der Lehrperson. Es konnte gezeigt werden, dass in höheren Schichten die Intelligenzhöhe leicht durch Lehrpersonen überschätzt wird, und umgekehrt (Funke und Vaterrodt-Plünnecke 2004). Die Erwartungen von Eltern und Lehrpersonen an eine Schülerin führen zu unterschiedlicher Behandlung und anschließend oft zu besseren Leistungen. Wenn also ein Kind als hoch begabt oder überdurchschnittlich intelligent etikettiert wird, so wird von Eltern und Lehrpersonen mehr von diesem Kind erwartet, und es wird eher auf Stärken als auf Defizite geachtet. Dieses als *Pygmalion-Effekt* bekannte Phänomen ist in der wissenschaftlichen Literatur hinreichend beschrieben worden. Etikettierung hat natürlich nicht immer nur positive Auswirkungen, das wird noch verschiedentlich in diesem Buch angesprochen werden.

Interessanterweise sind sich die amerikanischen Eliteuniversitäten, und nicht nur diese, der Begrenzungen von Schulnoten sehr bewusst. Deshalb wird in den USA vor dem Eintritt in ein Grundstudium ein Leistungstest mit möglichst hohen Resultaten verlangt, der Scholastic Aptitude Test oder SAT. Damit soll eine gewisse Standardisierung der Leistungsanforderungen erreicht werden. Das reicht allerdings nicht – die Universitäten wollen auch einen vollständigen Lebenslauf sehen, detaillierte Referenzschreiben, Nachweise außerschulischen sozialen und kreativen Engagements, Auflistungen von möglichst überregionalen Preisen und Auszeichnungen, interessante Hobbys, Hinweise auf eine lernfreudige und interessante Persönlichkeit, sowie Beweise von Führungsengagement. Ob es in Europa wohl auch einmal soweit kommt?

In der Schweiz ist beispielsweise in den letzten Jahren ein Leistungstest für Lehrstellenbewerber entwickelt worden, der sogenannte *Basischeck*.

5 Es handelt sich hier um die letzten zwei Jahre einer gymnasialen Schulung, die nach der erfolgreich abgeschlossenen 11. und 12. Klasse zum IB-Abschluss führen.

Es handelt sich um einen standardisierten Test für junge Leute, die sich für eine technisch-wissenschaftliche Berufslehre interessieren. Der Basischeck ersetzt einzelne Tests in den Lehrbetrieben, die vorher gebräuchlich waren.

Vielleicht schaffen solche Tests tatsächlich eine gewisse Gerechtigkeit und Objektivität, wenn darob nicht persönliche Stärken und außerschulische Leistungen junger Menschen vergessen gehen. In dieser Beziehung können wir wohl von den amerikanischen Eliteuniversitäten noch einiges lernen. Oder auch einen Schritt weiter gehen, beispielsweise mit dem Einsatz eines Talent-Portfolios, in dem Lernende fortlaufend ihre besten Arbeiten, außerschulische Erfolge und sonstige Stärken dokumentieren, und das durchaus bei der Vergabe von Lehr- und Studienplätzen zum Einsatz kommen könnte. In der Begabtenförderung schon jahrelang im Einsatz, gewinnen Talent-Portfolios auch in der Arbeitswelt zunehmend an Bedeutung, teilweise auch in elektronischer Form.[6]

Leistungstests. Das größte Problem mit Leistungstests ist vermutlich, dass sie oft mit der Gedächtnisleistung eine zunehmend überholte Form von Leistung erfassen. Im digitalen Zeitalter des 21. Jahrhunderts, wo sich Millionen von Informationen auf Tastendruck blitzschnell aus dem Internet holen lassen, wird erfolgreiches Lernen schon längst nicht mehr durch eine kolossale Faktenansammlung im Gehirn des Lernenden definiert. Obwohl sich der Wert eines soliden und gut vernetzten Basiswissens nicht bestreiten lässt, sollen eher exemplarisch und anhand von ausgewählten Beispielen grundlegende Zusammenhänge erfasst und reflektiert werden. Die Faktenrecherche im Internet und anderswo ist dabei eine Selbstverständlichkeit. Gardner (2000) meint dazu:

> Ich glaube, dass viele unserer gegenwärtigen Testpraktiken, obwohl gut gemeint, fundamental fehlgerichtet sind. Wir setzen zunehmend eine Bildungspolitik um, die bestenfalls einer früheren Epoche entspricht – als die Ansammlung von Bergen von Informationen als das Merkmal einer gebildeten Person betrachtet wurde.

---

6 s. beispielsweise: www.workforce-os.com/news/03_09_05_itp.htm (Zugriff: 17.9.2007)

Was ist Erfolg?

Da hier so häufig von Erfolg die Rede ist, lohnt sich eine kurze Überlegung, was Erfolg überhaupt bedeutet. Vielen Eltern scheint klar zu sein, wie Erfolg grundsätzlich für ihre Kinder aussehen müsste – Erfolg ist, was Erfolg für *sie* bedeutet. Noch immer gibt es leider Eltern, die ihre Kinder bezüglich der Absicht, ihre Passion zu ihrer Profession zu machen, entmutigen. Statt Schauspieler zu werden, sollte der Sohn doch lieber etwas «Seriöses» und «Anständiges» studieren. Dabei wissen wir doch schon längst, dass einige Schauspieler sich sogar zu Staatspräsidenten mausern können.

Sind Menschen mit überdurchschnittlichen Fähigkeiten erfolgreicher als andere?

Beruflicher Erfolg ist wissenschaftlich recht genau beschrieben, definiert und untersucht worden, und es gibt einige interessante Ergebnisse im Hinblick auf diese Frage.

Allgemein werden subjektiv oder objektiv wahrgenommene berufliche Leistungen als Berufserfolg bezeichnet (Judge et al. 1995). Erfolg hat äußere und innere Aspekte. Äußerer Erfolg wird mit der Höhe des Gehalts und der Anzahl der beruflichen Beförderungen in Zusammenhang gebracht, die innere Wahrnehmung von Erfolg ist oft an das subjektive Gefühl beruflicher Zufriedenheit gekoppelt. Wenn man mit vielen Aspekten seiner Tätigkeit unzufrieden ist, würde man diese Tätigkeit wohl kaum als subjektiv erfolgreich bezeichnen. Es gibt noch eine weitere, wesentliche Komponente von äußerem Erfolg, die heute von Soziologen oft als die gesellschaftlich wichtigste betrachtet wird: den beruflichen Status (Korman et al. 1983). Ein hoher beruflicher Status wird in der Regel durch eine entsprechende Aus- und Weiterbildung, durch Belohnungen wie Gehalt und Bonusanteile und einen entsprechenden gesellschaftlichen Beitrag erreicht. Untersuchungen haben gezeigt, dass zwischen äußerem und innerem Berufserfolg ein eher bescheidener Zusammenhang besteht.

Hier ist nun das interessante Resultat mehrerer umfassender Studien (Ganznach 1998): Der Zusammenhang zwischen Intelligenz (gemessen anhand von so genannten Intelligenztests) und Berufszufriedenheit ist praktisch gleich Null. Allerdings sagt das gemessene Intelligenzniveau sehr wohl etwas aus über den äußeren Berufserfolg: Testintelligente Kinder verdienen insgesamt später mehr und nehmen beruflich höhere Positionen ein.

In meiner Beratungstätigkeit habe ich schon Hunderten von jungen Menschen und auch Erwachsenen die Frage gestellt, wie sie Erfolg für sich ganz persönlich definieren. Aus den Antworten wird schnell klar, dass die meisten Menschen Erfolg wesentlich breiter definieren als dies die Soziologen tun: Eine glückliche Partnerschaft, eine gute Beziehung zu den Kindern und sinnvolles gesellschaftliches Engagement für idealistische Ziele werden immer wieder ganz zuerst genannt. Dann auch der intrinsische Aspekt von Erfolg: eine Tätigkeit, die Zufriedenheit bringt und Freude macht. Und oft tauchen Kriterien wie ein hohes Gehalt gar nicht erst auf. Auch die Möglichkeit, eigene Stärken umzusetzen, wird von vielen als wichtig bezeichnet – wo unsere Gaben sind, sind auch unsere Aufgaben. Auch das gesellschaftliche Umfeld beeinflusst natürlich die persönliche Sichtweise von Erfolg, genau wie die Definition von Intelligenz kulturabhängig ist. Tendieren asiatische Kulturen vielleicht eher dazu, persönlichen Erfolg über den kollektiven Erfolg zu definieren, wird Erfolg in westlichen Kulturen eher strikt individuell betrachtet. Vielleicht wird sich in Zukunft ein Verschmelzen beider Werte ergeben, indem Menschen für ihren persönlichen Erfolg Verantwortung übernehmen und sich gleichzeitig bewusst sind, dass es keinen wirklichen persönlichen Erfolg ohne kollektive Verantwortung geben kann. Sternberg (2004) plädiert dafür, dass durch Weisheit statt nur Intelligenz eine Lebenszufriedenheit erreicht werden kann, die nicht auf traditionellen, sondern sehr persönlichen Standards basiert – und wo Erfolg und Intelligenz helfen, zu schützen und nicht zu zerstören, andere zu ermächtigen und nicht auszunutzen.

Minderleister?

Oft ist in der Literatur zur Begabungspädagogik von Minderleistung die Rede. Minderleistung ist sozusagen die Kehrseite des Erfolgs, deshalb lässt sich Minderleistung auf gewisse Weise auch umgekehrt zum Erfolg definieren – denken jedenfalls viele.

In der Begabungspädagogik ist diese Überlegung besonders sichtbar. Es gibt nämlich die häufig geäußerte Meinung unter den Pädagogen und Psychologinnen, dass überdurchschnittlich fähige Menschen ihre Fähigkeiten ganz ausschöpfen müssten: «[...] dabei werden wir den bewährten Grundgedanken beibehalten, dass Underachievement auf einer Diskrepanz von Leistungspotenzial und aktuell erreichter Leistung beruht.» (Ziegler et al. 2000). Diese Forscher sagen immerhin noch dazu, dass Hochleistungen nicht nur auf den schulischen Bereich beschränkt sind, sondern in allen Leistungsbereichen auftreten können. Das Problematische an dieser Art von Definition ist jedoch in der Regel, dass Leistung immer anhand externer Kriterien gemessen wird – anfangs sind dies zumeist Schulnoten, später wohl ähnliche Kriterien, mit denen auch Erfolg definiert wird, nämlich Gehalt und beruflicher Status, allenfalls auch akademische oder künstlerische Leistung. Leistungspotenzial wird in der Regel mit Intelligenztests gemessen. Aber erfassen solche Tests wirklich das Leistungspotenzial eines Menschen? Beispielsweise können sportliche oder musikalische Fähigkeiten nie durch Intelligenztests erfasst werden, ebenso wenig wie soziale oder emotionale Kompetenz. Auch Kreativität kann nie mit Intelligenztests gemessen werden. Und in welchem Bereich soll Leistung im Einzelfall ausgeschöpft werden? In allen, wo ein gewisses Talent besteht? Wer trifft die Wahl, das Kind, die Eltern, die Lehrpersonen oder die Trainer?

Minderleistung kann auch so definiert werden: *Minderleistung ist, wenn ich nicht erreichen kann oder konnte, was ich möchte oder wollte.* Dies wäre fairer. Denn wenn ein Mädchen mit einem weit überdurchschnittlichen IQ von 150 Hausfrau werden will oder ein ähnlich testintelligenter Mann Lehrperson im Kindergarten, ist das Minderleistung? Oder wenn ein solcher Mensch alle konventionellen Arten von Leistung verweigert und in ein Kloster eintritt, ist das Minderleistung? Wie schon gesagt, sehr viele meiner erwachsenen Klienten, Männer und Frauen, nennen persönliche und berufliche Ziele, die an das selbstlose Engagement für andere gekoppelt sind. Minderleistung? Schlussendlich kann niemand, weder Beraterinnen und Pädagogen noch Forscherinnen, beurteilen, was Erfolg für eine andere Person bedeutet. Schon der Versuch einer spezifischen Definition unterstellt, dass es eine *richtige* Art gibt, in diesem Leben erfolgreich zu sein – und dass man ansonsten eben ein Minderleister ist.

Zweifellos gibt es junge Menschen und auch Erwachsene, die sehr darunter leiden, ihre Fähigkeiten nicht umsetzen zu können. Dass ihnen Hilfe zuteil werden soll, steht hier nicht zur Debatte. Und in gewissem Sinne geht es in diesem Buch immer wieder darum, wie sich diese Art von Minderleistung vermeiden lässt.

Das Wichtigste in Kürze

- Erfolg lässt sich letztlich nur persönlich und individuell definieren.
- Intelligenztestresultate sollten am ehesten als sinnvolle, begrenzte Aussagen über einige begrenzte Aspekte menschlicher Leistungsfähigkeit angesehen werden.
- Aussagekräftiger ist die *Erfolgsintelligenz* – die erfolgreiche Auseinandersetzung mit anspruchsvollen Herausforderungen und Situationen.
- Ein Grenzwert von IQ 130 zur Bestimmung von Hochbegabung beruht gänzlich auf statistischen Überlegungen und ist somit willkürlich. Die davon abgeleitete Einteilung in *hoch begabte* und *nicht hoch begabte* Kinder ist ebenfalls willkürlich.
- Ein hoher Intelligenzquotient und hervorragende Schulnoten führen nicht zwangsläufig zum Erfolg, durchschnittliche Testintelligenz und schwache Schulnoten nicht unbedingt zu Misserfolg. Die (Test-) Intelligentesten sind langfristig nicht zwingend die Besten.
- Kinder, die Intelligenz als gegeben betrachten, suchen in geringerem Maße Herausforderungen und neigen stärker zu schulischer Minderleistung als Kinder, die Intelligenz als eine veränderliche Größe und damit anstrengungsabhängig einschätzen.
- Die Neurowissenschaften sagen, dass der größte Teil der Gehirnleistung kaum genetisch bestimmt ist und dass Faktoren wie körperliche Bewegung, tägliche geistige Stimulation und eine angemessene Gehirnnahrung eine wesentlich größere Rolle spielen.
- Ausdauer, Leistungsmotivation und Konzentrationsvermögen sagen gute Schulnoten zu Ende der Schulzeit besser voraus als das Fähigkeitsniveau oder frühes Lesen und Rechnen zu Beginn der Schulzeit.
- Selbst sehr auffällige Vorsprünge im Kleinkindalter lassen kaum Schlüsse auf spätere Hochleistungen in den betreffenden Domänen zu.

Fragen zum Weiterdenken

- Was ist Erfolg für mich ganz persönlich?
- Weiß ich, wie mein Lebenspartner/meine Lebenspartnerin und mein Kind Erfolg definieren?
- Welche Komponenten waren bei der Umsetzung meiner Fähigkeiten entscheidend?
- Welche meiner späteren besonderen Stärken im Erwachsenenalter waren schon im Kindesalter sichtbar?
- Wer entscheidet, welche Talente und Fähigkeiten bei einem Kind am ehesten gefördert werden sollten?

Zur Vertiefung

Funke, J., Vaterrodt-Plünnecke, B. Was ist Intelligenz? München: C. H. Beck, 2004.

Kapitel 2
Aktuelle Sichtweisen von Potenzial und Potenzialumsetzung

Warum wird ein Kind, das in den obersten 1 Prozent der Wechsler Intelligenz Skala abschneidet, viel eher als hoch begabt bezeichnet als ein Kind, dessen Sprintzeit auf 100m es in die Top 1 Prozent der Leistung im Vergleich zur Altersgruppe bringt? Warum wird ein Physiker, der in seinem Land von den Fachkollegen oder einem unabhängigen fachlichen Gremium als Nummer Eins eingestuft wird, als hoch begabt betrachtet, während der Kriminelle, der auf der Liste von Interpol als «meistgesucht» figuriert, dies nicht wird? Warum müssen Kandidatinnen von Miss-Wahlen Fragen von nationaler und internationaler Bedeutung beantworten, während Teilnehmer von wissenschaftlichen Wettbewerben, wie beispielsweise «*Jugend forscht*», nicht ihre körperliche Attraktivität beurteilen lassen müssen?

Robert Sternberg in der Einleitung zu *What do we mean by giftedness? A Pentagonal Implicit Theory* (Sternberg und Zhang 1995)

War im vorangegangenen Kapitel eher von traditionellen Sichtweisen von Fähigkeiten und Begabung die Rede, von Sichtweisen, wie sie oft von Laien vertreten werden, so soll es hier um einige wichtige, international einflussreiche und neuere Modelle von Intelligenz und Hochleistung gehen. Diese Modelle entstanden praktisch alle in der Zeit zwischen 1970 und 2000, und mit einer Ausnahme – dem Münchner Hochbegabungsmodell von Heller[7] – wurde noch keines der Modelle in international gebräuchliche, gängige Testverfahren umgesetzt. Denn zur Testung von Kindern und Erwachsenen verwenden wir noch fast 100 Jahre alte theoretische Grundlagen, wenn auch überarbeitet.

Bevor wir diese Modelle betrachten, soll nochmals ein Blick auf die unbewussten Einstellungen und Grundhaltungen geworfen werden, die praktisch alle Menschen zu einer Diskussion über überdurchschnittliche

7 Zum Müncher Modell ist vor kurzem die Münchner Hochbegabungstestbatterie (MHBT) erschienen: Heller und Perleth (2007).

Fähigkeiten mitbringen, die so genannten Alltagstheorien. Solche Alltagstheorien beeinflussen nicht nur die Denkweise von Laien, sondern in der Regel auch die von Fachleuten. Vermeiden lassen sie sich nicht, sie können höchstens reflektiert und bewusst gemacht werden. Als Organisationshilfe eignet sich hier die von Robert Sternberg und Li-fang Zhang aufgestellte Fünf-Ecken-Theorie (Sternberg und Zhang 1995).

Robert Sternberg und Li-fang Zhang: Die Fünf-Ecken-Theorie

Sternberg und Zhang (1995) unterstellen, dass Alltagstheorien weltweit Gültigkeit haben, wenn es um Begabungsfragen geht. Mit der Fünf-Ecken-Theorie (Pentagonale Implizite Theorie) haben sie beabsichtigt, verschiedene allgemein gebräuchliche Auffassungen über den Begriff Hochbegabung einzufangen. Es ging ihnen dabei weniger um den Begabungsbegriff als solchen, sondern eher darum, was die Öffentlichkeit darüber denkt. Denn es sind ja schlussendlich weniger die Forscher, sondern viel eher Eltern, Lehrpersonen, Arbeitgebende und Unternehmen, die begabungsrelevante Entscheidungen treffen und umsetzen, dies oft nicht basierend auf aktueller Theorie und Forschung.

Was braucht es also, damit jemand als hoch begabt eingestuft wird? Sternberg und Zhang führen dazu fünf Kriterien auf. Wenn allen fünf Kriterien gleichzeitig entsprochen wird, führt dies in der Regel weltweit zum Werturteil *hoch begabt* (vgl. **Tab. 2-1**).

Immer wieder betonen Sternberg und Zhang, dass Alltagstheorien von der jeweiligen Kultur und auch von der Zeitepoche abhängig sind, innerhalb derer sie aufgestellt werden. **Entsprechend gibt es keine objektive Theorie von Begabung oder Hochbegabung.** Es lassen sich lediglich bestimmte Kriterien aufstellen, anhand derer einer bestimmte Leistung beschrieben werden kann. Beide Forscher befürworten deshalb lokale oder regionale Definitionen von Hochbegabung. Eltern, Fachleute und Schulen sollten sich fragen, was ihnen wertvoll ist und welche Fähigkeiten oder Kompetenzen sie in den ihnen anvertrauten Kindern fördern oder entwickeln möchten. Im Rahmen der Pentagonalen Impliziten Theorie gibt es keine *wirklich hoch begabten* Kinder, noch gibt es das objektiv perfekte schulische Förderprogramm.

Im Folgenden werden zwei einflussreiche neuere Intelligenztheorien und zwei unter Fachleuten international bekannte Modelle von Hochleistung kurz vorgestellt. Alle vier müssen sicherlich durch die vorsichtige Brille der Fünf-Ecken-Theorie betrachtet werden.

Tabelle 2-1: Die Pentagonale Implizite Theorie (nach Sternberg und Zhang 1995)

Die Fünf-Ecken-Theorie
Kriterium 1: Exzellenz Die Person ist im Vergleich zu Gleichaltrigen oder zu Vergleichspersonen anderen deutlich überlegen, in einem bestimmten Fähigkeitsbereich oder in mehreren. Was deutlich überlegen bedeutet, hängt dabei vom Umfeld und von der Art der Messung ab. Ein Informatiker wäre in einem Bergdorf in den Anden den meisten Dorfbewohnern mit seinen Kompetenzen weit überlegen, kaum dagegen in Frankfurt. Ein spiritueller Heiler kann anderen deutlich überlegen sein, doch wir haben gegenwärtig Schwierigkeiten, dies empirisch zu erfassen.
Kriterium 2: Seltenheit Bei der Person muss in hohem Maße etwas vorhanden sein, das im Vergleich zu anderen Menschen eher selten auftritt. Selten ist beispielsweise die Fähigkeit, zehn Sprachen fließend in Wort und Schrift zu beherrschen.
Kriterium 3: Produktivität Der Bereich oder die Bereiche, in denen die Person als deutlich überdurchschnittlich bewertet wird, müssen zumindest potenziell zu Produktivität führen. Dieses Kriterium wird oft noch nicht auf Kinder angewandt. Wenn jedoch Erwachsene nicht produktiv sind, dann werden sie nur mit Einschränkungen als begabt bezeichnet. Das heißt: Von einem mathematisch hoch fähigen Erwachsenen wird erwartet, dass sich die Fähigkeiten in beruflicher oder akademischer Leistung niederschlagen, soll er als begabt bezeichnet werden.
Kriterium 4: Beweisbarkeit Die Person muss anhand von relevanten Testresultaten oder tatsächlichen Leistungsbeweisen zeigen können, dass sie wirklich über Fähigkeiten in bestimmten Bereichen verfügt. Auch ein Gremium von Fachexperten kann einen solchen Beweis erbringen. Interessant: Gerade in den USA werden zunehmend direkt alltagsrelevante Assessment-Verfahren eingesetzt: *performance- and product-based assessment.* Auch bei uns ist das in der Arbeitswelt zunehmend der Fall. Deshalb werden statt traditioneller IQ-Tests oder auch Leistungstests eher Assessments eingesetzt, die direkte Relevanz zu Leistungskriterien im Arbeitsumfeld aufweisen – dies bei Führungskräften, Wissenschaftlern und auch hoch Leistenden wie Top-Musikern und Sportlern.
Kriterium 5: Wert Die Person muss eine deutlich überdurchschnittliche Leistung in einem Bereich zeigen, der vom gesellschaftlichen Umfeld der oder des Betreffenden Wertschätzung zukommt. Also: Während das Guinness-Buch der Rekorde zahlreiche Hochleistungen aufweist, sind die wenigsten von größerer gesellschaftlicher Bedeutung und deshalb auch nicht allgemein bekannt.

Howard Gardner – eine prominente Attacke auf den Intelligenzquotienten

Der amerikanische Kognitions- und Erziehungswissenschaftler Howard Gardner war nicht der erste, der über Intelligenz in verschiedenen Bereichen sprach – das hatten beispielsweise vorher schon Thurstone und Guilford getan – jedoch war er der erste, der von verschiedenen, relativ eigenständigen Intelligenzen sprach und die Existenz einer durch den IQ empirisch erfassbaren Gesamtintelligenz verneinte. Sein Buch *Frames of Mind* (dt.: *Abschied vom IQ*, 1994) wird unter Fachleuten bis heute heftig diskutiert und hatte zahlreiche pädagogische Auswirkungen, unter anderem auf die Konzeption von Schulen und Förderprogrammen weltweit.

Howard Gardner ist Professor für Kognition und Erziehung an der Harvard Graduate School of Education in Boston, er hat einen fundierten Hintergrund in Neuropsychologie. Im Jahr 2005 wurde er von den amerikanischen Foreign Policy and Prospect Magazines als einer der 100 weltweit einflussreichsten in der Öffentlichkeit stehenden Intellektuellen bezeichnet. Er hat mehr als 20 Bücher geschrieben, die in 23 Sprachen übersetzt wurden, über Themen wie Kreativität, herausragende Führungspersönlichkeiten, das Bildungswesen, Schulmodelle, oder die Denkweise von Kindern – kürzlich auch über Ethik in der Arbeitswelt.

Gardners Theorie der acht Intelligenzen basiert auf den Forschungsarbeiten von Projekt Zero[8]. Seit 1967 wurden in dieser an der Harvard Graduate School of Education angesiedelten Forschungsgruppe Lernprozesse von Kindern, Erwachsenen und Organisationen untersucht – ursprünglich, um den Kunstunterricht zu verbessern. Inzwischen wird im Rahmen von Project Zero an alternativen Assessment-Formen gearbeitet, sowie an individuellen und interdisziplinären Lehr- und Lernformen auf der Basis der multiplen Intelligenzen. Eine internationale Zusammenarbeit ergab sich mit der italienischen Reggio Emilia, wo insbesondere die Vorschul- und Kindergartenprogramme viele der von Projekt Zero vertretenen Ansätze schon längere Zeit umsetzen. Howard Gardner beschäftigt vor allem die Frage, wie Individuen wahrnehmen und lernen. Deshalb ist er überzeugt, dass ein in der Regel dreistündiges empirisches Testverfahren nicht erfassen kann, wie Kinder und Erwachsene wirklich lernen und denken – dazu braucht es seiner Auffassung nach längere, qualitative und nicht nur quantitative Beobachtung.

---

8 www.pz.harvard.edu/index.htm (Zugriff: 17.9.2007)

Die Arbeiten zu den ursprünglich sieben, später acht Intelligenzen entstanden unter dem Einsatz zahlreicher wissenschaftlicher Forschungsmethoden. So untersuchte Gardner beispielsweise die Auswirkung von spezifischen Hirnverletzungen auf menschliche Fähigkeiten, evolutionäre Einflüsse, Entwicklungsmuster, Fallstudien ungewöhnlicher Fähigkeiten, sowie psychometrische Forschungsarbeiten. Die Theorie ist in den folgenden Jahren differenziert und pädagogisch praktiziert, jedoch nicht weiter empirisch getestet worden.

Gardner ist der Meinung, dass alle Menschen eine mehr oder weniger starke Ausprägung von mindestens acht verschiedenen Intelligenzformen zeigen (vgl. **Tab. 2-2**). Daraus ergibt sich für jeden Menschen ein einzigartiges Profil. Jede dieser Intelligenzen beinhaltet die Möglichkeit des Einzelnen, Probleme zu lösen oder Produkte zu schaffen. Die acht Intelligenzen unterliegen strengen Kriterien, die sie definieren: Sie müssen in bestimmten Hirnregionen zu finden sein, die dazugehörigen Informationen müssen als Symbolsystem ausgedrückt werden können und es muss Menschen geben, die die entsprechenden Fähigkeiten isoliert aufweisen – wie Autisten, auch Idiots Savants genannt.

Tabelle 2-2: Howard Gardners acht Intelligenzen (nach der Darstellung in Sternberg und Williams 2002, S. 127)

Intelligenz	Kernkomponenten	Beispiele
1. sprachlich	Sensibilität für die Klänge, Rhythmen und Bedeutungen von Wörtern; Verständnis für die verschiedenen Funktionen von Sprache	Dichter, Journalist
2. logisch-mathematisch	Sensibilität und Unterscheidungsfähigkeit in Bezug auf logische und nummerische Muster; Fähigkeit zum Umgang mit komplexen logischen Schlüssen	Naturwissenschaftlerin, Mathematikerin
3. räumlich	Fähigkeit zur genauen Erfassung visuell-räumlicher Wahrnehmungen; Fähigkeit, diese Wahrnehmungen zu bearbeiten und zu transformieren	Navigator, Bildhauer

Intelligenz	Kernkomponenten	Beispiele
4. musikalisch	Fähigkeit, Rhythmen, Tonhöhen und -qualitäten zu produzieren und aufzunehmen; Wertschätzung für die verschiedenen Formen musikalischen Ausdrucks	Komponistin, Violinistin
5. körperlich-kinesthetisch	Fähigkeit, die eigenen Körperbewegungen zu kontrollieren und geschickt mit Objekten umzugehen	Tänzer, Athlet
6. interpersonal (sozial)	Fähigkeit, auf angemessene Weise die Stimmungen, Temperamente, Motivationen und Wünsche anderer Menschen wahrzunehmen und auf diese einzugehen.	Therapeutin, Autoverkäuferin
7. intrapersonal (emotional)	Zugang zu den eigenen Gefühlen sowie die Fähigkeit, diese zu unterscheiden und sie für das Verhalten einzusetzen; Kenntnis der eigenen Stärken, Schwächen, Wünsche und Intelligenzen	Schauspieler, Schriftsteller
8. naturalistisch	Fähigkeit, Muster in der Natur zu erkennen und zu verstehen	Geologin, Biologin

Wie schon gesagt, ist Gardners Theorie nicht nur positiv aufgenommen, sondern auch immer wieder heftig kritisiert worden. Häufig wird beanstandet, es handle sich um eine eher intuitive als wissenschaftliche Theorie oder auch, dass es sich bei den Intelligenzen eher um Talentformen oder Persönlichkeitsmerkmale handle. Auch die von Gardner behauptete Eigenständigkeit der verschiedenen Intelligenzen wurde kritisiert, da es sehr viele wissenschaftliche Untersuchungen zu den Beziehungen verschiedener Fähigkeiten untereinander gibt.[9]

Interessanterweise gibt es in einer benachbarten Domäne ebenfalls ein umfassendes Modell menschlicher Interessenorientierungen und damit verbundener Persönlichkeitsaspekte, das nie in dem Maße wie Gardners Intelligenzen in Frage gestellt wurde: das in den USA von John L. Holland während mehr als 30 Jahren an der Johns Hopkins University entwickelte Holland-Modell, das in jüngster Zeit auch im deutschsprachigen Raum innerhalb der Berufsberatung breit eingesetzt wird.[10] Hollands Theorie besagt, dass alle Menschen einer bevorzugten Interessen- und Persönlichkeitsorientierung zugeordnet werden können, die aus den folgenden sechs Typen besteht: handwerklich-technisch, untersuchend-forschend, künstlerisch-kreativ, erziehend-pflegend, führend-verkaufend und ordnend-verwaltend. Da Interessen immer auch auf Fähigkeiten beruhen, sollte es auf der Hand liegen, das auch Hollands Theorie in gewissem Sinne ein Fähigkeitsmodell darstellt. Eines, dass sich inzwischen in zahlreichen westlichen Ländern durchgesetzt hat – vielleicht, weil es nie eine Konkurrenz für psychometrische Testkonstrukteure darstellte.

Gardner selbst hat seine eigene Theorie immer wieder hinterfragt, so in verschiedenen Folgebüchern. Dazu hat er sich in jüngster Zeit verschiedenen seriösen Kritikern gestellt, so in *Gardner under Fire* (Schaler 2007). Er selbst sagte zur laufenden Debatte (Gardner 2004): «Als jemand, der über multiple Intelligenzen intensiv nachgedacht hat, kenne ich die Schwächen der Theorie besser als die meisten. Dennoch bin ich weit davon entfernt, meine eigene Theorie als widerlegt zu erklären. Ich habe in der Zwischenzeit auch keine eindimensionale oder genetisch bestimmte Sichtweise des menschlichen Intellekts angenommen.»

Zahlreiche Schulen und Lehrpersonen, unter anderem in Deutschland, Österreich und der Schweiz, haben Gardners Gedankengut teilweise in den Unterricht integriert. Es gibt vor allem in den USA unzählige Bücher und Lehrprogramme, die die Theorie erklären, Unterrichtsbeispiele geben und Beobachtungen von Kindern auf der Basis der acht Intelligenzen umreißen.

---

9 Ein englischsprachiger Selbsttest zu den multiplen Intelligenzen findet sich auf der kanadischen Website www.ldrc.ca/projects/miinventory/index.php (Zugriff: 17.9.2007)

10 Eine auf dem Holland-Modell basierende, deutschsprachige Online-Version mit Auswertung, Explorix, findet sich gegen eine geringe Gebühr als Selbsttest auf www.explorix.de (Zugriff: 17.9.2007)

Insgesamt machen es sich diejenigen Kritiker wohl zu leicht, die Gardners Arbeit einfach als unwissenschaftlich abqualifizieren. Gardner hat die weltweite Debatte über die Natur menschlicher Intelligenz mit wertvollen, innovativen Aspekten belebt – aus der Sicht eines Denkers, der nicht nur an Statistiken, sondern auch an einzelnen Menschen interessiert ist. Er denkt breit, interdisziplinär und kreativ. Es wäre sicher zu begrüßen, wenn die Theorie und die daraus resultierenden pädagogischen Umsetzungen in Zukunft weiter wissenschaftlich getestet würden. Unter den Lehrpersonen und auch Eltern hat die Theorie über die acht Intelligenzen sicher zu einer längst überfälligen Erweiterung des Blickwinkels und zu einer neuen Wertschätzung verschiedener Fähigkeiten beigetragen.

Robert Sternberg: Drei Kernkomponenten von Intelligenz

Es ist sicher nicht übertrieben, Robert Sternberg als den aktuell insgesamt produktivsten und innovativsten empirischen Forscher zum Thema menschliche Intelligenz zu bezeichnen.

Im Kindergarten als «lernbehindert mit einem Entwicklungsrückstand» diagnostiziert, studierte Sternberg später an der Yale University und doktorierte an der Stanford University. Bis vor kurzem war er Professor für Psychologie an der Eliteuniversität Yale und ist jetzt Dean for Arts and Sciences an der Tufts University – dort kann er endlich Einfluss auf die universitären Aufnahmekriterien nehmen, was ihm an der Yale University leider nicht gelang. Sein Forschungsschwerpunkt liegt schon seit Jahren bei der menschlichen Intelligenz, er hat aber auch Forschungsprojekte zu den Themen Kreativität, Weisheit, Führungsverhalten, Liebe und Beziehung, Kultur und Kompetenz und anderen beaufsichtigt und durchgeführt. Er ist Autor von über 1000 Büchern und Fachartikeln und hat seine theoretischen Ansätze immer wieder auch internationaler Forschung unterzogen (s. beispielsweise Sternberg et al. 2001).

Sternbergs bekanntester Beitrag zur Intelligenzforschung ist die Triarchische Theorie zur menschlichen Intelligenz (vgl. **Abb. 2-1**), erstmals beschrieben in *Beyond IQ: A triarchic theory of human intelligence* (1985). Geht es bei Gardners Theorie um voneinander relativ unabhängige Fähigkeiten, so postuliert Sternberg mit diesem Modell drei teilweise voneinander abhängige Aspekte von Intelligenz – die er auch als Prozesse oder Subtheorien bezeichnet. Mehr als um die Frage, welche Bereiche durch

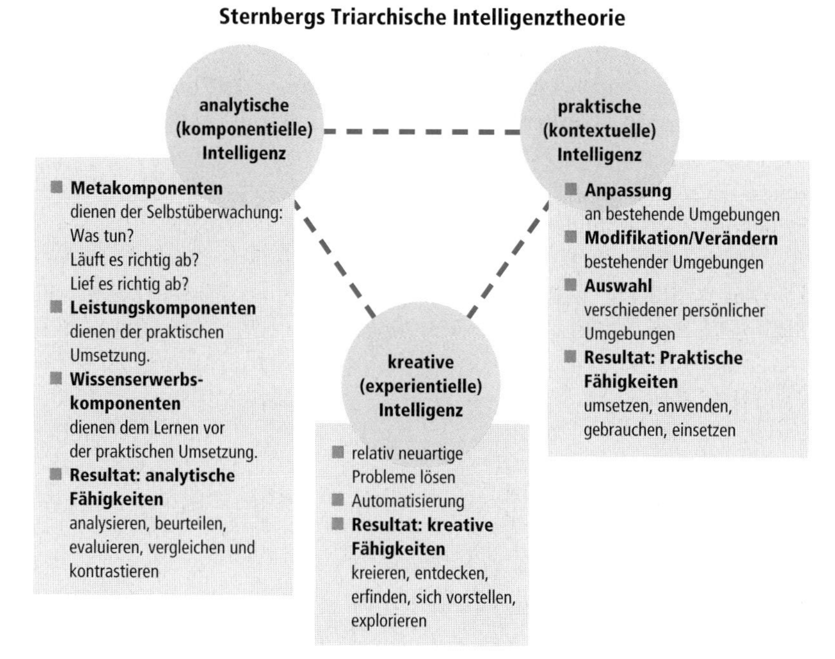

Abbildung 2-1: Sternbergs Triarchische Theorie zur menschlichen Intelligenz. Nach Sternberg und Williams 2002, S. 130.

Intelligenzen ausgedrückt werden, geht es Sternberg um die Frage, auf welche Weise sich Menschen in jeder beliebigen Domäne oder Disziplin intelligent verhalten.

Nur ein Aspekt von Sternbergs Theorie spricht mit der analytischen Intelligenz die herkömmliche Sichtweise von Intelligenz an. Diese Art von Intelligenz lässt sich teilweise durch traditionelle Intelligenztests erfassen, zeigt sich oft in guten Schulleistungen, im abstrakt-logischen Denken, in den sprachlichen und mathematischen Kompetenzen.

Zusätzlich postuliert Sternberg zwei neue Aspekte, die in herkömmlichen Intelligenztheorien nur am Rande oder gar nicht erwähnt werden, nämlich den der praktischen und den der kreativen Intelligenz. Mit der praktischen Intelligenz bezeichnet er die Fähigkeit, sich auf intelligente Weise an ein spezifisches Umfeld anzupassen, dieses Umfeld sogar nach seinen Bedürfnissen zu verändern oder ein noch passenderes, persönlich vorteilhafteres Umfeld auszuwählen. Dieser Aspekt der Adaption und Modifikation wurde viel früher schon einmal vom Schweizer Entwicklungspsychologen Jean Piaget angesprochen, jedoch nicht so konsequent über verschiedene Altersgruppen hinweg wissenschaftlich untersucht wie von Sternberg.

Praktische Intelligenz heißt für Sternberg Alltagsintelligenz, «gesunder Menschenverstand», Erkennen und Lösen praktischer Probleme, Einsetzen praktischer Erfahrung, die intelligente Anwendung. Kreative Intelligenz lässt sich wohl ansatzweise über Kreativitätstests erfassen, geht für Sternberg jedoch noch viel weiter und bezeichnet die Neudefinition von Fragestellungen, das Hinterfragen gängiger Annahmen und Praktiken, das Beschreiten ungewöhnlicher Lösungswege, das Generieren neuer Ideen und das Experimentieren mit innovativen Ideen. Mit diesen zwei Aspekten lässt Sternberg herkömmliche Intelligenztests und Schulpraktiken weit hinter sich. Dass diese Aspekte wichtige Komponenten intelligenten Verhaltens in Wissenschaft und Gesellschaft sind, steht außer Frage.

Die verschiedenen Teilaspekte der Triarchischen Intelligenztheorie sind über die letzten zwei Jahrzehnte hinweg umfassend erforscht worden, auch in verschiedenen Ländern. Hier ein Beispiel der Arbeitsweise in Bezug auf die praktische Intelligenz: Sternberg und seine Mitarbeitenden (Sternberg et al. 1995) konstruierten Tests, um den *gesunden Menschenverstand* von Managern, im Verkauf Tätigen, von Hochschuldozenten und Studierenden zu erfassen. Dabei zeigten alle Untersuchungen das gleiche Resultat. Die Tests zur praktischen Intelligenz sagten die tatsächliche Leistung im Arbeitsleben wesentlich besser voraus als IQ-Tests. Auch konnte gezeigt werden, dass die Tests zur praktischen Intelligenz tatsächlich etwas ganz anderes maßen als die IQ-Tests.

Die Kombination aller drei Aspekte – analytische, praktische und kreative Intelligenz – nennt Sternberg (2002) Erfolgsintelligenz. Diese sei insgesamt relativ unabhängig von der Dauer der Schulbildung, vom Fähigkeitsniveau oder gar vom IQ insgesamt, der Herkunft oder der sozialen Schicht. Jeder Mensch besitze entwicklungsfähige Fähigkeiten und Stärken, die er auf individuelle Art ständig verbessere. Menschen mit Erfolgsintelligenz hätten die Fähigkeit, ihre persönliche Auffassung von Erfolg zu verwirklichen, im Rahmen ihres sozialen und kulturellen Umfelds. Wesentlich sei es, dass bereits die Eltern, aber auch die Schule und das spätere Arbeitsumfeld die Entwicklung dieser Erfolgsintelligenz auf jede erdenkliche Weise unterstützten und die einzigartigen Fähigkeiten eines Jeden nicht als festgelegte Größen, sondern als dynamisch und flexibel begreifen würden. Die aktuellen Forschungsergebnisse der Neuropsychologen unterstützen auf jeden Fall eine solche Ansicht, wie etwas später in diesem Kapitel aufgezeigt wird. Ivar Niederberger vom

Anfang dieses Buches ist sicher ein Beispiel eines Menschen, der seinen persönlichen Zielen und Ambitionen durch Erfolgsintelligenz zum Durchbruch verhelfen konnte. Ob er einen hohen IQ hat? Wir wissen es nicht.

Erfolgsintelligenz liegt nach Sternberg vor allem dann vor, wenn sich die drei Kernkomponenten intelligenten Denkens und Handelns – analytische, kreative und praktische Stärken – in einer gewissen Balance befinden. Es ist natürlich möglich, dass eine der drei Komponenten stark überwiegt, wodurch eine erfolgreiche Realisierung des individuellen Potenzials nach Sternbergs Ansicht erschwert wird. Wie kann eine Balance erreicht werden? Indem Menschen sich ihrer Stärken bewusst werden, diese konsequent einsetzen, und gleichzeitig ihre Schwächen auffinden, so dass sie sich besser an ihr Umfeld anpassen, dieses verändern oder ersetzen können. Menschen mit Erfolgsintelligenz sind in der Regel überzeugt, dass sie Ziele erreichen können, sie lernen von ihren Erfahrungen und können ihre Fähigkeiten und Ambitionen im Alltag umsetzen. Sternberg sieht auch einen Zusammenhang zwischen der Kenntnis des individuellen Denkstils und Erfolgsintelligenz, und hat dazu zahlreiche wissenschaftliche Untersuchungen durchgeführt. Vom Denkstil wird später in diesem Kapitel noch die Rede sein.

Sternbergs Theorie wurde allgemein gut aufgenommen, weil sie den Intelligenzbegriff erweitert und weil viele Fachleute damit einverstanden sind, dass Intelligenz auch praktische und kreative Aspekte umfassen sollte. Die Theorie wird durch etliche wissenschaftliche Untersuchungen gestützt – es sollten noch mehr sein, finden manche. Die Theorien von Gardner und Sternberg gelten beide als systemische Modelle – das heißt, die beziehen das gesamte Umfeld eines Menschen mit ein – und sind als solche breiter und umfassender als bisherige psychometrische Theorien, die sich vor allem mit gemessener Intelligenz bei Einzelpersonen befassen.

Was besonders bei Sternbergs sehr fundierter Theorie bedauerlich ist, ist der bisher unzulängliche Transfer in schulische und berufliche Selektions- und Förderpraktiken. Dies, obwohl Sternberg in dieser Richtung zahlreiche Vorschläge gemacht hat. Diese Entwicklungen werden wohl vor allem Zeit brauchen.

Das Münchner Modell von Kurt Heller

Kurt A. Heller ist emeritierter Professor der Universität München, wo er seit 1981 Psychologie mit den Schwerpunkten Psychologische Diagnostik und Evaluation lehrte und umfangreiche Forschungsprojekte beaufsichtigte. Heller hat fast 500 Publikationen veröffentlicht oder herausgegeben. Bücher wie das *Lehrbuch Begabungsdiagnostik in der Schul- und Erziehungsberatung* (2000) gelten im deutschsprachigen Raum als Standardwerke. Heller ist auch Begründer des ersten europäischen Master-Studiengangs zum Thema Potenzialentwicklung, *Psychology of Excellence.* Hellers theoretische Arbeit hat ein praktisches Fundament, denn er arbeitete mehrere Jahre als Lehrer und Bildungsberater.

Besonders bekannte, teilweise internationale Forschungsprojekte waren die Münchner Hochbegabungsstudie (1985-1989) mit zwei Follow-ups in den 1990er-Jahren, eine zehnjährige Längsschnittstudie zur Begabtenförderung und Leistungsentwicklung im Gymnasium (1992-2001), Langzeitstudien zu den Internationalen Schülerolympiaden in Mathematik, Physik und Chemie, das noch laufende Modellprojekt *Förderung besonders talentierter Gymnasialschüler/innen in Mathematik, Informatik, Naturwissenschaft und Technik (MINT)* und weitere.

Heller bezeichnet das Münchner Modell als Hochbegabungsmodell (vgl. **Abb. 2-2**), obwohl es eigentlich ein Modell ist, das Hochleistung oder überhaupt menschliche Leistung in irgendeinem Bereich erklärt. Zwischen Hochbegabung und Hochleistung wird begrifflich oft kein Unterschied gemacht, jedoch ist Hochleistung der wesentlich genauere Ausdruck, da er die bereits umgesetzte Begabung beschreibt – und all die Faktoren, die es außer Begabung zusätzlich braucht. Begabung beschreibt hingegen eher das noch nicht aktualisierte Leistungspotenzial. Auf der Basis des Modells von Heller ist die *Münchner Hochbegabungstestbatterie MHBT* von Heller und Perleth (2007) entwickelt worden, die zur Beschreibung und Identifikation von Kindern mit überdurchschnittlichen Fähigkeiten eingesetzt werden soll. Da das Modell multiple Komponenten zur Erklärung schulischer und außerschulischer Leistungen beinhaltet, lässt es sich nach Auffassung der Autoren auch zur Erklärung und Beschreibung von Minderleistung einsetzen, und zwar zu jedem Zeitpunkt der Entwicklung des Kindes.

Das Münchner Modell erklärt Hochleistungen in verschiedenen Bereichen, beispielsweise in Mathematik, Naturwissenschaften oder Technik, durch leistungsrelevante Begabungsfaktoren. Zu diesen gehören nach Heller intellektuelle Fähigkeiten, kreative Fähigkeiten, aber auch Musi-

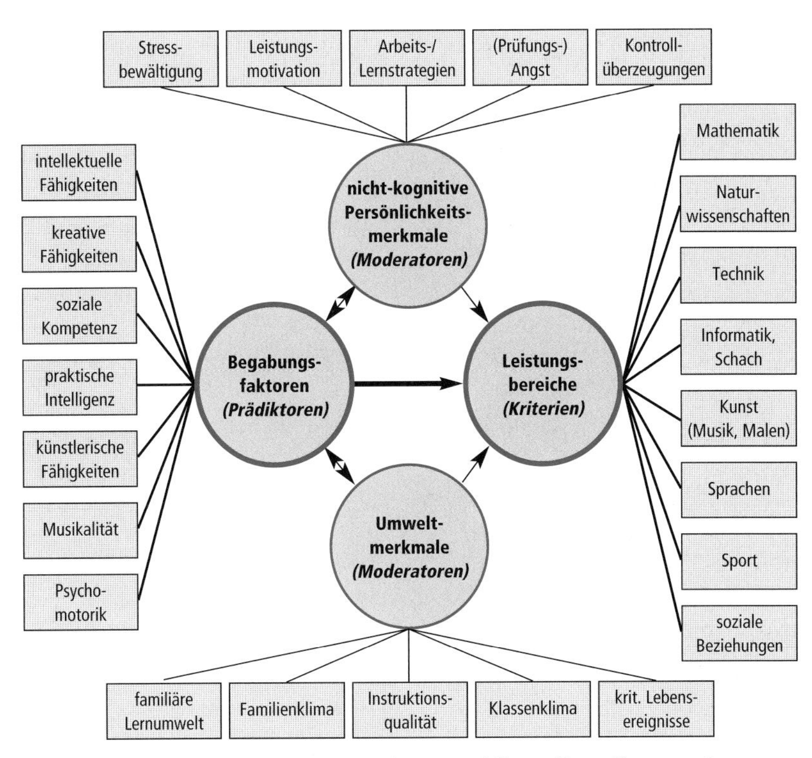

Abbildung 2-2: Das Müncher Hochbegabungsmodell. Quelle: Heller 2000, S. 24

kalität oder Psychomotorik und auch eine praktische Intelligenz. Die Begabungsfaktoren beschreiben unter anderem verschiedene Fähigkeiten (künstlerische Fähigkeiten, soziale Kompetenz) – wie bei Gardner – und zudem verschiedene Aspekte (praktische, kreative Intelligenz) wie bei Sternberg. Zusätzlich sind noch Persönlichkeits- und Umweltmerkmale Komponenten des Modells. Heller nennt sie Moderatoren. Sie wirken auf die Begabungsfaktoren ein, bevor eine tatsächliche Leistung resultiert.

Die Stärke des Münchner Hochbegabungsmodells liegt sicher in der übersichtlichen Darstellung zahlreicher Einflüsse auf menschliche Leistung, sowie in den dem Modell zugrunde liegenden umfangreichen Forschungsarbeiten. Ob diese Einflüsse vollständig sind, ob sie über kulturelle Grenzen hinweg stabil sind - dies kann alles diskutiert werden, doch ist das Modell in seiner Klarheit einleuchtend. Auch befasst es sich eingehend mit möglichen Blockaden, die sich leistungsmindernd auswirken könnten.

Fragen werfen eventuell die durch Pfeile bezeichneten Beziehungen einzelner Bereiche zueinander auf. Beispielsweise ist nachzuvollziehen, warum zwischen Persönlichkeitsmerkmalen wie Stressbewältigung und Leistungsmotivation sowie verschiedenen Begabungsfaktoren eine beiderseitige Wechselwirkung besteht. Nicht klar ist, warum eine solche nicht auch für die Beziehung zwischen tatsächlicher Leistung und den Persönlichkeitsmerkmalen angenommen wird. Denn Leistungserfolg wirkt sich zweifellos wiederum auf Persönlichkeitsaspekte wie Leistungsmotivation sowie auf Umweltmerkmale wie das Familienklima aus.

Ob sich die Münchner Hochbegabungstestbatterie MHBT schlussendlich in der Praxis bewähren wird, wird sich zeigen. Das System eignet sich bestimmt für komplexe Momentaufnahmen. Von großer Relevanz ist natürlich die Frage, ob Kinder und Jugendliche, die auf der Basis des MHBT als *hoch begabt* identifiziert wurden, über Jahre oder sogar Jahrzehnte hinweg tatsächlich überragende Leistungen zeigen konnten – und zwar nicht nur schulische Leistungen oder Studienleistungen, sondern Leistungen «draußen im wirklichen Leben». Mit anderen Worten: Wie steht es mit der Voraussagekraft der durch das Testsystem generierten Erkenntnisse?

Perleth und Ziegler (1996) entwickelten auf der Basis des Münchner Hochbegabungsmodells ein weiteres Modell, das sich mit dem Berufserfolg im Erwachsenenalter befasst, das Münchner Begabungs-Prozessmodell (s. **Abb. 2-3**). Dieses möchte das Forscherteam aus berufsdiagnostischer Sicht noch weiter untersuchen. Das Modell ist ein Versuch, Begabungsforschung und Expertiseforschung zu verknüpfen. Bei der Expertiseforschung geht es um die Frage, wie sich Menschen zu Experten entwickeln – davon soll in diesem Buch noch verschiedentlich die Rede sein. Wie das Münchner Hochbegabungsmodell, so spricht auch das Begabungs-Prozessmodell für das Erwachsenenalter viele der Komponenten an, die in diesem Buch als wichtig erachtet werden für die Umsetzung von Potenzial in eigentliche Leistung – in Ausbildung, Beruf und täglichem Leben.

Das Drei-Ringe-Modell von Joseph Renzulli

Joseph Renzulli ist seit gut vierzig Jahren Professor für *Gifted Education and Talent Development* (für Begabungsförderung und Talententwicklung), ein Bereich, der an der amerikanischen University of Connecticut innerhalb der Erziehungspsychologie angeboten wird. Vor seiner Tätig-

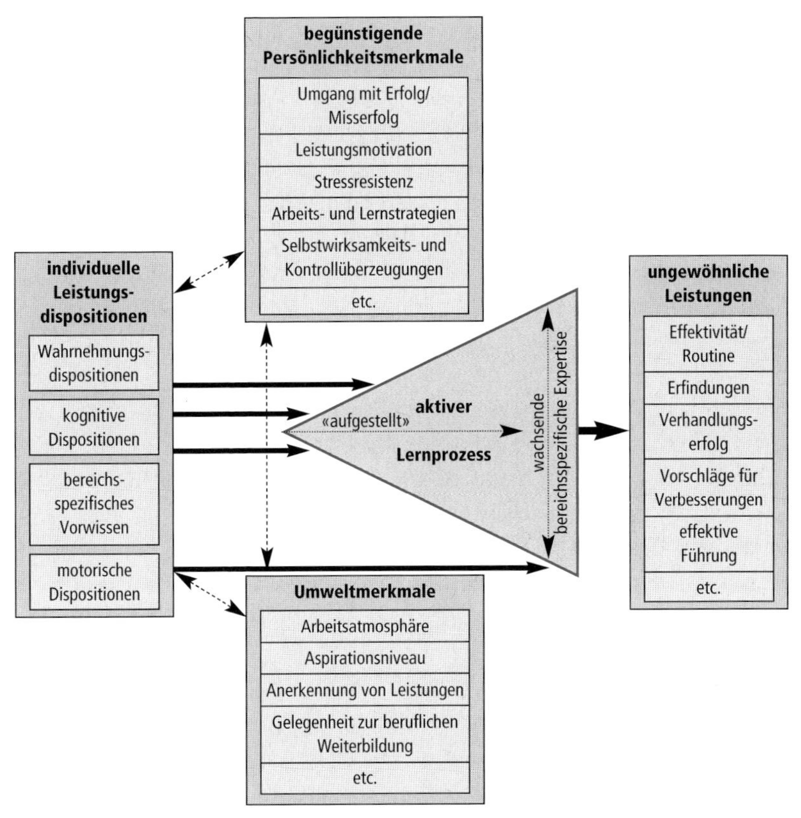

Abbildung 2-3: Das Müncher Begabungs-Prozessmodell nach Perleth und Ziegler, 1996. (Quelle: Heller 2000, S. 25; dt. U. Stedtnitz)

keit als Universitätsprofessor hatte Renzulli Mathematik, Englisch und Naturwissenschaften unterrichtet. Renzulli hat immer wieder Auszeichnungen für seine Forschungsarbeiten erhalten und hat in den letzten fünfzehn Jahren mehr als 13 Millionen US-Dollar an Forschungsgeldern generiert.

Anders als viele seiner Kollegen in Europa und den USA interessiert sich Renzulli vor allem für das, was in Bezug auf Begabungsförderung im Unterricht und in den Klassenzimmern passiert. Schon in den 1970er-Jahren hat Renzulli damals – und leider vielfach auch heute noch – gängige Praktiken der schulischen Begabungsförderung in Frage gestellt, erstmals mit der Publikation *The Enrichment Triad Model: A Guide for Developing Defensible Programs for the Gifted* (Renzulli 1977). Renzulli forderte darin, dass Förderprogramme für überdurchschnittlich fähige

Kinder sich wirklich qualitativ von anderen pädagogischen Interventionen unterscheiden müssen, sollten sie wirksam und gerechtfertigt sein. Dies führte zu Renzullis *Revolving Door Identification Model*, das sogenannte *Drehtürprinzip der Identifikation begabter Kinder*. Dieses Modell besagt, dass Kinder mit hohen Fähigkeiten auf jeden Fall spezielle schulische Anreize in Form von Gastreferenten, Kompetenztraining in verschiedenen Bereichen und einem gestrafften Unterricht im Hinblick auf bestimmte Stärken erhalten, aber teilweise auch die durchschnittlich fähigen Kinder. Das Privileg, den regulären Unterricht zeitweise zu verlassen, um an eigenständigen Projekten in Interessengebieten zu arbeiten, wird Kindern jedoch nur zuteil, wenn sie sich für ein solches Projekt über längere Zeit motiviert engagieren wollen – und nicht einfach nur auf der Basis eines überdurchschnittlichen Intelligenzquotienten. Denn Renzulli ist davon überzeugt, dass Menschen nicht immer überragende Leistungen zeigen, sondern nur zu bestimmten Zeiten und in bestimmten Situationen. In der Folge konzipierte Joseph Renzulli gemeinsam mit Sally Reis auf der Basis jahrelanger Forschung in Unterricht und Praxis das *Schulische Enrichment Modell SEM* (Renzulli et al. 2001).

Joseph Renzulli und seine Frau, Sally Reis, gelten international als Autoritäten für Begabungsförderung. Insbesondere die Arbeiten zum SEM wurden in vielen Ländern publiziert, durch zahlreiche Forschungsprojekte erweitert und in Schulen praktisch umgesetzt, so im deutschsprachigen Raum[11], in China, Indien, Südafrika, Russland, der Türkei, England, Spanien, Brasilien und Mexiko. Das Modell wird seit gut 20 Jahren in Hunderten amerikanischer Schulen mit Erfolg umgesetzt. Weltweit ist es sicher das einflussreichste und erfolgreichste Modell für schulische Begabungsförderung. Denn es gibt nicht nur eine Art, das SEM umzusetzen, jede Schule passt die Grundprinzipien an die örtlichen Gegebenheiten an – ganz wie von Sternberg und Zhang in der Fünf-Ecken-Theorie gefordert. Dies mag den weltweiten Erfolg erklären.

Sally M. Reis ist ebenfalls Professorin für Erziehungspsychologie an der Universität Connecticut, wo sie auch die Forschungsarbeiten des *National Research Center on the Gifted and Talented NEAG*[12] leitet. Dies ist das höchst dotierte und größte Forschungszentrum für Begabungsförderung in den USA. Kooperationen bestehen mit der Stanford Uni-

11 Siehe dazu auch www.semeuropa.org (Zugriff: 17. 9. 2007) – hier finden sich einige Adressen von Schulen im deutschsprachigen Raum, die Elemente des SEM einsetzen.

12 www.gifted.uconn.edu/nrcgt.html (Zugriff: 17. 9. 2007)

versity, der Yale University, der University of Virginia und weiteren. Seit kurzem gibt es auch eine europäische Kooperation mit der Fachhochschule Nordwestschweiz, wo gemeinsam mit der University of Connecticut ein Masters-Studiengang in Begabungs- und Begabtenförderung[13] angeboten wird. Reis unterrichtete ebenfalls 15 Jahre in öffentlichen Schulen, elf davon in Begabungsförderungsprogrammen. Reis hat acht Bücher und an die 200 weitere Publikationen veröffentlicht. Für ihre Forschung, unter anderem zum Thema begabte Mädchen und Frauen, erhielt sie zahlreiche Auszeichnungen.

Renzulli hat als vielleicht Erster ein sehr einfaches Erklärungsmodell für Hochleistung entwickelt, das sogenannte Drei-Ringe-Modell (vgl. **Abb. 2-4** auf S. 56). In Europa wurde dieses Modell lange als ein Erklärungsmodell für Hochbegabung bezeichnet, das war jedoch nie Renzullis Absicht. Hochleistung bezeichnet für Renzulli etwas, das er *creative productivity* nennt, eine eigenmotivierte, schöpferische und qualitativ hoch stehende, größere Arbeit in einer beliebigen Domäne (in Renzulli et al. 2001, S. 23):

> Hochleistungsverhalten bezeichnet Verhaltensweisen, die aus einer Interaktion zwischen drei grundlegenden Leistungskomponenten entstehen: überdurchschnittliche Fähigkeiten, ein hohes Ausmaß von Engagement und ein hohes Ausmaß von Kreativität. Menschen, die das Potenzial für Hochleistungsverhalten haben, weisen diese Kombination von Stärken auf oder können sie entwickeln und in der Folge auf gesellschaftlich wertvolle Leistungsbereiche anwenden. Diese Menschen benötigen eine Vielzahl von Lerngelegenheiten, die nicht ohne weiteres vorhanden sind. Hochleistungsverhalten zeigt sich bei bestimmten Menschen (nicht bei allen), zu bestimmten Zeiten (nicht zu jeder Zeit) und in bestimmten Situationen (nicht in allen Situationen).

Auf das Drei-Ringe-Modell wird in den nächsten Kapiteln noch ausführlicher eingegangen, besonders auf die Relevanz des Modells für Eltern.

Besonders in Europa ist an Renzullis Arbeit immer wieder kritisiert worden, dass sie nicht «akademisch» genug sei und dass das Drei-Ringe-Modell von der Konzeption her zu einfach sei. Es stimmt, Renzulli und Reis sind in erster Linie Praktiker und nicht Theoretiker. Es geht ihnen keinesfalls um Fragen wie, wer wirklich hoch begabt ist und wer nicht, wie sich Voraussetzungen für Hochleistungen im Detail beschreiben lassen, was Intelligenz schlussendlich ist und wie sie sich am besten messen lässt. Sie engagieren sich dafür, bei möglichst vielen Kindern in vor

---

13 www.fhnw.ch (Zugriff: 17. 9. 2007)

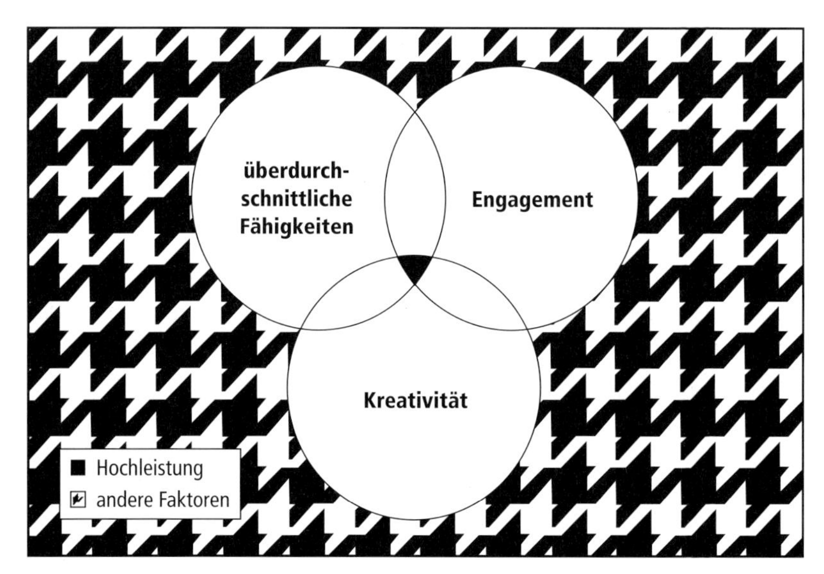

Abbildung 2-4: Renzullis Drei-Ringe-Modell zur Hochleistung, Renzulli et al. 2002, S. 21

allem öffentlichen Schulen Begeisterung für eigene Interessen und damit Hochleistungsbereitschaft zu wecken. Und ihre pädagogische Arbeit auf dieses Ziel hin ist zweifellos mit solider empirischer Forschung unterlegt.

Das Drei-Ringe-Modell ist also in erster Linie ein schulisches Fördermodell und nicht eine Definition von Hochbegabung. Es wird auch oft kritisiert, dass das Modell Minderleister nicht berücksichtige. Diese Kritik lässt außer Acht, dass Renzulli das Modell nicht als etwas Statisches ansieht. Die Ringe können *verschieden groß* sein. So kann jemand, der vielleicht über etwas weniger Fähigkeitspotenzial verfügt, dagegen über sehr viel Engagement und Kreativität, immer noch eine Hochleistung erbringen. Und wenn jemand sehr hohe Fähigkeiten hat, aber wenig Engagement und Kreativität generieren kann, so sehen es SEM-Schulen als ihre Aufgabe, Kinder an vermehrtes Engagement und gesteigerte Kreativität heranzuführen.

Heller und Renzulli haben also beide ein Modell für Leistung beziehungsweise Hochleistung geschaffen, wobei für Heller die Erklärungsstärke seines Modells für die Identifikation möglicher Hochleistender im Vordergrund steht, Renzulli sein Modell hingegen als Grundlage schulischer Fördermaßnahmen im Hinblick auf Hochleistungsbereitschaft ansieht. Als Identifikationsmodell hat das Münchner Hochbegabungsmodell mehr Forschung hinter sich, als schulisches Fördermodell sicher das Drei-Ringe-Modell – als Grundlage für das Schulische Enrichment Modell SEM.

Interessant ist in Bezug auf die hier vorgestellten Arbeiten, die zwei Intelligenzmodelle von Gardner und Sternberg, sowie die zwei Hochleistungsmodelle von Heller und Renzulli, dass alle diese Arbeiten ungefähr zur gleichen Zeit entstanden, nämlich in den späten 1970er-Jahren. Allen diesen wichtigen Arbeiten ist gemeinsam, dass sie einen Versuch darstellen, überdurchschnittliche Fähigkeiten und Leistungen umfassender zu erklären als lediglich durch einen psychometrisch erfassten hohen Intelligenzquotienten.

Dumm oder intelligent mit dem richtigen Denkstil

Eine Diskussion, die in den letzten vierzig Jahren ebenfalls immer wieder geführt wurde, ist, auf welche Weise sich ein bestimmter Lern- oder Denkstil auf den schulischen und beruflichen Erfolg auswirkt. Streng genommen wurde dieses Thema ja schon viel früher vom Schweizer Psychologen Carl Gustav Jung aufgegriffen, dessen 16 Stilorientierungen oder Persönlichkeitstypen immer noch rege in der Berufsberatung oder im beruflichen Umfeld einbezogen werden.

Der Grund, warum das Thema hier angesprochen wird, liegt in der Bedeutung, die insbesondere Robert Sternberg den Denkstilen in Bezug auf schulischen und beruflichen Erfolg beigemessen hat. Und deshalb sind an der amerikanischen Yale University zahlreiche Forschungsprojekte zum Denkstil durchgeführt worden.

Sternberg definiert die Denkstile auf der Basis seiner triarchischen Intelligenztheorie und grenzt die Stile von dem ab, was die meisten Menschen unter Lernstil verstehen – etwa, ob jemand vor allem visuell oder vielleicht auditiv besser lernt, über innere oder äußere Bilder oder über das Zuhören (vgl. auch **Tab. 2-3** auf S. 58). Zahlreiche schulische und berufliche Umfelder sind so beschaffen, dass darin nur Menschen mit einem bestimmten Denkstil, etwa dem analytischen Stil, erfolgreich sein können. Praktische und kreative Intelligenz sind weniger gefragt. Dies trifft schon auf die meisten Gymnasien im deutschsprachigen Raum zu, auch auf sehr viele europäische universitäre Lehrgänge. Das Problem kann sein, dass Absolventen derartiger Lehrgänge schockiert sind, wenn ihnen im anschließenden Berufsleben ganz andere Fähigkeiten abverlangt werden. So sind im Geschäftsleben in hohem Maße kreative und

Tabelle 2-3: Denkstile (nach Sternberg 1997, S. 79–98)

Denkstile nach Robert Sternberg
■ Stile sind Vorlieben in Bezug auf den Gebrauch von Fähigkeiten, nicht die Fähigkeiten selbst.
■ Eine Übereinstimmung zwischen Stilen und Fähigkeiten schafft eine Synergie, die mehr als die Summe ihrer Teile ausmacht. Es ist gut, wenn im Hinblick auf Ausbildung und Beruf der Stil und die Fähigkeiten deckungsgleich sind – wenn beispielsweise jemand mit kreativen Fähigkeiten auch eine kreative Stilpräferenz hat.
■ Lebensentscheidungen sollten sowohl den Stil als auch die Fähigkeiten ansprechen – sogar bei der Partnerwahl.
■ Menschen haben oft eigentliche Stilprofile, nicht nur einen einzigen Stil. So kann beispielsweise ein sehr kreativer Mensch gleichzeitig auch sehr ordentlich und gut organisiert sein.
■ Stile variieren über verschiedene Aufgabenbereiche und Situationen hinweg.
■ Menschen unterscheiden sich bezüglich der Stärke ihrer Stilvorlieben.
■ Menschen unterscheiden sich bezüglich ihrer Fähigkeit, verschiedene Stile flexibel einzusetzen.
■ Stile entstehen teilweise durch Umwelteinflüsse, sind also sozialisiert.
■ Stile können sich im Laufe des Lebens verändern, beispielsweise kann der Stil von Berufsanfängern anders aussehen als der von erfahrenen Berufsleuten (Berufsanfänger können sich oft nicht leisten, Details zu vernachlässigen).
■ Stile lassen sich messen.
■ Stile können gelehrt werden.
■ Stile, die zu einer Zeit als wertvoll gelten, sind dies zu einer anderen Zeit vielleicht nicht.
■ Stile, die in einem Umfeld als wertvoll gelten, sind dies in einem anderen Umfeld vielleicht nicht.
■ Stile sind meistens nicht einfach gut oder schlecht – es ist mehr eine Frage der Passung.

praktische Intelligenz gefragt, die aber Absolventen betriebswirtschaftlicher universitärer Studiengänge nicht immer in hohem Maße mitbringen. Trotz Bestnoten im Studium kann ein solcher Mensch beruflich versagen.

Ein Stil ist für Sternberg eine Art, zu denken. Nicht eine Fähigkeit, sondern eher eine bevorzugte Art, die vorhandenen Fähigkeiten einzusetzen. Sternberg kritisiert, dass akademische und berufliche Leistungskriterien oft Unterschiede in den individuellen Denkstilen mit Unterschieden im Ausmaß und der Art der individuellen Intelligenz verwechseln. Immer wieder hat Sternberg betont, dass nicht ein einziger kognitiver Stil, sondern eher die individuelle Flexibilität und Anpassungsfähigkeit in Bezug auf den in einer bestimmten Situation besten Stil eine wesentliche Komponente erfolgreichen Lernens ist.

Im Grundlagenbuch *Thinking Styles* (1997, S. 158 f.) führt Robert Sternberg aus, wodurch sich Stile auszeichnen:

> Stile sind wichtig. Oft werden sie mit Fähigkeiten verwechselt. So werden Lernende oder andere Menschen als inkompetent betrachtet, nicht, weil sie etwa unzureichende Fähigkeiten haben, sondern weil ihr Stil nicht dem derjenigen entspricht, die die Fähigkeiten beurteilen. Besonders als Lehrende müssen wir Denkstile berücksichtigen, wenn wir hoffen, die Lernenden wirklich zu erreichen. Wir müssen uns bewusst sein, wie unsere Praktiken im Bildungswesen fähige Leute benachteiligen, während wir weniger fähigen Menschen Chancen geben. […] Das gleiche Prinzip gilt für die Welt der Arbeit.

Mit zahlreichen Forschungsprojekten zum Gebrauch von Denkstilen konnten Sternberg und seine Mitarbeitenden überzeugend nachweisen, dass jeder Mensch in einem bestimmten, nicht passenden Umfeld auch bei ansonsten hohen Fähigkeiten dumm erscheinen kann – und dass Menschen wesentlich erfolgreicher lernen und arbeiten, wenn sie einerseits ihre bevorzugten Denkstile einsetzen und sich andererseits Lern- und Arbeitsumgebungen aussuchen, wo diese gefragt sind.[14]

Im Jahre 1998 erschienen die Ergebnisse einer größeren Untersuchung, die Sternberg und seine Mitarbeitenden mit 199 älteren Schülern durchgeführt hatten. Für die Studie wurden Schüler bestimmt, die sich in besonderem Maße durch analytische, kreative oder praktische Intelligenz auszeichneten. Die Schüler wurden gebeten, einen Sommerlehrgang in Psychologie zu belegen. Dabei erhielt ein Teil der Lernenden Instruk-

---

14 Ein englischsprachiger, kostenloser Selbsttest zu Sternbergs Denkstilen findet sich auf der kanadischen Website www.ldrc.ca/projects/tscale/index.php (Zugriff: 17.9.2007)
Zum Verständnis der Ergebnisse ist es hilfreich, Sternbergs Buch *Thinking Styles* zu konsultieren.

tionen, die ihren Stilpräferenzen entsprachen, ein anderer Teil solche, die das nicht taten. Die Lernenden, bei denen die Art des Unterrichts besser ihren Stilmustern entsprach, wiesen am Schluss eine deutlich bessere Leistung aus als die Lernenden, bei denen die Passung schlecht war. Indem die Schüler im Besonderen bezüglich kreativer und praktischer Stärken identifiziert wurden, fanden sich plötzlich wesentlich mehr erfolgreich Lernende. Sternberg und seine Kollegen leiten von dieser Untersuchung die Empfehlung ab, beim Einsatz von Lehr- und Selektionsmethoden vermehrt die verschiedenen Denkstile zu berücksichtigen, um höhere Leistungen zu ermöglichen.

Die frühere Psychologie hätte wohl viele dieser Stilpräferenzen fälschlich als *angeborene Charaktereigenschaften* bezeichnet.

Erkenntnisse der Neuropsychologie zu menschlichen Fähigkeiten

In den letzten Jahren und Jahrzehnten hat die Neuropsychologie aufgrund der laufend verbesserten Forschungsmöglichkeiten rasante Fortschritte gemacht, die in aktuelle Intelligenztheorien teilweise nur am Rande einzufließen scheinen. Dabei dürfen die aktuellen Erkenntnisse der Neuropsychologie zur Entwicklung und Art menschlicher Fähigkeiten auf keinen Fall ausgeklammert werden.

Zahlreiche Forschende haben Intelligenz auf der Basis neuer Erkenntnisse in den neurologischen, kognitiven und verhaltensorientierten Wissenschaften zu verstehen versucht. So gibt es beispielsweise Untersuchungen dazu, wie unterschiedliche Fähigkeiten (gemessen mit dem Durchschnittswert IQ) mit verschiedenen neurologischen Messwerten zusammenhängen. So wurden bei Erwachsenen mit höheren IQs Hirnmuster mit elektrischer Aktivität erfasst, die sich von den Mustern von Menschen mit niedrigeren IQ Werten unterschieden. Auch konnte über die Stoffwechseltätigkeit des Hirns gezeigt werden, dass testintelligente Menschen weniger Energie brauchen, um schwierige Probleme zu lösen, als weniger testintelligente.

Wie entwickeln sich Fähigkeiten aus der Sicht der Neuropsychologie? Howard Gardner (2000) hat auf der Basis von 20 Jahren neuropsychologischer Forschung die für Eltern und Lehrpersonen wichtigsten Ergebnisse zusammengefasst:

1. Frühe Erfahrungen sind enorm wichtig. Das Wachstum des Gehirns und damit die Erziehung beginnt in den ersten Lebensmonaten.

2. Es gilt die Maxime: Was rastet, das rostet («use it or lose it»). Die Hirnzellen müssen durch angemessene sinnliche Wahrnehmung stimuliert werden und dann aktiv benutzt werden, sonst verkümmern sie.

3. Das frühe Nervensystem ist sehr flexibel. Wenn größere Teile des Nervensystems in frühen Jahren fehlen, kann immer noch wirksam gelernt werden. Später wird dies etwas schwieriger, doch ist es keinesfalls unmöglich, verlorene Funktionen zu kompensieren.

4. Menschliche Fähigkeiten und Talente sind sehr spezifisch angelegt. Das Gehirn hat unzählige Zonen und neuronale Netzwerke, die alle spezifische Fähigkeiten unterstützen - teilweise sind diese voneinander unabhängig.

5. Aktives Handeln ist wesentlich. Das Gehirn lernt und erinnert am besten, wenn ein Mensch aktiv und real exploriert (also nicht einfach nur via PC) und zum Erlebten Fragen stellt. Passives Lernen hingegen führt kaum zu bleibenden Lerneffekten.

6. Musik scheint während der Frühkindheit Erlebtes sinnvoll organisieren zu helfen. Schon früh ein Instrument spielen zu lernen, könnte deshalb weitere kognitive Domänen, die für späteres schulisches Lernen wichtig sind, unterstützen. Bestimmte Aktivitäten scheinen demnach eine «Leitfunktion» einzunehmen, was die geistige Organisation späterer Erfahrungen betrifft.

Auch der an der Universität Zürich tätige Professor und Neuropsychologe Lutz Jäncke fasste einige der aktuellen neurowissenschaftlichen Erkenntnisse anlässlich einer Tagung für Früherziehende plakativ folgendermaßen zusammen:

- Fördern ist immer fordern.
- Je früher, desto besser
- Je intensiver, desto besser
- Je länger, desto besser
- Je mehr man weiß, desto mehr kann man lernen.
- Die wichtigste menschliche kognitive Funktion ist die Sprache.

Mit seiner Aussage, dass das menschliche Gehirn seit fünf Millionen Jahren primär zum Lernen geschaffen ist, ist sicher auch sein Kollege Manfred Spitzer von der Universität Ulm einverstanden, der etliche populärwissenschaftliche Bücher zum gehirnfreundlichen Lernen geschrieben hat. Seine Arbeiten werden in diesem Buch noch einige Male zur Sprache kommen.

Auch die Kognitionsforschung, ein weiteres relativ junges Forschungsgebiet, hat in den letzten Jahren maßgeblich zum Wissen über die Entwicklung menschlicher Fähigkeiten beigetragen. Auch sie beschäftigt sich mit der Frage, was Intelligenz ist. Die an der Universität Zürich tätige Professorin Elsbeth Stern hat sich in ihren Untersuchungen intensiv mit der Rolle von Intelligenz und Wissenserwerb beim kindlichen Lernen befasst, mit teilweise überraschenden Resultaten. Davon soll in Kapitel 4 noch die Rede sein.

Begabung und Hochbegabung – sind diese Begriffe überhaupt noch zeitgemäß?

Im Hinblick auf nur schon die aktuellen Erkenntnisse aus der Intelligenzforschung, den Neurowissenschaften und der Kognitionsforschung muten die Begriffe Begabung und Hochbegabung antiquiert an, zu ungenau sind sie letztlich, um überdurchschnittliche Fähigkeiten ausreichend zu beschreiben.

Nehmen wir diese Begriffe einmal als gegeben an, so scheint die aktuelle Lehrmeinung führender Experten zu diesem Thema die folgende (siehe auch Reis, in Sternberg 2004):

- Hochbegabung bezeichnet viel mehr als lediglich einen hohen Intelligenzquotienten, es handelt sich um ein außerordentlich komplexes Konstrukt, das keinesfalls wertneutral ist.
- Der Grund, weshalb oft ein bestimmter Mindestwert in anerkannten Intelligenztests (die Grenzen dieser Tests wurden ja bereits aufgezeigt) für das Etikett *hoch begabt* angenommen wird, ist nur die Vereinfachung. Es gibt keinen weiteren Grund.
- Hochbegabung beinhaltet kognitive und nicht kognitive Komponenten, und viele mögliche menschliche Fähigkeiten.
- Hochbegabung ist kein Zustand, viel eher ein Prozess.

- Meistens drückt der Begriff *hoch begabt* in erster Linie ein gesellschaftliches Werturteil aus, das sich auf die aktuelle Wichtigkeit bestimmter Fähigkeiten und Eigenschaften bezieht.
- Ein solches Werturteil scheint insbesondere nicht legitim in Bezug auf Kinder – denn Kinder haben in der Regel noch keine Hochleistungen von gesellschaftlicher Relevanz erbracht. Allenfalls lässt sich über ein Kind sagen, dass es gewisse Voraussetzungen für spätere Hochleistungen zu haben scheint. Doch selbst eine solche Aussage ist sehr riskant.
- Die Rolle des Umfelds ist wesentlich im Hinblick darauf, ob Fähigkeiten weiter entwickelt und schließlich auch umgesetzt werden.
- Die Auffassung von Eltern und Lehrpersonen, was Hochbegabung ist, macht ebenfalls einen wesentlichen Unterschied aus im Hinblick auf die Entwicklung und Umsetzung von Fähigkeiten.
- Es ist leicht, hohe schulische Fähigkeiten zu identifizieren oder einen Intelligenztest durchzuführen. Die Frage, wer einmal seine Fähigkeiten produktiv, kreativ und sogar ethisch verantwortlich für die Gesellschaft als Ganzes einsetzen wird, ist eine ganz andere.

Vor dem Hintergrund dieser Überlegungen darf gefragt werden, welchen Sinn es überhaupt hat, Kinder global als hoch begabt zu identifizieren – selbst wenn sie sich durch eine sehr hohe Testintelligenz auszeichnen. Ist es nicht sehr viel sinnvoller, die Fähigkeiten und Stärken jedes einzelnen Kindes möglichst differenziert zu beschreiben, indem viele relevante Informationen über jedes Schulkind gesammelt werden? Statt des Globaletiketts *hoch begabt* kann ein Kind teilweise beschrieben werden mit Aussagen wie: «Lisa ist ihren Altersgefährten im Rechnen drei Jahre voraus» oder «Peter interessiert sich sehr für philosophische Fragen, beispielsweise …». So können aus der Zusammenarbeit von Kindern, Lehrpersonen und Eltern Talent-Portfolios entstehen, Sammlungen relevanter Daten zu kindlichen Fähigkeiten, von besonders guten und nicht unbedingt schulbezogenen Arbeiten, Informationen über besondere Interessen und Beispiele auch außerschulischen Engagements. Differenziert beschreiben, nicht etikettieren!

Auch die Förderung sogenannt hoch begabter Kinder ist sinnlos, wenn wir nicht wissen, was wir fördern sollen. Bestenfalls können wir ausgewählte aktuelle Stärken und Interessen fördern, wenn ein Kind positiv darauf anspricht. Förderung im Hinblick auf die Zukunft allerdings ist so vielen komplexen Faktoren unterworfen, dass sich keine kausalen Beziehungen herstellen lassen. Nicht wissend, wer eines Tages der nächste Einstein oder die nächste Marie Curie sein wird, müssen wir annehmen, dass dies viele sein könnten.

Das Wichtigste in Kürze

- Intelligenz sollte als breites, kulturell abhängiges und dynamisches Konzept verstanden werden, in das auch gesellschaftliche Wertvorstellungen einfließen.
- Es gibt keine objektive Theorie von Begabung oder Hochbegabung. Es lassen sich lediglich bestimmte Kriterien aufstellen, anhand derer einer bestimmte Leistung beschrieben werden kann. Handelt es sich um eine relativ exzellente, seltene Leistung und lässt sich dies beweisen? Handelt es sich um eine gesellschaftlich relevante und wertvolle Leistung? Ist der Leistungserbringer produktiv? (s. die Fünf-Ecken-Theorie von Sternberg und Zhang)
- Es spricht nichts dagegen, lokale oder regionale Definitionen von Hochleistung aufzustellen.
- Nach Gardner zeigen alle Menschen eine mehr oder weniger starke Ausprägung von mindestens acht verschiedenen Intelligenzformen: sprachlich, logisch-mathematisch, räumlich, musikalisch, körperlich-kinesthetisch, sozial, emotional, naturalistisch.
- Sternbergs Erfolgsintelligenz umfasst die analytische (als herkömmliche Testintelligenz), die kreative und praktische Intelligenz. Diese ist relativ unabhängig von der Dauer der Schulbildung, von der eigentlichen Testintelligenz und der sozialen Schicht.
- Hellers Münchner Modell erklärt Hochleistungen in verschiedenen Bereichen durch leistungsrelevante Begabungsfaktoren wie die intellektuellen und kreativen Fähigkeiten, Musikalität, Psychomotorik, praktische Intelligenz, sowie Persönlichkeits- und Umweltmerkmale. Mit dem Modell soll die Identifikation von Hochleistenden erleichtert werden.

- Perleth und Ziegler (1996) erklären den Berufserfolg im Erwachsenenalter mit dem Münchner Begabungs-Prozessmodell. Dieses Modell verknüpft Erkenntnisse aus der Begabungs- und Expertiseforschung.
- Renzullis Drei-Ringe-Modell ist ebenfalls ein Erklärungsmodell für Hochleistungsverhalten, das sich aus überdurchschnittlichen Fähigkeiten, Engagement und Kreativität ergibt, und durch zahlreiche weitere Faktoren beeinflusst wird. Hochleistungsverhalten tritt nicht permanent, sondern zu bestimmten Zeiten und in bestimmten Situationen auf. Das Modell schafft eine Grundlage für schulische Fördermaßnahmen.
- Menschen sollten einerseits ihre bevorzugten Denkstile kennen und einsetzen und sich andererseits Lern- und Arbeitsumgebungen aussuchen, wo diese gefragt sind. Jeder Mensch kann in einem bestimmten, nicht passenden Umfeld dumm erscheinen, auch bei an sich hohen Fähigkeiten. (s. Sternbergs Denkstile)

Fragen zum Weiterdenken

- Was ist für mich eine Hochleistung? Zu welchen Zeiten in meinem Leben gelang es mir, meine «drei Ringe zusammenzubringen»?
- Welche von Gardners Intelligenzen scheinen bei mir besonders ausgeprägt? Bei meinem Kind?
- Welche Intelligenz ist bei mir am meisten ausgeprägt, die analytische, praktische oder kreative? Bei meinem Kind?
- Wie scheint die gegenwärtige Lernumgebung meines Kindes Hochleistung zu definieren? Wie werden hervorragende Leistungen an meinem Arbeitsplatz definiert?
- Was ist mein bevorzugter Denkstil?

Zur Vertiefung

Gardner, H. Intelligenzen. Die Vielfalt des menschlichen Geistes. Stuttgart: Klett-Cotta, 2002.

Sternberg, R. J. Countdown zum Erfolg. Was man braucht, um seine Ziele wirklich zu erreichen. München: Droemer Knaur, 2002.

Kapitel 3

Das Renzulli-Modell und kreative Produktivität: Drei Ringe führen zum Erfolg

Können schon Kinder sich für fachliche Inhalte begeistern und sich längere Zeit für ein kreatives Projekt, ein Forschungsprojekt oder politisch engagieren? Können sie sich dabei wie Erwachsene im betreffenden Fachgebiet verhalten, deren Methoden simulieren und anschließend ihre Arbeit auf angemessene Weise mit anderen teilen? Kann ihre Arbeit sich nicht nur auf die Schule beschränken, sondern «in der Welt da draußen» eine Wirkung zeigen?

Ja, das ist möglich, wie folgendes Beispiel illustriert (**Tab. 3-1** auf S. 68):

Dieses Beispiel zeigt, wie wichtig es ist, dass Erwachsene – in diesem Fall die Medien und die Organisation Caritas – kreatives und produktives Engagement von Kindern und Jugendlichen honorieren. Leider geschieht das noch zu wenig, in die Schlagzeilen kommen eher von Jugendlichen verubte Gewalttatigkeiten und Verbrechen.

Nachdem in den beiden einführenden Kapiteln einige aktuelle Sichtweisen von menschlichem Potenzial, von Intelligenz, Erfolg und Hochleistung beleuchtet wurden, soll nun insbesondere auf das Drei-Ringe-Modell von Renzulli näher eingegangen werden. Warum gerade dieses Modell?

Die Ansätze zur Fähigkeitsentwicklung von Renzulli und Reis sind in unzähligen Schulen praktisch erprobt worden, nicht nur in den USA, sondern auch in der Schweiz, in Österreich und in Deutschland. Auf der Basis dieses Modells soll Leistungsbereitschaft in Kindern geweckt werden - in einigen auch Hochleistungsbereitschaft. Dabei versteht Renzulli *Hochleistung* als *eine selbstmotivierte, außerordentliche Leistung, die aus starkem persönlichem Interesse an einem und Engagement für ein Thema oder Fachgebiet resultiert.* Es gibt gegenwärtig weltweit kein anderes

Tabelle 3-1: Beispiele für kreative Produktivität bei Kindern und Jugendlichen

Basler Ein-Franken-Aktion erhält den Young Caritas Award 2005
Der Caritas Jugendclub hat zum zweiten Mal den Young Caritas Award vergeben. Der Preis zeichnet das Engagement von Jugendlichen in sozialen Projekten aus. Er geht dieses Jahr an eine Gruppe von Jugendlichen aus Basel, die mit ihrer Ein-Franken-Aktion im Januar 2005 innert kürzester Zeit 200 000 Franken für die Opfer der Tsunami-Katastrophe sammelten.
Sieben Projekte, an denen rund 100 Jugendliche mitarbeiten, standen der Jury zur Auswahl für den Young Caritas Award. Die Projekte zeigen eindrücklich die Sensibilität für soziale Fragen auf. Sie dokumentieren zudem eine hohe Bereitschaft von Jugendlichen, kreative und engagierte Beiträge für eine solidarische Gesellschaft zu leisten.
Ausgezeichnet mit dem Young Caritas Award wurden drei Jugendliche aus Basel. Kurz nach der Tsunami-Katastrophe starteten sie ihre Ein-Franken-Aktion: Jede Baslerin und jeder Basler sollte einen einzigen Franken geben. Hunderte von kleinen Sammeldosen waren im Umlauf, viele Medien berichteten über das Vorhaben, und am Ende konnten die Jugendlichen über 200 000 Franken je zur Hälfte dem Hilfswerk der Evangelischen Kirchen der Schweiz HEKS und der Caritas überweisen.
Ein Anerkennungspreis geht an das Projekt «NescaFAIR statt Nescafé». Zwei Jugendliche aus Zürich haben 4000 Unterschriften zuhanden der Firma Nestlé gesammelt und fordern diese auf, für ihre Produkte Rohstoffe aus fairem Handel einzusetzen. Den Publikumspreis verliehen die an der Preisverleihung im Passepartout.ch, Zentrum für Kinder- und Jugendförderung in Moosseedorf, anwesenden Jugendlichen der 12. Klasse der Rudolf-Steiner-Schule in Ittigen (Bern) für ihr Projekt «Schülereinsatz in Bosnien».
Quelle: www.klicknet.ch/wordpress/2005/11/27/basler-ein-franken-aktion-erhalt-den-young-caritas-award-2005

Fördermodell, das bereits in so vielen verschiedenen Schulen und in so zahlreichen Ländern praktisch umgesetzt wurde.

Das Drei-Ringe-Modell von Renzulli ist leicht zu verstehen und nicht nur für Lehrpersonen, sondern auch für Eltern relevant. Über dieses Modell lässt sich für Laien leichter als über andere Modelle erschließen, welche Faktoren wichtig sind, wenn aus Potenzial Erfolg werden soll. Das heißt keinesfalls, dass andere Modelle von Hochleistung – wie etwa das von Heller – nicht nützlich sind. Das Drei-Ringe-Modell soll uns hier lediglich als Strukturierungshilfe dienen. So können Eltern und Lehrpersonen zielgerichtet und bewusst planen und handeln.

In den nächsten Kapiteln soll jeder der drei «Ringe» aus der Sicht der aktuellen Forschung näher beleuchtet werden, insbesondere im Hinblick auf die Relevanz für Eltern und Lehrpersonen. Und dieses Kapitel gibt eine erste, vertiefte Übersicht über das Drei-Ringe-Modell.

Um es noch einmal zu sagen: Das Drei-Ringe-Modell von Renzulli und das darauf aufbauende Fördermodell für Schulen, das Schulische Enrichment Modell SEM, sind Modelle zur Entwicklung von (Hoch-) Leistungsbereitschaft und kreativer Produktivität bei Kindern und Jugendlichen. Sie sollen Eltern und Lehrpersonen dabei helfen, Maßnahmen umzusetzen, die die Begeisterung junger Menschen wecken und zu vielleicht lebenslangem Engagement in Interessengebieten führen.

Das Modell von Renzulli definiert nicht, wer hoch begabt ist oder nicht, es grenzt nicht aus und benachteiligt nicht Kinder, die gegenwärtig nicht für längere Zeit an einem eigenen Projekt arbeiten möchten. Es soll lediglich ein Klima von Akzeptanz, Begeisterung für eine Sache und Freude an der Leistung anderer geschaffen werden. Es ist wie im Erwachsenenleben: Jeder kann sich für ein Thema engagieren, die Resultate und Wirkungen variieren. Man muss nicht als *hoch begabt* etikettiert sein, um sich engagieren zu dürfen. In der Erwachsenenwelt muss man allerdings manchmal über gewisse akademische Weihen verfügen, um so richtig loslegen zu können – doch gelegentlich lassen sich diese im Einzelfall auch umgehen. Oder es wird nachträglich ein Ehrendoktor-Titel verliehen. Manchmal produziert ein Engagement eine globale Wirkung, manchmal nur eine ganz versteckte – aber eine möglicherweise nicht weniger bedeutsame.

Kreative Produktivität als Antwort auf eine Herausforderung

Für Renzulli und Reis sind Hochleistung oder auch schon Leistung nie etwas Statisches, sondern eher ein Prozess, den Menschen wenige oder viele Male in ihrem Leben durchlaufen. Hoch entwickelte Fähigkeiten werden nicht als Zustand, sondern als Einladung zum Tun gesehen. In diesem Sinne geht es um ein bestimmtes Verhalten, wo einzigartige individuelle Fähigkeiten, Kreativität und beharrliches Engagement bei der Arbeit an einem Thema von persönlicher Relevanz gleichzeitig zum Tragen kommen. Deshalb spricht Renzulli auch von *gifted behavior*, also einem Verhalten, das auf eine außerordentliche Leistung abzielt.

Eine Hochleistung hat nichts mit Drill zu tun. Natürlich können Hochleistungen auch resultieren, wenn Kinder schon früh auf Grund ihres Potenzials selektioniert und anschließend gedrillt werden. Diese Methode kennen wir aus den ehemals kommunistischen Ländern und dort besonders aus dem Sport. Aber diese Art von Hochleistung ist hier keinesfalls gemeint. Auch der Begriff *Hochleistung* darf nicht nur als eine objektiv und von außen definierte Hochleistung verstanden werden. Bei Kindern und Jugendlichen sind Hochleistungen – wie auch bei Erwachsenen – relativ zu ihrem Alter und Entwicklungsstand zu verstehen.

Wie kann sich Hochleistungsverhalten bei Kindern oder Erwachsenen zeigen? Ausgangspunkt ist immer eine persönlich relevante Frage, etwas, das von jemandem als Problem oder Herausforderung erkannt wird. Als ich einmal eine Gruppe von Kindern im Kindergartenalter unterrichtete, bemerkte einer der Jungen, dass in den kleinen Saftkartons jeweils die Strohhalme zu kurz waren und durch das Trinkloch fielen, worauf der Karton weggeworfen wurde. Das war ein Anlass, mit den Kindern zu überlegen, wie sich dieses Problem lösen ließe. Die Beobachtung des Jungen führte schließlich zu einem kleinen Forschungsprojekt – die Kinder untersuchten, wie viele volle oder halbvolle Saftkartons im Laufe eines Tages im Kindergarten weggeworfen wurden, weil der Strohhalm in den Karton gefallen war. Die Kinder machten ein Brainstorming, was für ein Strohhalm besser wäre und eines kam auf die Idee, einen längeren Strohhalm zu biegen. Tatsächlich sind heute solche Saftkartons im Verkauf! Zwei Kinder, die schon schreiben konnten, schrieben einen Brief an die Getränkefirma, in dem sie das Problem und den Lösungsvorschlag der Gruppe präsentierten. Leider reagierte die Getränkefirma sehr unkreativ und sandte den Kindern lediglich einen Gutschein für die gleichen, unbrauchbaren Saftkartons – so ist das Leben eben manchmal. Der gesamte Prozess, von der Problemerkennung bis zur Antwort der Getränkefirma, nahm einige Wochen in Anspruch – recht lange für Kinder im Kindergarten. Dies war ein Gruppenprojekt, natürlich gibt es auch Einzelprojekte.

Erfolg im wirklichen Leben besteht auch bei Erwachsenen in der Regel aus einem geglückten Projekt oder aus einer Vielzahl von Projekten in einem bestimmten Gebiet. Dann sprechen wir von einer besonderen Leistung, manchmal auch von einer Hochleistung. Für die Beurteilung gibt es in der Regel keine fixen, allgemein gültigen Kriterien – außer vielleicht im Spitzensport. Eine Leistung in der Gastronomie wird anders beurteilt als eine im Weinbau, eine Hochleistung im Automobildesign muss anderen Standards genügen als eine im Investment-Banking. Wer setzt die Standards? In der Regel Angehörige der betreffenden Domäne oder Fachdisziplin, Fachkolleginnen und Fachkollegen, manchmal auch die Öffentlichkeit. Nicht selten gibt es die Situation, wo vielleicht die Fachkollegen einer Meinung über die Qualität einer Leistung sind, die Öffentlichkeit vielleicht aber anders darüber denkt. Die Bücher von

Paulo Coelho oder Dan Brown erreichen beispielsweise von der Auflage her Spitzenwerte, werden jedoch von der Literaturkritik nicht unbedingt zur Weltliteratur gezählt. So ging es jedoch auch Shakespeare vor mehr als 450 Jahren. Wenn Leistungen in der Erwachsenenwelt derart variablen Kriterien unterliegen, warum sollte etwas so Simples wie ein Intelligenzquotient bestimmen können, ob jemand hoch begabt ist oder nicht?

Natürlich gibt es Domänen, wo Hochleistungen auf relativ simple Art definiert werden, eben beispielsweise in bestimmten sportlichen Disziplinen. Eine bestimmte Sekundenzahl für einen im Voraus definierten Bewegungsablauf lässt sich kaum diskutieren. Aber im Hinblick auf die gesamte Welt menschlichen Engagements sind dies eher die Ausnahmen.

Wie schon im ersten Kapitel erwähnt, hat Erfolg nicht nur eine objektive Komponente, sondern auch eine beträchtliche subjektive Komponente – Leistungen und Hochleistungen auch. Was für den einen Menschen eine einfache Leistung ist, kann für einen anderen schon eine Hochleistung darstellen. In jeder Domäne, in jedem Fachbereich gibt es gute Arbeit, es gibt aber auch Beiträge, die ein gesamtes Fachgebiet in Frage stellen oder völlig neu definieren. Oder auch solche, die ein gänzlich neues Gebiet begründen – denken wir beispielsweise an Bill Gates. Vor Bill Gates waren Computer für den Hausgebrauch kein Thema, das Internet wäre unvorstellbar gewesen und damit ganze Industrien und Dienstleistungen, die erst mit dem PC möglich wurden.

Dean Simonton von den Claremont Colleges bei Los Angeles hat Hochleistende untersucht, die durch ihr langjähriges Engagement ganze Disziplinen verändert haben. Simonton sagt dazu (1996):

> Diese Individuen tragen auf bedeutsame Weise zu ihrem Fachgebiet bei, die die zentralen Fakten dieses Gebiets neu definiert, seine Theorien, Themen oder Arbeitsweise. Anstatt nur kreatives Schreiben zu unterrichten, publizieren sie innovative Arbeiten, die zu einem Nobelpreis in Literatur führen. […] diese unbequemen Menschen sind die eigentliche schöpferische Kraft in ihrem Fachgebiet. Wir können sagen, dass sie «kreative Expertise» zeigen.

Das ist wohl auch der Grund, warum einer von Renzullis drei Ringen die Kreativität beinhaltet, als wesentliches Element einer wirklich überragenden Leistung. Kreativität war auch beim Beispiel zu Anfang dieses Kapitels sichtbar. Pro Person «nur einen Franken» für die Opfer des Tsunami zu sammeln, ist eine kreative Idee, erst recht die Konstruktion von kleinen Sparkassen, um das Sammeln zu erleichtern. Mit sozialer und sprachlicher Kompetenz, Engagement und Kreativität waren die Basler

Kinder so in der Lage, innerhalb kurzer Zeit 200 000 Schweizer Franken zu sammeln, eine sehr beachtliche Leistung selbst anhand von Erwachsenenstandards – und eine, die gänzlich selbstmotiviert zustande kam.

Was lässt sich über den Werdegang kreativer, unbequemer Umstürzler sagen? Auch dies hat Simonton untersucht. Seine Forschungsgruppe analysierte Dinge wie die *kritischen Wendepunkte* im Leben dieser Hochleistenden, nämlich den Zeitpunkt des ersten, des besten und des letzten Meisterwerkes oder einflussreichen Beitrags. Dabei sah Simonton das Lebensalter zum Zeitpunkt des ersten Beitrags als Startpunkt der kreativen Laufbahn an, den besten Beitrag als den Höhepunkt, der den Ruf dieser Fachperson zementierte und den letzten Beitrag als den, der den kreativen Teil der Laufbahn beendete. Simonton fand, dass oft das Potenzial der Schaffenden umso größer war, je früher der erste hochwertige Beitrag erschien und je später der letzte erfolgte. Ein extremes Gegenteil war der Fall eines Buchautors, dessen einziges Buch alle drei Meilensteine gleichzeitig repräsentierte.

Auf der Basis dieser Kriterien analysierte Simonton dann die Lebensdaten von gut 2000 kreativen Hochleistern in neun verschiedenen Disziplinen, darunter Mathematik, Astronomie, Physik, Chemie, Biologie, Medizin, Technologie und Erdwissenschaften – teilweise mit Hilfe mathematischer Formeln. Insgesamt wurde der erste und früheste Meilenstein nach dem Alter von 25 Jahren erreicht, dies in der Mathematik, und der dritte noch vor dem Alter von 60 Jahren. Hierzu muss allerdings wieder gesagt werden, dass jeder Einzelfall anders aussehen kann.

Wann werden im Schnitt in einigen Disziplinen Hochleistungen erbracht – wie immer diese auch definiert werden? Hier einige kürzliche Daten dazu **(Tab. 3-2)**:

Tabelle 3-2: Ab wann erbringt wer Hochleistungen – im Schnitt? (nach Galenson, D.W., Jones, B.F. und Lehmann, H.C.: What it takes to be great. Fortune, 30.10.2006)

Wer?	Hochleistung im Alter von ...
Leichtathleten	25 Jahren
Chemiker	35 Jahren
Theoretische Ökonomen	36 Jahren
große Erfinder	39 Jahren
Ökonomen (Forschung)	56 Jahren
Philosophen	64 Jahren

Natürlich ist die Sichtweise, wenn von Hochleistungen die Rede ist, in der Regel vor allem materialistisch, es wird ein sichtbares und messbares Output erfasst. Wir alle wissen, dass es Menschen gibt, die die Welt verändern und deren Leistungen sich nicht eigentlich messen lassen – beispielsweise Mahatma Gandhi, oder auch Menschen, deren Leistungen nicht von einer breiten Öffentlichkeit erkannt werden und vielleicht nicht einmal von einer schmalen.

Fähigkeiten, Kreativität und Engagement

Überdurchschnittliche Fähigkeiten, Kreativität und Engagement sind die Kernkomponenten des Drei-Ringe-Modells von Renzulli (s. Abb. 2-4, S. 56). Nachfolgend ein konkretes Beispiel für das Zusammenwirken dieser Faktoren.

Die junge Schweizerin Rita Stalder, damals in der Lehre zur Agrobiologie-Laborantin bei Syngenta, sagt über ihren Erfolg bei «Schweizer Jugend forscht» mit der Wunderkartoffel SPC02:

> Meine Erinnerungen an das Forschungsprojekt sind noch sehr lebendig. Thema der Arbeit war die Krautfäule bei Kartoffeln. Diese Pilzkrankheit vernichtet jährlich einen Fünftel der weltweiten Ernte. Mein Ziel war es, eine zufällig entdeckte resistente Kartoffel zu charakterisieren und ihr Potenzial als Zuchtsorte zu analysieren. Aus dem Zufallsfund sollte eine neue Kartoffelsorte entstehen, die nicht nur resistent, sondern auch genießbar ist. Zuerst war die Aufgabe nur eine Lehrlingsarbeit. Schnell hatte es mich aber gepackt, und ich steckte jede verfügbare Minute in dieses Projekt. Meine Lehrfirma stellte mich am Schluss sogar frei, damit ich mich voll auf diese Forschung konzentrieren konnte. Es war anstrengend, aber es hat sich gelohnt. Das Projekt wurde bei «Schweizer Jugend forscht» noch viel mehr geehrt, als ich es je erwartet hätte. Als eine der wenigen Lehrlinge nebst all den Maturanden gewann ich nicht nur die höchste Auszeichnung, sondern auch noch eine Reise zum Stockholm International Youth Science Seminar und den Nobelpreisverleihungen.
> http://www.sjf.ch/index.php?id=65&L=3 (Zugriff: 17. 9. 2007)

Gegenwärtig kümmert sich ein ganzes Forschungsteam um die Weiterentwicklung der Forschung der jungen Laborantin. Rita Stalder hat die Ausbildung in Ökologie und Biologie an einer Fachhochschule begonnen.

Vor dem Hintergrund dieses Beispiels aus dem Bereich der Naturwissenschaften wollen wir kurz die Kernkomponenten des Drei-Ringe-Modells betrachten. Eine ausführliche Diskussion der drei Komponenten findet sich in den folgenden Kapiteln.

Überdurchschnittliche Fähigkeiten. Hat Rita Stalder überdurchschnittliche Fähigkeiten? Wir wissen es nicht und haben keine Information über ihren IQ-Wert. Interessanterweise hat sie als Lehrling die höchste Auszeichnung des Wettbewerbs für das betreffende Jahr gewonnen, nicht als Gymnasiastin. Vielleicht hat sie praktische Arbeit mehr interessiert? Vielleicht war sie nicht in allen Fächern gleich gut, und hatte Schwächen, die den Besuch eines Gymnasiums verunmöglichten? Es ist anzunehmen, dass sie über ein zumindest überdurchschnittliches, wenn auch nicht unbedingt sehr hohes allgemeines Fähigkeitsniveau verfügt. Darüber hinaus hat sie vielleicht einige spezifische Fähigkeiten, die für Forschungsarbeit nötig sind: Toleranz für sorgfältige Routinearbeit, visuell-räumliches Vorstellungsvermögen, die Fähigkeit zum Klassifizieren von Daten.

Mit überdurchschnittlichen Fähigkeiten wird der obere Leistungsbereich in einem bestimmten Fachgebiet bezeichnet. Oft lassen sich die Fähigkeiten in einem spezifischen Bereich nicht durch Zahlenwerte erfassen. Doch Menschen mit überdurchschnittlichen Fähigkeiten sind oftmals diejenigen, deren tatsächliche oder potenzielle Leistung den obersten 15 bis 20 Prozent entspricht. Somit müssen von den Fähigkeiten her ganz bestimmt keine Spitzenleistungen erbracht werden, wie wir auch im nächsten Kapitel noch sehen werden.

Gardner würde hier von überdurchschnittlichen Fähigkeiten in verschiedenen Intelligenzbereichen sprechen – etwa der mathematischen, musikalischen oder sozialen Intelligenz. Und Sternberg würde zusätzlich die überdurchschnittlich entwickelte analytische, praktische oder kreative Intelligenz ansprechen.

Kreativität. Wie steht es mit dem zweiten Ring, der Kreativität? Zeigte Rita Stalder bei ihrer Forschungsarbeit ein hohes Maß an kreativem Verhalten? Genau können wir das nicht sagen, ohne die Details ihrer Forschungsarbeit zu kennen. Doch ist anzunehmen, dass die Analyse der Forschungsresultate zahlreiche kreative Elemente beinhaltete.

Viele Menschen setzen Kreativität mit künstlerischer Tätigkeit gleich, etwa Malen, Gedichte schreiben oder Musizieren. Obwohl Kreativität natürlich alle diese Aktivitäten beinhaltet, gibt es kaum einen Bereich menschlicher Tätigkeit, der nicht kreative Elemente enthalten könnte.

Generell beinhaltet Kreativität beispielsweise:

- Vorstellungsreichtum, Flexibilität und Originalität im Denken

- Offenheit für Erfahrungen, Sensibilität für Neues, Andersartiges oder Irrationales in den eigenen Gedanken, Handlungen und Leistungen sowie in denen anderer
- Neugierde, Abenteuergeist und Sinn für Spiel
- Bereitschaft, in Gedanken und Taten Risiken einzugehen – bis zur Hemmungslosigkeit
- Sensibilität für Details, für ästhetische Merkmale, Ideen und Dinge.

Engagement. Schauen wir uns nochmals an, was die Gewinnerin des Wettbewerbs von «Schweizer Jugend forscht» im Jahre 2005, Rita Stalder, über das Engagement sagt, das das Forschungsprojekt in ihr hervorbrachte:

> Schnell hatte es mich aber gepackt, und ich steckte jede verfügbare Minute in dieses Projekt. Meine Lehrfirma stellte mich am Schluss sogar frei, damit ich mich voll auf diese Forschung konzentrieren konnte. Es war anstrengend, aber es hat sich gelohnt.

Wie kommen Hochleistungen zustande? Dachte man noch bis vor kurzem eher, dass hervorragende Leistungen bei Kindern, Jugendlichen oder Erwachsenen vor allem auf Talent, Begabung oder einer hohen gemessenen Intelligenz beruhen, so sind sich heute Forscher aus ganz verschiedenen Disziplinen einig, dass harter Arbeit und Durchhaltevermögen sehr wahrscheinlich die größere Bedeutung zukommt. Das denken heute die Neuropsychologen, die Kognitionsforscher und die Fachleute aus der Expertise-Forschung. Wir werden die wichtigsten Erkenntnisse aus diesen Bereichen noch genauer anschauen, doch beschreiben wir Engagement vorläufig einmal so (Renzulli et al. 2001):

- die Fähigkeit, ein hohes Ausmaß an Interesse, Begeisterung, Faszination und Engagement in Bezug auf einen bestimmten Problembereich, ein Wissensgebiet oder eine Form menschlichen Ausdrucks zu entwickeln
- Ausdauer, Beharrlichkeit, Entschlossenheit, harte Arbeit und Hingabe
- Selbstvertrauen, Ich-Stärke und das Vertrauen in die eigene Fähigkeit, wichtige Aufgaben durchführen zu können
- Leistungsmotivation und Mangel an Minderwertigkeitsgefühlen
- die Fähigkeit, wesentliche Herausforderungen und Problemstellungen innerhalb eines bestimmten Bereichs auszumachen

- die Fähigkeit, sich auf die Hauptkommunikationskanäle und die neuen Entwicklungen in einem Bereich einzustimmen
- für die eigene Arbeit einen hohen Standard setzen, gegenüber sich selbst und Kritik von außen offen bleiben
- einen geradezu ästhetischen Sinn für hervorragende Qualität entwickeln, was die eigene Arbeit und die anderer betrifft.

Einige häufige Fragen zu Renzullis drei Ringen

Lassen sich die drei Ringe überhaupt definieren?

Überdurchschnittliche Fähigkeiten in bestimmten Bereichen oder Domänen – wie etwa Musik oder Mathematik - lassen sich sicher in vielen Fällen leichter eingrenzen und beschreiben als Engagement und Kreativität. Das Ausmaß an Anstrengung, das man für ein Projekt aufwendet, oder der Wert einer kreativen Idee können nicht mit Prozenträngen belegt werden und sind auch eher an bestimmte Situationen gebunden als an Fähigkeiten.

Sind die drei Ringe über längere Zeit hinweg konstant?

Nach neuen Erkenntnissen muss diese Frage für alle drei Ringe mit Nein beantwortet werden. Schon die Neurowissenschaften zeigen deutlich auf, dass die Entwicklung von Fähigkeiten ein laufender und auch sensibler Prozess ist. Bis ins hohe Alter kann Neues gelernt werden, verändert sich das Gehirn kontinuierlich und passt sich neuen Herausforderungen und Gegebenheiten an. Andererseits können emotional und körperlich traumatische Erfahrungen sowie Vergiftungsprozesse – beispielsweise durch den Missbrauch von Alkohol oder Drogen – die Leistungsfähigkeit des Gehirns maßgeblich beeinflussen.

Auch beim Ausdruck von Kreativität und Engagement zeigen sich über die Lebensspanne hinweg Berge und Täler, je nach Anforderung und Situation. Selbst die kreativsten und produktivsten Menschen sind nicht ständig auf Sendung und durchlaufen Phasen, wo ihr Engagement zeitweise im besten Fall eine Zeit lang brach liegt und im schlimmsten Fall eine Burn-out-Phase durchläuft. Auch bei Kindern und Jugendlichen können die kreative Ausdrucksfähigkeit oder die Motivation zeitweise durch schwierige emotionale Phasen – man denke an die Pubertät oder eine elterliche Scheidungssituation – oder andere Einflüsse wie etwa starken schulischen Stress gedämpft werden. Das Gleiche gilt für das langjährige Engagement für ein bestimmtes Projekt oder für verschiedene Projekte.

Auch ist in den letzten Jahren deutlich geworden, dass sowohl die Fähigkeiten, als auch die Kreativität und das Engagement durch verschiedene Herausforderungen, durch Stimulation und Training entwickelt werden können. Wenn Eltern und Lehrpersonen sensibel auf Anzeichen kindlichen Interesses reagieren, erhöht dies die Wahrscheinlichkeit, dass das Kind im betreffenden Gebiet kreative Ideen generiert oder Motivation für ein größeres Projekt entwickelt. Dies trifft übrigens auch im beruflichen Umfeld zu.

Ferner gibt es eine Wechselwirkung zwischen den Entwicklungen der drei Ringe. Wachsende Fähigkeiten ziehen oft vermehrt kreative Ideen in einem Fachgebiet nach sich, die Bereitschaft zum Engagement wächst. Andererseits kann Feedback auf eine kreative Leistung Motivation sein, die Fähigkeiten in diesem Bereich vermehrt zu entwickeln und sich stärker zu engagieren.

Sind die Ringe gleich groß?

Zu dieser Frage liegen uns keine Forschungsergebnisse vor. Es gibt jedoch unzählige Beispiele aus dem schulischen und beruflichen Alltag, die nahelegen, dass dies nicht so sein muss. Es ist denkbar, dass jemand sehr hohe sprachliche Fähigkeiten hat, aber wenig Lust, diese aktuell in eine konkrete Herausforderung oder Fragestellung einzubringen.

Kinder können sehr hohe kognitive Fähigkeiten haben - beispielsweise einen hohen Intelligenzquotienten oder überragende Fähigkeiten in den Sprachen oder der Mathematik. Es ist zu erwarten, dass solche Kinder herkömmliche Schulsituationen gut meistern, sie sind das, was Renzulli *gifted lesson learners* nennt. Denn es wurde ja bereits ausgeführt, dass die gleichen Fähigkeiten, die für den Erfolg in herkömmlichen Intelligenz- und Leistungstests sorgen, in der Regel auch den schulischen Erfolg bestimmen. Sicher, um regelmäßig schulische Hochleistungen zu erbringen, braucht es auch Motivation und Durchhaltevermögen, also Engagement.

Schöpferische Hochleistungen verlangen jedoch ein Zusammenspiel aller drei Ringe, einschließlich der Kreativität. Auch hier kann es geschehen, dass jemand eine tolle kreative Idee hat, aber nicht genug Motivation, um diese umzusetzen. Nicht immer sind auch die nötigen Fähigkeiten und Fertigkeiten vorhanden, um Ideen umzusetzen – jedoch können diese teilweise auf der Basis starker Motivation erworben werden.

Schulen, die mit dem Schulischen Enrichment Modell SEM arbeiten, sehen es als ihre Aufgabe, Kinder bei der Entwicklung ihrer *drei Ringe* zu unterstützen. Ein Kind, das eine zündende Idee für ein selbstständiges Projekt hat, wird bei der Entwicklung der nötigen Kompetenzen unterstützt, wird zum Durchhalten ermuntert und kreativ ermutigt. Wir haben bereits gesehen, dass es möglich ist, alle drei Ringe durch Stimulation und Training zu beeinflussen.

Müssen die drei Ringe das gleiche Fachgebiet oder die gleiche Domäne reflektieren?

Ja, unbedingt. Wenn es zu einer schöpferischen Hochleistung kommen soll, ist das unabdingbar. Es nützt beispielsweise in Bezug auf eine hohe mathematische Leistung nichts, mathematisch brillant zu sein, jedoch gleichzeitig kreativ vor allem beim Kochen und motiviert nur für den Sport – zumindest im Hinblick auf ein längeres, anspruchsvolles Projekt. Denken wir an unsere Jugend Forscht Gewinnerin – sie war fähig, engagiert und kreativ im gleichen Gebiet. Auch kreative Hochleister wie Einstein oder Curie fokussierten ihr Können, ihre Kreativität und ihr Engagement über Jahre hinweg auf den gleichen Bereich. So konnten sie auch fehlendes Können teilweise kompensieren. Einstein ließ beispielsweise viele der mathematischen Berechnungen für seine Relativitätstheorie von seiner damaligen Frau Mileva durchführen und bot ihr später an, den Nobelpreis mit ihm zu teilen – was sie allerdings ablehnte.

Reichen die drei Ringe aus, um kreative Produktivität und Hochleistung zu erklären?

Häufig wird kritisiert, dass die drei Ringe die Entstehung von Hochleistungsverhalten nicht ausreichend erklären. Allerdings ist zumindest Renzulli der Meinung, dass das Zusammenwirken der drei Ringe immer noch die wichtigste Voraussetzung für die Entstehung von Hochleistungsverhalten ist. Natürlich gibt es viele andere Faktoren, die mitbestimmen, warum manche Menschen zu bestimmten Zeiten und in bestimmten Situationen hohe Leistungen erbringen. Diese Faktoren werden traditionellerweise in zwei Hauptgruppen eingeteilt, die sich mit Persönlichkeit und Umfeld beschreiben lassen. Die Forschung zeigt deutlich, dass die einzelnen Merkmale, die Hochleistungsverhalten ausmachen, jeweils eine ganz unterschiedliche Rolle spielen. Noch viel wichtiger ist aber die Interaktion zwischen den zwei Hauptgruppen und den zahlreichen weiteren Faktoren, die zu einer schöpferischen Hochleistung führen. Diese Interaktion wird durch das Hahnentrittmuster hinter den drei Ringen illustriert (Abb. 2-4, S. 56).

Was sonst für Erfolg noch wichtig ist – das Hahnentrittmuster

Obwohl die drei Ringe drei Kernkomponenten des Erfolgs in irgendeinem Bereich ansprechen, gibt es viele andere Faktoren und Einflüsse, die eine herausragende Leistung oder Erfolg bestimmen. Wir sahen dies schon bei der Diskussion von den Leistungsmodellen von Heller und Renzulli. Im Drei-Ringe-Modell von Renzulli werden diese Einflüsse in Form eines Hahnentrittmusters dargestellt, das den Hintergrund zu den drei Ringen bildet (vgl. Abb. 2-4, S. 56). Die Verzahnung soll ausdrücken, dass alle Faktoren sich gegenseitig beeinflussen. Renzulli nennt spezifisch die folgenden Einflüsse, dabei ist diese Liste jedoch sicher nicht vollständig (s. **Tab. 3-3** auf S. 80).

In den letzten Jahren hat das Forscherteam um Renzulli dieses «Hahnentrittmuster», nämlich die Faktoren, die eine schöpferische Hochleistung unterstützen, vertieft untersucht[15]:

Optimismus – Hoffnung, positive Gefühle durch harte Arbeit

Mut – psychologische und intellektuelle Unabhängigkeit, ethische Überzeugungen

Liebe zu einem Thema oder Fachbereich – Leidenschaft, sich einem Thema ganz verschreiben

15 Renzulli, J. S., Systma, R. E., Berman, K. B. Operation Houndstooth, The National Research Center on the Gifted and Talented, University of Connecticut, November 2000, www.gifted.uconn.edu (Zugriff: 17.9.2007)

Tabelle 3-3: Verschiedene Einflüsse auf Hochleistungsverhalten (aus Renzulli et al. 2001, S. 26)

Persönlichkeitsfaktoren	Umfeldfaktoren
Selbstwahrnehmung, Selbstwirksamkeit	soziale Schicht
Mut	Persönlichkeit der Eltern
Charakter	Bildungsniveau der Eltern
Intuition	Stimulation der kindlichen Interessen
Charme, Charisma	Geschwisterfolge
Leistungsbedürfnis	Schulbildungsniveau
Ich-Stärke	Verfügbarkeit von Rollenmodellen
Energieniveau	Gesundheit
Gefühl von Bestimmung	Zufallsfaktoren
persönliche Attraktivität*	Zeitgeist

Obwohl persönliche Attraktivität zweifellos ein körperliches Merkmal ist, liegen in den Reaktionen anderer Menschen auf diese Merkmale sehr wichtige Einflüsse auf die Persönlichkeitsentwicklung.

Sensibilität für die Bedürfnisse anderer – Einsicht, Empathie

körperliche und mentale Energie – Charisma, kreative Neugier

Vision, sich für etwas bestimmt fühlen – die Überzeugung, die Dinge beeinflussen zu können; ein Gespür für die Richtung und die Ziele

Diesen Einflüssen können noch zahlreiche weitere hinzugefügt werden, so Wohnort und kulturelles Umfeld, wirtschaftliches Umfeld, soziale Kompetenz, Partnerwahl und viele mehr. In Kapitel 7 werden wichtige Einflüsse vertieft diskutiert.

Vorteile des Schulischen Enrichment Modells SEM für Schulen

In Schulen, die das SEM umsetzen, werden alle Kinder regelmäßig und gezielt mit Anreizen in ganz verschiedenen Bereichen konfrontiert – auch Bereiche, die üblicherweise mit schulischen Lerninhalten wenig zu tun haben. So sollen Kinder angeregt werden, neue Interessen zu entwickeln. Sie sollen Lust auf ein selbstständiges Projekt in einem Interessengebiet bekommen und dadurch Gelegenheit, «ihre drei Ringe zusammenzubringen». Sobald ein Kind Begeisterung und Bereitschaft zum Engagement für ein Thema zeigt, darf es das Klassenzimmer regelmäßig für einige Stunden verlassen, um an seinem Projekt zu arbeiten – dies über einige Wochen oder Monate hinweg. In den USA gibt es Kinder, die mehrere Jahre lang an einem selbst gewählten Projekt arbeiteten. Die folgenden Beispiele[16] von SEM-Projekten zeigen, dass die Projekte von Kindern sehr oft auch eine Komponente sozialer und gesellschaftlicher Verantwortung haben.

Beispiele von eigenständigen Projektarbeiten von Kindern

Ortsgeschichte

Ein Fünftklässler interessierte sich für die Geschichte seiner Ortsgemeinde.

Er las viele Originaldokumente aus vergangener Zeit, interviewte ältere Bewohner und Historiker, suchte historische Bauten auf und erstellte eine Fotodokumentation.

Die fertiggestellte Dokumentation stellte er der Touristeninformation vor. Daraus resultierte ein Stadtrundgang, welcher vom Fünftklässler geleitet wurde, und eine Faltbroschüre zur Information. Letztere enthält detaillierte Erklärungen zum Stadtrundgang, zur eigenen Erkundung.

Frauen, die Karriere machen

Eine Drittklässlerin interessierte sich für Karrierefrauen. Auslöser war eine Interessengruppe zu naturwissenschaftlichen Experimenten und dem Vorbild Marie Curie.

Die Schülerin findet eine gleich gesinnte Fünftklässlerin. Gemeinsam lesen sie Biografien von Naturwissenschaftlerinnen. Darauf erstellen sie einen Interviewleitfaden, den sie in Interviews mit berufstätigen Frauen einer Frauenorganisation verwenden. Sie werten die Ergebnisse aus und stellen sie an einer Veranstaltung vor, zu der die Frauenorganisation einlädt. An dieser Veranstaltung führen sie auch ein Podiumsgespräch mit Frauen durch, die sich in verschiedenen Berufssparten erfolgreich behaupten.

---

16 mit freundlicher Genehmigung von Dr. Marion Rogalla, Dozentin an der Pädagogischen Hochschule St. Gallen

Verkehrsregelung

Es war bekannt, dass sich an einer bestimmten Kreuzung die Verkehrsunfälle häuften. Eine Gruppe von Schülerinnen und Schülern wollte die Gründe dafür aufspüren. Sie beobachteten den Verkehrsfluss während mehreren Wochen an verschiedenen Wochentagen und zu unterschiedlichen Tageszeiten und setzten sich mit Informationen zur Verkehrsregelung der Polizei auseinander. Aufgrund ihrer Analyse reichten sie einen Vorschlag zur Änderung bestimmter Signale an die zuständige Behörde ein. Die Änderung wurde nach eingehender Prüfung vollzogen, was tatsächlich zu weniger Unfällen führte.

Unterstützung eines risikogefährdeten Erstklässlers

Eine Fünftklässlerin beobachtete, wie ein Erstklässler ausgegrenzt und gemobbt wurde. Sie beobachtete die Situation über längere Zeit, um die Gründe aufzuspüren. Der Hauptgrund war seine extrem schlechte Sehfähigkeit. Somit konnte er nicht lesen lernen. Die Schülerin entwickelte ein Bilderbuch im Format A2 mit sehr großer Schrift. Der Junge konnte die Buchstaben identifizieren. Damit der Junge auf dem Pausenplatz und Schulweg nicht mehr misshandelt würde, engagierte sie Fünftklässler als Bodyguards.

Behindertengängiger Spielplatz

Zwei Mädchen waren sehr besorgt über die Tatsache, dass zwei rollstuhlabhängige Kolleginnen nur vom gepflasterten Platz aus dem Geschehen auf dem Spielplatz folgen konnten.

Sie begannen eine Recherche über behindertengerechte Spielplatzanlagen. Sie arbeiteten einen Vorschlag für einen Umbau des Spielplatzes aus, der jedoch von der zuständigen Behörde abgelehnt wurde. Sie überarbeiteten ihren Vorschlag in Zusammenarbeit mit der Behörde, bis er genehmigt wurde.

Maßnahmen gegen Depression bei Spitalpatienten/innen

Schülerinnen und Schüler bemerkten, dass Patienten/innen wegen Isolation und Langeweile «depressiv» wurden. Sie informierten sich über die Bedeutung der psychischen Befindlichkeit für den Heilungsprozess und interviewten das Pflegepersonal. Sie setzten sich zum Ziel, die Langeweile jugendlicher Patienten/innen durch Einzel- und Gruppenaktivitäten zu mildern. Sie entwickelten Hefte mit Redensarten, Witzen, Gedichten und Geschichten. Sie entwarfen schöne Spiele (beispielsweise zu gefährdeten

Tierarten), nahmen Brieffreundschaften auf und dekorierten die Spitalzimmer.

Mosaik

Schülerinnen und Schüler der 8. Klasse bestaunten in Barcelona die Werke von Gaudi. Diese bunten Kunstwerke könnten auch ihr Schulgelände oder Gemeindeplätze verschönern. Sie lernten mit der Hilfe von Experten bunte Mosaike zu verlegen und gestalteten ein Muster auf dem Schulhausplatz.

Finanzielle Unterstützung einer Witwe

Ein siebenjähriger Junge sorgte sich nach dem Tod eines Nachbarn sehr um die hinterbliebene Witwe. Er wollte sie unbedingt finanziell unterstützen.

Es gelang ihm, mehrere Nachbarskinder für ein Puppenspiel zu engagieren, das sie nach längerer Übungsphase mehrmals im Quartier aufführten. Sie verlangten ein Eintrittsgeld von vier Franken und gaben den Erlös von fast 200 Franken der Witwe.

The Cello cries on! – Engagement für den Frieden

Auslöser für Jason Crowes Engagement war der Balkankrieg. Der Mut des «Cellisten von Sarajevo» inspirierte Jasons grössten Traum: Er wollte den Geist des Bosnischen Volkes durch ein Kunstwerk ehren, die Children's International Peace and Harmony Statue. Diese Statue sollte nach Bosnien versandt werden, als ein Geschenk aller friedliebenden Menschen weltweit und besonders der Kinder.

Weitere Informationen auf: http://myhero.com/myhero/hero.asp?hero=thecellocrieson (Zugriff: 17. 9. 2007)

Kinderarbeit

Ein zwölfjähriges Mädchen setzte sich intensiv mit der Kinderarbeit in Asien auseinander und ergriff die Initiative, sich diese Tragödie vor Ort anzuschauen. Darauf begann sie, andere auf die Misere aufmerksam zu machen.

Ein ähnliches Beispiel ist Craig Kielburger, der ein Buch mit dem Titel *Free the children* geschrieben hat. Eine persönliche Begegnung mit Mutter Theresa scheint ihn besonders geprägt zu haben.

Weitere Informationen: http://www.myhero.com/myhero/hero.asp?hero=c_Kielburger (Zugriff: 17. 9. 2007)

Gerson Andrés Flórez Pérez
Ein zwölfjähriger Kolumbianer wurde für den Friedensnobelpreis nominiert, da er sich gegen Landminen und für Frieden einsetzt.

Weitere Informationen auf: http://www.angelfire.com/stars5/gafp/ (Zugriff: 17.9.2007)

Dies sind die wichtigsten Vorteile des SEM in Schulen, vom Kindergarten bis zum Gymnasium:

- Es wird gezielt die Bereitschaft zum Engagement ermutigt.
- Das SEM basiert auf den Interessen eines Kindes. Die Forschung hat gezeigt, dass sich dies motivations- und leistungssteigernd auswirkt.
- Gerade Kinder aus bildungsfernen Elternhäusern haben die Möglichkeit, neue Interessen zu entdecken und in Form von Projektarbeit zu verfolgen.
- Es ist nicht mehr nötig, Kinder als *hoch begabt* zu etikettieren.
- Alle Kinder einer Klasse oder Schule können ihre Stärken entdecken und entwickeln, auch Kinder mit Teilleistungsstörungen. Ein hoher Intelligenzquotient ist nicht Bedingung, um über längere Zeit erfolgreich ein hervorragendes Projekt zu bearbeiten – wie im Erwachsenenleben.
- Durch das Engagement einzelner Kinder bekommen weitere Kinder Lust auf eigene Projekte. Erfolgreiche Projekte haben starken Modellcharakter für andere Kinder.
- Es konnte gezeigt werden, dass kindliche, eigenmotivierte Projektarbeit auch langfristige Wirkung auf Berufs- und Ausbildungspläne hatte.
- Schüler, die innerhalb des SEM selbstständig Projekte bearbeiteten, nahmen innerhalb und außerhalb der Schule öfter kreative Projekte in Angriff als genauso fähige, aber nicht in ein SEM-Programm involvierte Lernende.
- Die Wirksamkeit und Nachhaltigkeit des SEM ist wissenschaftlich belegt (s. auch Renzulli et al. 2001).

Das Wichtigste in Kürze

- Erwachsene sollten kreatives und produktives Engagement von Kindern und Jugendlichen honorieren – dies muss nicht materiell geschehen.
- Bei Kindern und Jugendlichen sind Hochleistungen relativ zu ihrem Alter und Entwicklungsstand zu verstehen.
- Es gibt keine allgemein gültigen Standards für eine Hochleistung. Bei Erwachsenen werden hervorragende Leistungen in der Regel durch Fachkollegen im betreffenden Fachbereich definiert, manchmal auch durch die Öffentlichkeit.
- Es gibt nicht messbare Leistungen, die die Welt verändern – denken wir an Jesus, Mahatma Gandhi oder Mutter Theresa. Einige solcher Leistungen werden nie von einer breiteren Öffentlichkeit erkannt oder gar honoriert, können aber trotzdem einen weitreichenden Einfluss haben.
- Selbst die kreativsten und produktivsten Menschen durchlaufen Phasen, wo ihr Engagement aus verschiedenen Gründen eine Zeit lang brach liegt.
- Zu den wichtigsten Vorteilen des Schulischen Enrichment Modells SEM gehören: Kinder aus bildungsfernen Elternhäusern bekommen eine echte Chance zur Entwicklung von Hochleistungsbereitschaft, Kinder müssen nicht als hoch begabt etikettiert werden, das SEM fördert Begeisterung bei allen Beteiligten, die sich auch auf die Berufswahl auswirkt; die Wirksamkeit des Modells ist wissenschaftlich belegt.

Fragen zum Weiterdenken

- Welche menschlichen Leistungen beeindrucken mich am meisten?
- Zu welchen Zeiten in meinem Leben habe ich mich bisher am meisten, wann am wenigsten engagiert?
- Gibt es einen «roten Faden» in meinem beruflichen und persönlichen Engagement?

Zur Vertiefung

Renzulli, J. S., Reis, S. M., Stedtnitz, U. S. Das Schulische Enrichment Modell SEM. Begabungsförderung ohne Elitebildung. Aarau: Sauerländer, 2001.

Kapitel 4
Wie überdurchschnittlich müssen Fähigkeiten sein?

«What it takes to be great» (etwa: Was es braucht, um sehr erfolgreich zu sein) titelte kürzlich das bekannte Wirtschaftsmagazin Fortune[17] und fuhr fort: «Die Forschung zeigt heute, dass ein Mangel an angeborenem Talent irrelevant für großen Erfolg ist. Das Geheimnis? Schmerzhafte und anspruchsvolle Übung und harte Arbeit.»

In welchem Ausmaß individuelle Fähigkeiten Lebenserfolg voraussagen, ist eine Kernfrage häuslicher und schulischer Begabungsförderung. Und es ist sehr schwierig, darüber eine Aussage zu machen. Um diese Frage zu beantworten, kann man entweder nachweislich talentierte Kinder und ihre Lebensentwicklung untersuchen, oder den umgekehrten Weg einschlagen, nämlich bereits hoch leistende und kreative Menschen untersuchen. Wie sah ihre Kindheit aus? Waren ihre Fähigkeiten damals schon zu erkennen, fielen sie Eltern und Lehrpersonen besonders auf? Wie hoch müssen Fähigkeiten sein, um zu außergewöhnlichen Leistungen im Erwachsenenalter zu führen? Beide Arten von Untersuchungen sind durchgeführt worden.

Über die Untersuchung von Feldman (1991) wurde bereits berichtet. Feldman führte eine zehnjährige Langzeitstudie mit sechs Kindern durch, die bereits als Schulanfänger in verschiedenen Bereichen weit überdurchschnittliche Fähigkeiten zeigten. Feldmans ernüchterndes Fazit nach Abschluss der Untersuchung: Es ließ sich selbst bei diesen frühen Hochleistern nicht voraussagen, ob diese sehr hohen Fähigkeiten zu herausragenden Leistungen im Erwachsenenalter führen sollten – und wenn ja, in welchem Bereich.

17 Galenson, D. W., Jones, B. F. und Lehmann, H. C. in: What it takes to be great. Fortune, 30. 10. 2006

Eine in ihrer Zielsetzung einzigartige Langzeitstudie kommt von Joan Freeman in Großbritannien (Freeman 2001). Freeman begann ihre Untersuchung von 210 Kindern vor fast 30 Jahren. Sie verglich dabei über Jahre hinweg Kinder, die als *hoch begabt* («gifted») etikettiert worden waren mit solchen, bei denen diese Etikettierung trotz nachweislich hoher Fähigkeiten nicht vergeben wurde. Die Kinder kamen aus den unterschiedlichsten sozialen Schichten. Was diese Studie so interessant macht: Eine relativ große Gruppe von Kindern wurde untersucht, und dies über lange Zeit hinweg. Langzeitstudien – und diese sind immer aussagekräftiger als kurzfristige – gibt es nur wenige in der Begabungsforschung.

In Bezug auf die Frage, wie überdurchschnittlich Fähigkeiten sein müssen, um Lebenserfolg vorauszusagen, hat Freeman klare Antworten. Weder frühkindliche Vorsprünge, extrem hohe IQ-Werte oder sehr gute Schulnoten noch schulische Akzeleration (Klassenüberspringen) sorgten im Erwachsenenalter für herausragende Leistungen – außer vielleicht gerade einmal bei späteren Akademikern oder Lehrpersonen. Für die übrigen galt, dass Ehrgeiz, beständiger Einsatz und Faktoren wie emotionale Unterstützung durch das familiäre und schulische Umfeld und eine offene und positive Grundhaltung stärkere Voraussagekraft für Hochleistung im Erwachsenenalter hatten, obwohl insgesamt eine höhere Intelligenz bessere Voraussetzungen zu schaffen schien. Erfolg ist eben etwas sehr Individuelles, schließt Freeman.

Freeman berichtet, dass die erfolgreichsten Erwachsenen in ihrer Untersuchung als Kinder sozialkompetent und *robust* waren. Der Begriff *robust* oder auch *resilient* wurde erstmals von Werner und Smith (1992) für Kinder gebraucht, denen es gelang, während ihres Aufwachsens mit sehr restriktiven und schwierigen Bedingungen fertig zu werden und diese im späteren Leben hinter sich zu lassen. Interessanterweise schien eben diese Robustheit auch für die insgesamt wesentlich privilegierteren Kinder in Freemans Untersuchung eine entscheidende Rolle zu spielen.

Wie sieht es denn aus, wenn man bei der Beantwortung der Frage, wie hoch die Fähigkeiten für eine spätere hervorragende Leistung sein müssen, von bereits hoch leistenden Erwachsenen ausgeht? Hier haben Walberg und sein Team von weltweit 76 Forschenden interessante Arbeit geleistet (s. beispielsweise Walberg et al. 1981). Die meisten Leute würden Martin Luther, Goethe, Leonardo da Vinci, Rubens oder Darwin als hoch leistende und auf ihrem Gebiet äußerst erfolgreiche Erwachsene bezeichnen. Walbergs Team untersuchte rückwirkend 200 solcher Männer aus der Zeit zwischen dem 14. und 20. Jahrhundert. Nun ja, es waren alles Männer – offenbar wirkten die Frauen in dieser Zeit mehr im Verborgenen. Und es gilt zu bedenken, dass die Untersuchungsresultate vom damaligen kulturellen und gesellschaftlichen Umfeld abhängig waren.

Also, wie wurden diese Menschen so erfolgreich, dass sie heute noch berühmt sind? Es wurden Faktoren wie intellektuelle Kompetenz, Motivation, soziale Fertigkeiten, Kommunikationskompetenz, die allgemeine emotionale und körperliche Verfassung, Vielseitigkeit, Konzentration und Durchhaltevermögen während der Kindheit bewertet, auf der Basis biografischer und autobiografischer Daten.

Siebenundneunzig Prozent dieser Hochleister wurden als überdurchschnittlich intelligent eingeschätzt, gleichzeitig aber auch als vielseitig und ideenreich. Diese Menschen zeigten ein überdurchschnittliches Maß an Konzentration und Durchhaltevermögen und verfügten über eine weit überdurchschnittliche Kommunikationskompetenz. Obwohl den meisten positive Charaktermerkmale zugeschrieben wurden – wie «ethisch, sensibel, solide, magnetisch, optimistisch und beliebt bei anderen», wies ein Viertel bis zu einem Drittel der Stichprobe auch Merkmale wie «Introversion, Neurosen und körperliche Krankheiten» auf. Heute ist man allerdings nur bedingt der Ansicht, dass Introversion unbedingt etwas Negatives sein muss. Die Mehrzahl der Untersuchten war körperlich attraktiv und ausgesprochen vital, berichten Walberg und seine Mitarbeitenden.

Wie sah das Umfeld dieser Berühmtheiten aus? Fast alle hatten Zugang zu den Materialien und kulturellen Anreizen, die für ihr späteres Tätigkeitsfeld relevant sein sollten. Sie hatten interessierte Lehrpersonen, Eltern und weitere Menschen, die sie unterstützten. Obwohl die meisten ihrer Eltern klare Vorstellungen bezüglich ihres Verhaltens hatten, ließen sie ihnen für ihre Entwicklung doch auch Freiräume.

Doch wie intelligent muss man für eine Hochleistung eigentlich genau sein? Wesentliche aktuelle Erkenntnisse zu dieser Frage kommen aus der Expertiseforschung, von der gleich noch ausführlicher die Rede sein wird. So berichten Ericsson und Smith (1991) von zahlreichen Untersuchungen, so über die Leistungen führender Wissenschaftler und Schachexperten, die in Intelligenztests keine wesentlichen Unterschiede zwischen den Hochleistern und ganz normalen Menschen zeigten. In anderen Worten, lediglich ein hoher IQ erklärte nicht die Hochleistung. Es gab andere Faktoren, die eine Rolle spielten. Doch welche waren das?

Es braucht keine geistige Brillanz für Schulerfolg – eher Motivation und Wissen

Dass es zumindest für schulischen Erfolg keine sehr hohe Testintelligenz braucht, ist schon längere Zeit bekannt. Gerade in jüngster Zeit wurden einmal mehr Faktoren untersucht, die hohe Schulleistungen beeinflussen, nämlich in der Forschung von Margrit Stamm, Professorin an der Universität Fribourg (2005):

- Kinder, die in einem Fachbereich wie Mathematik oder Deutsch/Lesen bereits mit deutlichen Vorkenntnissen die Schule beginnen – die sie aus eigenem Antrieb erworben haben – haben nachweislich den größten Schulerfolg in den betreffenden Fächern.
- Je älter Schulkinder werden, desto wichtiger wird die Lerngeschichte. Eine erfolgreiche Lerngeschichte macht sogar unterdurchschnittliche Intelligenz wett. Ist die Lerngeschichte dagegen mit ständigen Misserfolgen gespickt, so hilft auch eine überdurchschnittliche Intelligenz wenig – vorerst, wie Stamm betont. Deshalb kann dem Aufbau einer möglichst positiven Lerngeschichte besonders in den ersten Schuljahren gar nicht genug Bedeutung beigemessen werden.
- Für den Erwerb von Lese- oder Rechenkenntnissen schon vor dem Schuleintritt, etwa durch Drill der Eltern, braucht es keine überdurchschnittliche Testintelligenz – solches Training allein garantiert allerdings auch keinen späteren Schulerfolg. Und auch überdurchschnittliche kognitive Fähigkeiten garantieren den Schulerfolg keineswegs, betont Stamm. Wenn Kinder allerdings früh aus eigenem Antrieb rechnen und lesen lernen, und gleichzeitig überdurchschnittliche Fähigkeiten haben, so begünstigt dies späteren Schulerfolg – wenn danach auch eine positive schulische Biographie folgt.
- All dies trifft auf testintelligente schulische Minderleister allerdings nicht zu. Diese nehmen wiederholt Lerngelegenheiten nicht wahr und können so etwaiges früh erworbenes Vorwissen nicht ausbauen. Es dauert nicht lange, bis sie von deutlich weniger testintelligenten Kindern überholt werden. Im Verlauf der Schulkarriere schlägt Wissen und Motivation Intelligenz, schließt Stamm.

Es gibt noch eine weitere brisante schweizerische Studie zum Thema *Hoch begabt und «nur» Lehrling*, an der um die 2700 Berufslernende aus

23 Berufsschulen teilnahmen. Die Resultate (Müller et al. 2006; Stamm 2006):

- Die besten Leistungen im Lehrbetrieb kamen von Lehrlingen, die nur leicht überdurchschnittliche Begabungsprofile, dafür aber eine ausgeprägte Leistungsmotivation, eine hohe Stressresistenz und ein starkes Berufsinteresse hatten.
- Interessanterweise kamen die meisten überdurchschnittlich fähigen Lehrlinge aus relativ großen Arbeiter- und Angestelltenfamilien, bei denen Bildung nicht im Vordergrund stand. Diese Lehrlinge hatten überwiegend sehr gute letzte Zeugnisnoten in Deutsch und Mathematik und begannen die Lehre mit starkem Ehrgeiz. Die Autoren nennen diese Lehrlinge «Bildungsaufsteiger».

Es braucht keine geistige Brillanz für finanziellen Erfolg

Jay Zagorsky, Professor für Wirtschaft an der amerikanischen Ohio State University, hat am Ohio State Center of Human Resource Research eine interessante Langzeitstudie durchgeführt, die zeigt, dass ein höherer Intelligenzquotient zwar gesamthaft die Höhe des Einkommens beeinflusst, jedoch nicht den Umfang des Vermögens und auch nicht die Fähigkeit, mit Geld umzugehen. Untersucht werden seit 1979 7403 Amerikaner, die jetzt in den Mittvierzigern sind. Sie bilden eine repräsentative Stichprobe sogenannter Babyboomer.[18]

Die Versuchspersonen mit den geringsten finanziellen Schwierigkeiten, wie überschrittene Kreditlimiten, hatten im Schnitt einen IQ von ungefähr 115 – leicht überdurchschnittlich. Wie auch schon andere Untersuchungen vorher, so zeigt die Studie deutlich, dass Menschen mit höherer Testintelligenz mehr verdienen: Dabei verdient jemand mit mindestens einem IQ von 130, also statistisch in den obersten 2 Prozent, zwischen 4400 und 13 400 Euro mehr als jemand mit durchschnittlicher Testintelligenz. Diesen Vorsprung machten die untersuchten Personen mit durchschnittlicher oder leicht überdurchschnittlicher Intelligenz allerdings wett, wenn es um die Höhe des Vermögens und die Wahrscheinlichkeit finanzieller Schwierigkeiten ging. Die Resultate scheinen auch nahezulegen, dass überdurchschnittlich Testintelligente weniger

18 Quelle: Ohio State University, 25. 4. 2007, www.sciencedaily.com

sparen. Die Lektion ist einfach, sagt Zagorsky: «Intelligenz ist nicht ein Faktor, der finanziellen Reichtum erklärt. Menschen mit niedrigerer Testintelligenz sollten nicht glauben, sie hätten ein Handicap, und die Testintelligenten sollten sich nicht im Vorteil wähnen.»

Das Schwellenphänomen: Ein IQ von etwa 115 reicht aus

Wiederholt ist das so genannte «Schwellenphänomen» in der wissenschaftlichen Literatur erwähnt worden, sowohl in Bezug auf berufliche als auch schulische hervorragende Leistungen. Es wird angenommen, dass ein leicht überdurchschnittlicher Testintelligenzwert – diesen setzt man in der Regel bei ungefähr IQ 115 an – ausreichend für sehr gute Leistungen ist, sofern weitere Faktoren begünstigend dazu kommen. Aus der Berufswelt weiß man beispielsweise, dass, wenn einmal ein bestimmter beruflicher Status erreicht ist, man nicht mehr auf der Grundlage von Intelligenzwerten zwischen erfolgreichen und weniger erfolgreichen Berufsleuten unterscheiden kann.

Reis (1981) konnte in einer umfassenden empirischen Studie nachweisen, dass sich die Qualität selbstständiger schulischer Projekte bei eigenmotivierten Kindern mit IQs über 130 und solchen mit IQs unter 130 – aber doch mindestens leicht überdurchschnittlich – in keiner Weise unterschied. Die beurteilenden Experten waren bei der Begutachtung der Projekte selbstverständlich nicht über die IQs der Kinder informiert.

Und das Forscherteam von Walberg kam schon 1969 zum Schluss, dass hervorragende Leistungen in verschiedenen Bereichen wohl ein gewisses minimales Intelligenzniveau verlangten (Walberg 1969). Ein nachweislich höheres Intelligenzniveau spielte jedoch eine geringere Rolle als weitere persönliche Eigenschaften und Umstände – dies bei Autoren, Wissenschaftlern und Jugendlichen, die schon früh Preise für ihre hervorragenden Leistungen gewonnen hatten.

Goertzel et al. (1978) kamen nach einer umfassenden Untersuchung von 317 hoch leistenden Erwachsenen zum Schluss, dass sich bei ganzen zwei Dritteln die hohen Leistungen in der Kinder- und Schulzeit nicht hatten vorhersagen lassen.

Gardner beschrieb Fallstudien von elf Individuen, die «die Welt veränderten» – sogar im Alter von zwanzig Jahren war der spätere Ruhm erst bei einem dieser Individuen absehbar, nämlich bei Picasso (Gardner 1997; Gardner 1993).

Und umgekehrt ließ sich mit einer der bekanntesten Langzeituntersuchungen der Psychologie bis jetzt, der Terman-Studie, zeigen, dass längstens nicht alle Teilnehmenden der Studie – ein weit überdurchschnittlicher Mindest-Intelligenzwert von über 140 war Bedingung – später herausragende Leistungen erreichten.

Diese Befunde sind sehr brisant für Eltern, Schulen und die Bildungspolitik. Denn wenn ein IQ von etwa 115 locker ausreicht – Motivation und Fleiß vorausgesetzt, dann lässt es sich kaum rechtfertigen, dass nur ein kleiner Prozentsatz eines Jahrgangs beispielsweise ein Gymnasium und eine Universität oder Fachhochschule besuchen sollten.

Wissen schlägt Intelligenz – ein Interview mit der Kognitionsforscherin Elsbeth Stern

Aus verschiedenen weiteren Forschungsbereichen kommen ebenfalls brisante Erkenntnisse in Bezug auf die Frage, ob man für hervorragende Leistungen *begabt* sein muss. Es sind dies beispielsweise die Kognitionsforschung, die Neurowissenschaften und die Expertiseforschung. Dabei sind diese Forschungsbereiche nicht strikte voneinander abgegrenzt. Wie die Kognitionsforschung, so beschäftigen sich auch die kognitiven Neurowissenschaften mit der natürlichen Intelligenz und den kognitiven Leistungen des Menschen. Während Neurobiologen eher Gehirnprozesse analysieren, die kognitiven Leistungen wie Rechnen und Schreiben zugrunde liegen, untersuchen Psychologen die mit beispielsweise Rechnen und Schreiben verbundenen Funktionen im Detail, dazu Wahrnehmung, Bewegung, Aufmerksamkeit und die Planung sowie Steuerung von Handlungen. Wissen wird dabei von den meisten Expertiseforschern als die wichtigste Grundlage von Expertise betrachtet.

Interessant ist, dass diese Erkenntnisse bislang die Diskussion rund um die Begabungsförderung von Schulkindern kaum beeinflusst zu haben scheinen – obwohl sie durchaus gravierende Implikationen für diese Diskussion haben müssten. Das mag daran liegen, dass die Begabungsdiskussion sich bisher vornehmlich mit Kindern und Jugendlichen befasst hat, während Forschungsgebiete wie die Expertiseforschung sich bislang vornehmlich mit bereits «fertig ausgebildeten» Experten befasste, also Erwachsenen. Deshalb kreist die Begabungsdiskussion in Bezug auf Kinder und Jugendliche vielerorts immer noch um die Bedeutung eines hohen IQs – diese Bedeutung ist aber von der Kognitionswissenschaft und anderen aktuellen Forschungszweigen schon längst widerlegt.

Elsbeth Stern, ehemals Kognitionsforscherin am renommierten Max-Planck-Institut für Bildungsforschung in Berlin und jetzt an der Universität Zürich, hat sich intensiv mit dem Wissenserwerb durch geduldiges Üben, Testintelligenz und Leistung befasst (siehe beispielsweise Neubauer und Stern 2007). Dabei kommt sie zum Schluss, dass auch weniger intelligente Menschen solchen mit höherer Testintelligenz keinesfalls nachstehen müssen, wenn sie sich mit Motivation und Ausdauer an die Arbeit machen. Im Folgenden dazu Auszüge aus einem Interview in der deutschen Wochenzeitung *Die Zeit* (Kerstan 2003) (s. **Tab. 4-1**).

Elsbeth Stern betont immer wieder die Wichtigkeit von Wissen. Wie entsteht denn überhaupt Wissen? Klix (1992) unterscheidet vier wesentliche Quellen:

1. **Genetische Einflüsse**
   Elementare Funktionen der Sinnesorgane zur Ausführung kognitiver und motorischer Prozesse sind sicher angeboren. Dennoch hat die Expertiseforschung zeigen können, dass herausragende Gedächtnis- und Problemlösefähigkeiten von Experten, beispielsweise beim Schachspiel, mit Sicherheit nicht von angeborenen Persönlichkeitsmerkmalen abhängen.

2. **Individuelle Erfahrung**
   Erfahrung kommt am wirksamsten durch langjährige, intensive Wissenserwerbsprozesse zustande - dies bedeutet Tausende von Stunden Übung, in der Regel mehrere Stunden täglich. Allerdings gibt es noch nicht so viele Informationen darüber, wie genau geübt werden muss. Menschen durchlaufen fünf nicht klar voneinander abgegrenzte Stufen auf dem Weg vom Anfänger zum Experten (Dreyfus und Dreyfus 1987), während denen der Wissenserwerb fortlaufend stattfindet:

   1. Anfänger (Novizen)
   2. fortgeschrittene Anfänger
   3. Kompetenzphase
   4. Gewandtheitsphase
   5. Expertisephase.

   In der Art, wie Novizen und Experten ihr Wissen organisieren, nutzen und speichern, gibt es wesentliche qualitative Unterschiede. Dabei bedienen sich Experten beispielsweise des sogenannten *Chunkings. Chunks* sind komplexe Gedächtniseinheiten, wo einfache Einheiten

Tabelle 4-1: Ein Interview mit Elsbeth Stern (Kerstan 2003)

Wissen ist wichtiger als Begabung – ein Interview mit Elsbeth Stern
Stern: Da wird die Frage interessant, in welchem Ausmaß und in welchen Bereichen weniger günstige Voraussetzungen kompensiert werden können. Mit der von Ihnen angesprochenen Studie versuchen wir erstmals, diese Kompensationsmöglichkeiten anhand der Gehirntätigkeit zu erforschen. Zum anderen ist klar belegt, dass Intelligenz zur Erklärung von Leistungsunterschieden in einem bestimmten Bereich an Bedeutung verliert, sobald das Vorwissen über diesen Bereich einbezogen wird. Dies zeigen insbesondere auch Ergebnisse der Expertiseforschung [...]. Das Schachspiel ist ein sehr gut erforschtes Gebiet. Vergleicht man nun Schachexperten und Anfänger, so genannte Novizen, dann zeigt sich, dass intelligente Novizen schlechter abschneiden als weniger intelligente Experten. Und Leistungsunterschiede zwischen Experten lassen sich nicht auf Intelligenzunterschiede zurückführen.
Zeit: Und wie sieht es in der Schule aus?
Stern: Ähnlich. Hier sind insbesondere die Arbeiten meines vor zwei Jahren verstorbenen akademischen Lehrers Franz E. Weinert vom Max-Planck-Institut für psychologische Forschung in München zu nennen. Es zeigte sich: Den größten Einfluss auf den Lernfortschritt hatte das zu Beginn eines Schuljahres verfügbare Wissen – und zwar weitgehend unabhängig von der Intelligenz. Eine Fortführung dieser Studien für das Fach Mathematik ergab, dass die Mathematikleistung in Klasse 11 eng mit der Leistung in der Grundschule zusammenhängt, viel enger als mit dem Intelligenzquotienten der Elftklässler. Die Ergebnisse sprechen dafür, dass man sich über einen längeren Zeitraum mit mathematischen Problemen auseinander setzen muss, wenn man ein guter Mathematiker werden möchte. Zugespitzt kann man sagen: Wissen schlägt Intelligenz.
Zeit: Aber intelligente Kinder lernen leichter.
Stern: Das ist ihr Vorteil. Die Kombination aus Wissen und Intelligenz ist natürlich die beste Voraussetzung. Wenn intelligente Kinder jedoch die Gelegenheit zum Lernen nicht wahrnehmen, dann verschenken sie diesen Vorsprung. Sie werden von weniger intelligenten Kindern überholt, die sich Wissen, etwa in Mathematik, angeeignet haben.
Zeit: Uneinholbar?
Stern: Natürlich nicht. Aber wer sich auf seiner Intelligenz ausruht, der wird abgehängt. Defizite in der Intelligenz können durch Vorwissen offensichtlich wettgemacht werden. Defizite im Vorwissen hingegen nicht. Wenn man die Intelligenz nicht in Wissen umgesetzt hat, dann nützt sie einem gar nichts [...].

auf sinnvolle Weise miteinander verbunden und abgespeichert werden, in größeren Paketen sozusagen. *Chunking* wird durch jahrelangen Umgang mit Schlüsselsituationen und Konzepten ermöglicht. So interpretieren erfahrene Autofahrer bestimmte Verkehrssituationen

ganz anders als Anfänger und können deshalb schneller und souveräner reagieren. Experten entwickeln effizientere und elegantere Lösungsstrategien als Laien oder Anfänger.
Wenn es um die Lösung eines komplexen Problems geht, so holen Experten in der Anfangsphase deutlich mehr Informationen ein als Anfänger (Rothe und Schindler 1996).

3. **Sprachliche Belehrung**
Natürlich wird in Schulen und Universitäten Wissen immer wieder auch sprachlich vermittelt. Leider hat sich in der letzten Zeit verstärkt herausgestellt, dass Frontalunterricht und referierendes Lernen wohl zu umfangreichen Wissensmengen führen können, dieses Wissen alleine allerdings noch längstens nicht zur Lösung von praktischen Aufgaben und Problemen im schulischen oder beruflichen Alltag befähigt. Es handelt sich erst um sogenanntes «träges» Wissen. Nur die von Beginn an anwendungsorientierte Wissensvermittlung, die Reflexion über Lernprozesse und das Lernen eines Stoffbereichs in verschiedenen Kontexten und Umgebungen ermöglichen schlussendlich den flexiblen Umgang mit Wissen.
Und gerade heute, in einem Umfeld ständig wachsender Komplexität und Wissensflut, wird der selbstständige und intelligente Umgang mit Wissen immer wichtiger. Zunehmend wird Wissen nicht mehr über relativ simple Informationsquellen wie Lehrbücher und Lerntexte erworben, sondern durch komplexe und vernetzte Informationsquellen wie das Internet. Dort muss laufend die Spreu vom Weizen getrennt werden, Quellen müssen laufend auf ihre Qualität hin eingeschätzt und bewertet werden. Es reicht nicht aus, lediglich über eine gute Lesefähigkeit zu verfügen, das ist nur die elementarste Grundlage. Da erstaunt es, dass in vielen Schulen der intelligente Umgang mit Informationsquellen wie dem Internet immer noch nicht fast täglich geübt wird.

4. **Eigenes Denken**
Dies wird als die für Experten kraftvollste Wissensquelle betrachtet, über die wissenschaftlich allerdings noch wenig bekannt ist. Beim kreativen, eigenen Denken wird bereits vorhandenes Wissen zur Generierung neuen Wissens eingesetzt, was in der Folge immer höhere Leistungen ermöglicht.

Erkenntnisse der Expertiseforschung

> Im Prinzip kann jeder – wenigstens liegen derzeit keine gegenteiligen Befunde vor – Experte in einer Domäne werden. Voraussetzung ist allerdings eine jahrelange, mühevolle, intensive Beschäftigung mit einem Gegenstandsbereich. (Gruber und Ziegler 1996)

Die Expertiseforschung hat das, was wir über menschliche Fähigkeiten zu wissen glaubten, in den letzten Jahren grundlegend verändert. Deutschland gilt neben den USA als gegenwärtig führend in der Expertiseforschung.

Ähnlich wie die Kognitionsforschung betont auch die Expertiseforschung die Bedeutung von über längere Zeit erworbenem Wissen und Kompetenz. Wer ist ein Experte? Breit akzeptiert ist folgende Definition:

> *Ein Experte oder eine Expertin ist jemand, der in einer bestimmten Domäne über lange Zeit hinweg herausragende Leistungen erbringt.* (Posner 1988)

Experten mögen erfahrene Spezialisten und Fachleute sein wie Ärzte, Treuhänder, Lehrpersonen oder Wissenschaftler. Aber es können auch Menschen sein, die durch Instruktion und ausgiebiges Training ein sehr hohes fachliches Niveau erreicht haben – in Bereichen wie der Musik, im Schreiben, in den darstellenden Künsten, im Sport oder in Spielen wie Schach oder Poker.

Experten zeichnen sich durch die Art und Weise aus, wie sie denken und Probleme lösen. Dabei unterscheiden sich Experten von Novizen durchaus nicht einfach in Bezug auf ihre Intelligenz, ihre Gedächtnisfähigkeiten oder ihre Problemlösungsstrategien. Experten haben im Gegenteil eine breite Wissensbasis erworben, die beeinflusst, wie sie Informationen organisieren und interpretieren. Und dies wiederum beeinflusst ihre Gedächtnisfähigkeit und Problemlösekompetenz. Im Wesentlichen zeigt uns die Expertiseforschung, wie erfolgreiches Lernen aussieht (Bransford et al. 1999). Neuere Forschungsrichtungen innerhalb der Expertiseforschung beschäftigen sich mit der Intuition, mit Expertise im höheren Erwachsenenalter und mit praktischer Intelligenz. Gerade in letzter Zeit ist ja ein zunehmend aktuelles Thema, dass mit dem Verzicht auf ältere Arbeitnehmer viel Expertise in Firmen verloren geht.

Einer der weltweit führenden Wissenschaftler in der Expertiseforschung ist der an der Florida State University tätige Professor K. Anders Ericsson. Er betont, dass Experten wesentlich mehr Informationen aufnehmen als Laien und sich auch besser an ihre Gedankengänge beim Problemelösen erinnern können. Dies ist sogar im Sport so, wo wir denken, dass erfolgreiche Sportler neben angeborenem Talent auch über überdurchschnittliche körperliche Fähigkeiten verfügen. Ericsson und sein Forscherteam konnten zeigen, dass sogar bei hochleistenden Fußballspielern mentale Prozesse wichtiger waren als körperliche Stärken. Die besten Spieler treffen laufend die besseren Entscheidungen, sie nehmen subtile Signale auf und analysieren sie besser, und sie sind in der Lage, die Konsequenzen ihrer Handlungen vorauszusehen. Das Forscherteam um Ericsson verglich Tausende von Experten in Bereichen wie Musik, Sport, Medizin – sogar Polizisten. Sie fanden keinerlei Hinweise darauf, dass Experten mit größeren natürlichen Begabungen und Talenten zur Welt kommen als normale Menschen (Ericsson 1996). Ericsson und seine Kollegen vermuten, dass Talent kaum mehr darstellt als die Motivation und das Durchhaltevermögen auf dem Weg zu laufend wachsenden Herausforderungen.

Aber reicht es, auf dem Weg zur Meisterschaft *irgendwie* zu üben? Nein, sagen Ericsson und seine Kollegen, wichtig ist das *bewusste* Üben (*deliberate practice*). Hier werden Schwachpunkte gezielt und bewusst definiert und dann überwunden.

Inzwischen wurde breit erforscht, wie sich Experten in ganz verschiedenen Domänen verhalten, Bereichen wie Schach, Mathematik, Musik oder Geschichte. Für Expertise haben sich folgende Kriterien ergeben, allerdings nur in Bezug auf die betreffende Domäne der Expertise (Gruber und Mandl 1996, S. 19):

- eine große Wissensbasis
- reichhaltige Erfahrung im Umgang mit domänenspezifischen Anforderungen
- überdurchschnittlicher Erfolg beim Erkennen und Bearbeiten von Problemen; wissen, wann überhaupt ein Problem vorliegt
- metakognitive Kontrolle über Handlungen im Zusammenhang mit dem betreffenden Bereich; «Fähigkeit zur Vogelschau»
- Effizienz, Fehlerfreiheit und große Genauigkeit der Handlungen
- große Flexibilität gegenüber neuen Problemsituationen.

Expertiseforscher wie auch Begabungsforscher teilen die Ansicht, dass Begabte keine Experten sind, aber grundsätzlich zu Experten werden können (Gruber und Ziegler 1996) – das trifft aber auch auf nur leicht überdurchschnittlich Begabte zu. Wir haben sowieso schon gesehen, dass *Begabung* kein stabiler oder klar definierter Wert ist, sondern dass sich menschliche Fähigkeiten im Laufe des Lebens entwickeln und verändern. Interessant dazu sind Ergebnisse aus der Forschung zur praktischen Intelligenz, die die Annahme einer Minimalintelligenz, aber nicht sehr hoher Intelligenz, als Bedingung für sehr gute Leistungen stützen. So wurden erfolgreiche Berufstätige, Psychologen und Betriebswirtschafter, zu ihrem Erfahrungswissen befragt. Aus den Forschungen von der Gruppe um Robert Sternberg an der amerikanischen Yale University ergab sich dabei Folgendes (Gruber und Mandl 1996):

- Testintelligenz scheint bei der Anpassung an die Berufswelt nicht sehr bedeutend zu sein, wenn nur ein Mindestmaß an Intelligenz vorhanden ist (und dieses wird, wie schon gesagt, oft bei einem IQ von etwa 115 angesetzt).
- Diese erfolgreichen Berufsleute schätzten das in Schule und Universität erworbene Wissen nicht als besonders wichtig für ihren beruflichen Erfolg ein.
- Dagegen betonten sie die Bedeutung des sogenannten *Tacit Knowledge*, also der ungeschriebenen Spielregeln, die man in einem bestimmten Tätigkeitsbereich kennen muss, um wirklich erfolgreich zu sein. Dabei sind sich Experten oft nicht einmal bewusst, dass sie diese kennen, obwohl sie diese Regeln praktisch täglich einsetzen. Dabei wächst das *Tacit Knowledge* in dem Ausmaß, wie aus zahlreichen Erfahrungen erfolgreich gelernt wird.

Die wichtigste Schlussfolgerung der Expertiseforschung in Bezug auf die Frage, wie begabt man für ein Spitzenresultat sein muss oder wie hoch der Testintelligenzwert für eine Hochleistung oder nur schon überdurchschnittliche Leistung sein muss: *Wie im Sport können in praktisch allen Bereichen mit der richtigen Art von hartnäckiger, möglichst täglicher Übung hervorragende Leistungen erreicht werden. Diese werden damit allen zugänglich, die bereit sind, sich intensiv und lange genug darum zu bemühen.*

Wie lange dauert es nun, um im Spitzentennis, im Schach, in der Musik oder Mathematik zur Expertin, zum Experten zu werden? Hier veranschlagen die Expertiseforscher schon seit Jahren die ungefähr dafür nötige Zeit mit zehn Jahren (Ericsson und Crutcher 1990). In der Regel haben Experten somit Tausende von Stunden in ein Fachgebiet investiert.

Ist eine hohe Intelligenz für den Erwerb von Expertise ganz unwesentlich? Ganz so ist es nicht. Gerade zu Beginn der Entwicklung zum Experten begünstigt eine hohe Intelligenz den Wissenserwerb, oder vielleicht auch nur schon die Motivation zum Wissenserwerb, verliert aber bei der fortlaufenden Entwicklung zur Expertin, zum Experten an Bedeutung (Mack 1996).

Immer wieder hat es Eltern gegeben, die gezielt ihre Kinder zu Experten in einer spezifischen Domäne machen wollten. Hier denkt man an die berühmten Polgar-Schwestern – von den Eltern von klein auf zu Schachexpertinnen getrimmt – oder aktueller an Michelle Wie, amerikanische Top-Golferin. Die Eltern von Michelle Wie ließen diese bereits als Kleinkind eine Handvoll Sportarten ausprobieren und wählten dann die Sportart zur intensiven Förderung aus, die Michelle Wie am leichtesten zu fallen schien. Inzwischen spielt Wie an der Weltspitze im Golf für Frauen. Diese Art von elterlichem Verhalten wird besonders in Europa nicht besonders geschätzt, doch muss man sich fragen, ob es soviel besser ist, wenn Tausende von Kindern und Jugendlichen während der Schulzeit Prüfungen über Berge von Wissen bewältigen müssen – und sich diese Wissensmengen später oft nicht einmal in beruflichem oder privatem Erfolg niederschlagen. Förderung ist eben immer einfach alles, was wir mit Kindern tun – sei es aufbauend und konstruktiv oder sogar entmutigend. Allerdings lässt sich über so quasi erzwungene Förderung von Kindern wie bei den Polgar-Schwestern oder Michelle Wie sagen, dass die Erfolgschancen langfristig deutlich besser sind, wenn Kinder aus eigenem Interesse und eigener Motivation zu einem Fachgebiet kommen. Mehr dazu später.

Weil es lange dauert, bis eine Person zur Expertin, zum Experten in einer bestimmten Domäne wird, braucht es eine Kombination von Persönlichkeits- und Umweltkomponenten, die diese Entwicklung begünstigen. Welche Komponenten hier eine Rolle spielen könnten, wurde bereits in Bezug auf das Drei-Ringe-Modell von Renzulli diskutiert und wird in Kapitel 7 noch einmal vertieft angesprochen. Insbesondere betont die Expertiseforschung dabei ja die Bedeutung des Wissenserwerbs und bemerkt dazu, dass Wissen an Schulen und Universitäten sehr oft nicht optimal erworben wird.

Für eine optimale Wissensaufnahme wird mit Vorteil so gelernt (Gruber und Mandl 1996):

- selbstständig, autonom und selbstbestimmt
- mit Freude und Selbstvertrauen

- anwendungsorientiert
- beziehungsorientiert.

Nur auf diese Weise können erfolgreich neue Wissensstrukturen aufgebaut und mit bereits bestehendem Wissen vernetzt werden, so dass sich auch hirnphysiologisch immer komplexere und dichtere Netze ergeben.

Und bei der Gestaltung optimaler Lernumgebungen ist auch auf Folgendes zu achten:

- Lernende sollen mit echten Problemen und Situationen umgehen und Wissen somit «just in time» erwerben, also dann, wenn es wirklich gebraucht wird.
- Wissen soll in verschiedenen Umfeldern erworben werden, so dass Lernende auch in Zukunft flexibler mit neuen Lernumgebungen umgehen können.
- Lernende sollen immer wieder dazu angehalten werden, Probleme aus unterschiedlichen Perspektiven zu betrachten, damit sie generell Wissen flexibler anwenden können.
- Kooperatives Lernen in Lerngruppen oder gemeinsam mit Experten ist ebenfalls günstig.

Eine Schlussfolgerung, die sich aus der Expertiseforschung ziehen lässt, ist sicherlich, dass die vorliegenden Erkenntnisse den Einsatz des Schulischen Enrichment Modells SEM von Renzulli unterstützen. Denn hier arbeiten Kinder und Jugendliche an selbstgewählten, echten und eigenmotivierten Problemstellungen, die mit Hilfe von anderen Kindern oder erwachsenen Fachleuten und Mentoren über längere Zeit bearbeitet werden. Es ließe sich sogar sagen, dass mit der Arbeit an diesen Projekten Kinder oft erste Schritte auf dem Weg zum Experten machen. So ließ sich denn auch zeigen, dass zahlreiche Kinder die Themen ihrer Schulprojekte auch als Erwachsene noch weiter verfolgten, über eine entsprechende Studien- oder Berufswahl.

Die Meinung der Neurowissenschaften

«Übung macht den Meister» klingt zwar trivial, doch trifft diese alte Weisheit den Kern der Sache. Die Neurowissenschaften machen ganz ähnliche Aussagen zur Entstehung von Expertise und Leistung wie die Expertiseforschung und die Kognitionswissenschaften. Der bekannte Ulmer Neurowissenschaftler Manfred Spitzer (2002) sagt zur Entwicklung mathematischer Fähigkeiten beispielsweise:

> Wie sehr viele andere Fähigkeiten und Fertigkeiten ist mathematisches Können eine Funktion von Begabung *und* von Übung. Man kann zeigen, dass es vor allem das freiwillige und durch die Sache selbst motivierte Üben ist, das uns auch in der Mathematik weiterbringt.

Dabei bezieht sich *Begabung* lediglich auf das mitgebrachte genetische Potenzial, denn schon mit der ersten Förderung und Stimulation von außen, durch das häusliche Umfeld, wird aus *Begabung* ja erworbenes Können. Ein Fachkollege Spitzers, der Neuropsychologe Lutz Jäncke von der Universität Zürich, betont ebenfalls, dass über lange Zeit erworbene Erfahrung einen etwas niedrigeren Intelligenzquotienten auf jeden Fall kompensieren kann. Er hat beispielsweise Wolfgang Amadeus Mozart in Bezug auf aktuelle neuropsychologische Erkenntnisse untersucht. Seine Schlussfolgerung: Der Komponist hatte nur fleißiger geübt – und wohl auch früher angefangen – als gewöhnliche Kinder. Hier einige Auszüge aus einem Interview mit Jäncke aus der *Süddeutschen Zeitung* (s. **Tab. 4-2**).

Tabelle 4-2: Ein Interview mit Lutz Jäncke (Wolff, P. in: SZ Wissen 09/2006; www.sueddeutsche.de/wissen/artikel/427/74353/3/print.html; Zugriff: 17.9.2007)

Wolfgang Amadeus war kein Wunderkind – ein Interview mit Lutz Jäncke
SZ Wissen: Mit fünf Jahren komponierte Wolfgang Amadeus Mozart sein erstes Menuett, mit elf sein erstes Bühnenstück. Der Vater sprach von einem Wunder. Was sagt die Wissenschaft heute? **Jäncke:** Sie sagt zunächst einmal: Vorsicht. Manche frühen Kompositionen sind nicht zum behaupteten Zeitpunkt entstanden, sondern einige Jahre später. Außerdem hat Vater Leopold die Noten niedergeschrieben, während der kleine Wolfgang Amadeus vor sich hin spielte. Was in diesen Noten stammt also wirklich vom Kind? Sicher wissen wir heute nur, dass Mozart sehr früh begonnen hat zu musizieren, und wir wissen: Wenn Kinder etwas intensiv üben, zeigen sie erstaunliche Leistungen. Spielt ein Kind früh Schach, wird es mit Sicherheit

Wolfgang Amadeus war kein Wunderkind – ein Interview mit Lutz Jäncke

Schachexperte. Kinder können ein Expertentum entwickeln, das Erwachsenen wie ein Wunder erscheint.

SZ Wissen: Ist diese Fernanalyse in Bezug auf Mozart nicht ziemlich gewagt?

Jäncke: Nein, gewagt ist vor allem die gängige Sicht auf Mozart, die dem Kind göttliche Begabung zuschreibt. Wenn der Dirigent Nikolaus Harnoncourt sagt, Mozart sei ein Genie von einem anderen Stern, dann entfernen wir uns von der Wahrheit. Ich versuche, mich dem Phänomen Mozart naturwissenschaftlich zu nähern.
Das heißt, wir müssen das Wissen über die Entstehung so genannter Genies, die man besser Experten nennen sollte, mit den Fakten zusammenbringen, die wir von Mozart kennen. Das dabei entstehende Bild ist stimmig. Das Genie dagegen ist ein Begriff aus der Romantik, das durch die psychologische Forschung längst widerlegt ist.

SZ Wissen: Demnach machte bloß Übung den Mozart?

Jäncke: Richtig. Zwar muss er auch Talent besessen haben, doch wichtiger ist die Frage nach der Motivation dieses Talents: Wie kam die Spitzenleistung zustande, warum hat dieser kleine Junge mit drei Jahren so intensiv und erfolgreich Geige und wenig später Klavier geübt, welche Möglichkeiten steuerte seine Umgebung zu dieser Entwicklung bei? Das interessiert uns Neurowissenschaftler.

SZ Wissen: Und wie lautet die Antwort?

Jäncke: Wir wissen, dass der kleine Wolfgang Amadeus in einem Haushalt aufgewachsen ist, in dem das gesamte Leben von Musik bestimmt war. Der Vater war Kapellmeister, Musiklehrer und Autor eines Standardwerks für Musikpädagogik. Tägliches Musizieren war im Hause Mozart also lebensnotwendig und das muss die frühkindliche Entwicklung beeinflusst haben.
Jedenfalls brachte diese Entwicklung den Vater auf eine Geschäftsidee: Er wollte mit seinen Kindern offenbar Geld verdienen und präsentierte sie als Wunderkinder. Als Wolfgang sechs Jahre alt war, ging der Vater mit ihm und der vier Jahre älteren Schwester Nannerl auf Tournee. Sie spielten am Kaiserhof in Wien, vor Ludwig XV. in Paris und vor Georg III. in London…
Ein Training, wie er es dem kleinen Wolfgang Amadeus auferlegte, würden wir heute keinem Kind zumuten.

SZ Wissen: Training ist also der entscheidende Faktor?

Jäncke: Der Psychologe Anders Ericsson hat dies in einer Studie gezeigt: Absolventen der Berliner Musikhochschule, die aufgrund ihrer Abschlussnoten für eine internationale Musikerkarriere qualifiziert waren, hatten schon vor dem Studium, als Kinder und Jugendliche, 7500 Übungsstunden absolviert. Wer vorher nur etwa 3500 Stunden geübt hatte, den erwartete nach dem Studium ein Werdegang als Musiklehrer. […]

Der amerikanische Intelligenzforscher Robert Sternberg ist in dieser Beziehung zwar anderer Meinung und betont, dass auch Tausende von Übungsstunden aus den meisten Menschen keinen Mozart machen würden. Viel Übung mache vielleicht aus allen Menschen Experten, doch nicht unbedingt ein Genie. Und mit häufigem Üben werden weitere Faktoren eine Rolle spielen: In welchen Ausmaß jemand seine Fähigkeiten «verkaufen» kann, die Fähigkeit, Beziehungen zu knüpfen und zu pflegen, und viele andere mehr.

Wesentliche Erkenntnisse der Neurowissenschaften in Bezug auf die Entwicklung menschlicher Fähigkeiten sind (s. auch Bransford et al. 1999):

1. Lernen verändert die physische Struktur des Gehirns.
2. Diese strukturellen Veränderungen verändern die funktionelle Organisation des Gehirns. Das heißt, dass Lernen das Gehirn organisiert und re-organisiert.
3. Verschiedene Teile des Gehirns sind möglicherweise zu verschiedenen Zeiten zum Lernen bereit.

Sind denn Talent und Begabung ganz unwichtig?

Wenn wir in einer Konzerthalle einer Klavierspielerin am Flügel zuhören, wenn wir bei den Olympischen Spielen Eiskunstläufern zuschauen, aber auch wenn wir einer anspruchsvollen Theatervorführung folgen, so sind wir beeindruckt von der scheinbaren Mühelosigkeit, durch die sich diese hervorragenden Sportlerinnen und Künstler auszeichnen. Diese Mühelosigkeit zeigen auch Schriftsteller, Mathematikerinnen und Menschen in allen möglichen Domänen – und Kulturen. Es ist leicht, von der Mühelosigkeit auf besondere Talente oder Begabungen zu schließen. Es ist jedem klar, dass es für eine überragende Leistung auch Arbeit brauchte, doch die Rolle von Training und Übung wird oft unterschätzt. Wenn Hochleistern standardisierte Tests gegeben wurden, stellte sich heraus, dass sie nur in ihrem speziellen Fachbereich Laien überlegen waren. Ihr Expertise war also bereichsspezifisch. So konnten weder für die besten Schachspieler noch die erfolgreichsten und kreativsten Künstler und Wissenschaftler IQ-Unterschiede nachgewiesen werden, die sie von weniger hochleistenden Vergleichspersonen in ihrem Fachgebiet unterschieden (Doll und Mayr 1987; Taylor 1975).

Ericsson und Lehmann (1996) konnten mit einer Metaanalyse – einer Analyse zahlreicher relevanter Studien – zeigen, dass allgemeine Fähigkeitstests keinesfalls den Erfolg in einem bestimmten Bereich voraussagen. Wiederum zeigte sich, dass die hervorragenden Leistungen von Experten in ihrem Fachgebiet sehr oft genau auf dieses beschränkt sind und dass diese Experten sich außerhalb ihres Fachgebiets kaum von durchschnittlichen Vergleichspersonen unterscheiden. Die auffallenden Unterschiede zwischen Experten und Laien weisen wiederum auf Stärken, die während langer Jahre der Ausbildung und vor allem auch Praxis erworben wurden.

Renzulli hat schon mit dem Drei-Ringe-Modell ausgedrückt, dass die für ein größeres Projekt benötigten Fähigkeiten den Anforderungen des Projekts entsprechen sollten. In anderen Worten – es nützt nicht unbedingt etwas, einen sehr hohen IQ zu haben, wenn man beispielsweise ein Spitzenkoch werden will. Da sind dann ganz andere Fähigkeiten wichtig – eben solche, die für gehobene Gastronomie von Bedeutung sind: ein sensibler Geschmackssinn, eine gute Nase, sicherlich auch ästhetische Sensibilität für das Anrichten der Gerichte. Die Fähigkeiten müssen in Bezug auf eine angestrebte Hochleistung bereichsspezifisch sein, also den Anforderungen der angestrebten Herausforderung entsprechen.

Dieser Meinung ist auch die Kognitionsforscherin Elsbeth Stern. Sie betont, dass in der Entwicklungsforschung die Bedeutung bereichsspezifischen Wissens für die kognitive Entwicklung inzwischen etabliert ist. Wenn Kinder Mühe mit bestimmten Aufgabenstellungen haben, so waren in der Regel zu wenige Lerngelegenheiten vorhanden. Es bedeutet meistens nicht, dass Kinder nicht intelligent genug für eine bestimmte Aufgabe sind.

Vor allem neuere wissenschaftliche Erkenntnisse sprechen also dafür, dass angeborenes Talent und Begabung wesentlich unwichtiger sind, als Eltern und Lehrpersonen immer dachten. Sloboda (1991) untersuchte Expertise in der Musik und schloss daraus, dass genetische Voraussetzungen für die Entwicklung von Expertise wohl teilweise vorliegen, dass aber letztlich günstige Umweltbedingungen den Ausschlag dafür geben, ob die «Begabung» erfolgreich umgesetzt wird oder eben nicht.

Es gibt zahlreiche Untersuchungen zur Schlussfolgerung, dass genetisch bedingte individuelle Unterschiede kaum eine Rolle im Vergleich zum Wissen spielen, das sich jemand in einem Bereich erwerben konnte (Gobet 1996). Hier spielt auch die Gedächtnisfähigkeit eine wichtige Rolle. Es konnte gezeigt werden, dass Kinder in Bereichen, für die sie sich besonders interessieren, zu erstaunlichen Gedächtnisleistungen kommen, die diejenigen erwachsener Laien deutlich übertreffen. Dazu ist schon seit längerer Zeit bekannt, dass selbst schon kurzes Üben mit sogenannten Mnemotechniken – Eselsbrücken und weitere Gedächtnishilfen, die bereits seit dem Altertum bekannt sind, – zu einer deutlichen Verbesserung der Gedächtnisfähigkeit führt. Dass ein überragendes Gedächtnis auf angeborener Begabung beruht – wie auch in der aktuellen Begabungsliteratur für Eltern so häufig behauptet – dafür gibt es kaum wissenschaftliche Belege. Wiederum braucht es natürlich für eine sehr gute Gedächtnisleistung ein gewisses Mindestmaß an Intelligenz, und Menschen mit schwerwiegenden geistigen Beeinträchtigungen werden eher nicht zu Experten und Gedächtniskünstlern werden.

Lutz Jäncke, Professor und Neuropsychologe, meint zur Rolle der genetischen Einflüsse beim Talent:

> Nach den neuesten Untersuchungen müssen wir annehmen, dass unsere kognitiven und motorischen Fertigkeiten höchstens zu 50 Prozent genetisch determiniert sind. Das nennen wir Talent. Die anderen 50 und mehr Prozent sind also durch Umwelteinflüsse, Erziehung und Training bestimmt. Betrachten wir aber lieber die Leistung, die am Ende herauskommt. Sie ist eine Funktion von drei Faktoren: Fähigkeit mal Wollen mal Möglichkeit. (Wolff 2006)

Allerdings gibt es die 50/50-Theorie schon längere Zeit, nämlich die Annahme, dass sowohl Umwelteinflüsse als auch genetische Komponenten etwa je die Hälfte ausmachen, wenn es um unsere Fähigkeiten und ihre Umsetzung in Leistung geht. Es gibt auch andere Meinungen zum Thema.

Ernst Hany und Ulrich Geppert vom Max-Planck-Institut für Psychologische Forschung in München betreuen in einer der ältesten Längsschnittstudien eineiige Zwillinge, und ihre bisherigen Ergebnisse weisen darauf hin, dass kognitive Fähigkeiten – erfasst wiederum mit einem standardisierten Intelligenztest – einen erblichen Faktor von etwa 60 bis 70 Prozent besitzen. So lässt sich die Bedeutung der genetischen Unterschiede in den menschlichen Fähigkeiten sicherlich nicht einfach vom Tisch wischen. Warum reduzieren Exponenten der Expertiseforschung die Ursachen für menschliche Hochleistungen auf das bewusste Üben (*deliberate practice*)?

Robert Sternberg, Intelligenzforscher, wirft der Expertiseforschung vor (Sternberg 1996):

1. **Die Expertiseforschung ignoriert Erkenntnisse, die mit ihr im Widerstreit stehen.** So muss auch für die Ergebnisse, die Menschen in Intel-

ligenztests erreichen, Tausende von Stunden geübt werden – Wortschatz, mathematische und räumliche Fähigkeiten werden schließlich auch durch Training erworben. Und: Die Bedeutung genetischer Einflüsse nimmt mit dem Alter zu. Das heißt, genetische Einflüsse könnten teilweise bestimmen, ob und wie lange jemand überhaupt zu üben bereit ist. Auch sind Menschen vielleicht schnell demotiviert, wenn sie nach einigem Üben bemerken, dass sie trotz großer Anstrengung aufgrund nicht ausreichender Fähigkeiten kaum Fortschritte machen.
Es mag schon sein, dass bewusstes Üben schlussendlich zum Erfolg führt. Aber welche Faktoren waren sonst noch am Erfolg beteiligt, Faktoren wie Motivation, Unterstützung durch das Umfeld, praktische und soziale Intelligenz und viele mehr?

2. **Führt bewusstes Üben zwangsläufig zu Expertise, oder ist es lediglich eine Begleiterscheinung?** Möglicherweise haben alle Experten geübt, jedoch gab es auch viele, die trotz bewussten Übens nicht zu Experten wurden. Wir alle wissen, dass Feuerwehrautos nicht das Feuer verursachen, obwohl Feuer und Feuerwehrautos in der Regel einhergehen.
   Es gibt in der Expertiseforschung noch kaum Untersuchungen, die beleuchten, warum manche Menschen trotz häufigen und richtigen Übens nicht zu Experten werden. In der Praxis sind solche Untersuchungsobjekte schwer zu finden, dennoch ist solche Forschung nötig, sollen die Schlussfolgerungen der Expertiseforschung seriös sein.

3. **Und: Erklärt bewusstes Üben wirklich die Leistungen eines Mozart, eines Picasso, einer Curie?** Es lässt sich argumentieren, dass die meisten Menschen selbst mit langem Üben nicht zu den musikalischen Leistungen kämen, die Mozart bereits als Kind erreichte. Möglicherweise können sehr gute Leistungen und sogar einige hervorragende Leistungen gut durch bewusstes Üben erklärt werden – aber eben nicht alle.

Lassen wir abschließend noch einmal Joan Freeman zu Wort kommen, indem sie die Ergebnisse ihrer Langzeitstudie in Bezug auf unsere Fragestellung zusammenfasst (Freeman 2006):

> Den meisten Probanden mit außergewöhnlich hoher Intelligenz, gleich ob sie als hoch begabt etikettiert waren oder nicht, ging es im Leben besser als denen mit eher durchschnittlichen Werten – unabhängig von ihrer vorherigen sozialen Schichtzugehörigkeit. Die weniger Erfolgreichen lernten weniger effizient, setzten vielleicht

reines Auswendiglernen ein. Die Erfolgreichsten hatten Wege gefunden, ihre außergewöhnlichen mentalen Fähigkeiten zu organisieren: Sie waren sich der Besonderheiten ihres Lernstils bewusst und konnten diese effizienter einsetzen. Dies half ihnen nicht nur in der Schule, sondern auch im Erwachsenenleben – in welchem Bereich auch immer. [...]
Und doch, mehr als 30 Jahre später hatten nicht unbedingt extrem hohe IQ-Werte und Schulnoten oder schulische Akzeleration (Klassenüberspringen) zum Erfolg geführt – außer vielleicht für künftige Lehrpersonen und Akademiker. Wichtiger waren schlussendlich harte Arbeit, emotionale Unterstützung und eine positive und offene Grundhaltung. Wie alle Kinder, so gehen auch die hoch Begabten ihre eigenen Wege. Die gute Nachricht ist, dass die emotionalen Probleme, die man oft mit hohen Begabungen in Verbindung bringt, nicht wirklich existieren. Im Erwachsenenalter verschwanden die Kindheitsprobleme der meisten Probanden fast gänzlich.

Wesentlich ist die konsequente Nutzung der eigenen Stärken

Besonders in Europa gehen viele Lernumgebungen – wie Schulen, Fachhochschulen und Universitäten – immer noch von einem imaginären Durchschnittsschüler aus. Besondere Stärken und Interessen werden von Lehrpersonen zwar teilweise wahrgenommen, jedoch nicht in eine sinnvolle Beziehung zu den täglichen Abläufen im Unterricht gesetzt, nicht in das Klassengeschehen integriert. Besonders Stärken, die nicht direkt mit dem angebotenen Lehrplan zu tun haben, bleiben so auf der Strecke. Haben Lernende Schwierigkeiten, die Lernziele zu erreichen, so wird im besten Fall nach den Ursachen und damit den Defiziten geforscht. Im schlimmsten Fall werden die Ursachen gänzlich ignoriert, oder man kommt zu lapidaren Behauptungen wie: «Der ist einfach faul.» oder «Irgendwann wird der Knoten schon aufgehen.» Wiederum im besten Fall bemüht man sich, bestehende Defizite mindestens auf ein imaginäres Mittelmaß hin zu normalisieren. In der Schweiz gibt beispielsweise der Kanton Zürich, etwa gleich groß wie das deutsche Bundesland Bremen, gegenwärtig um die 200 Millionen Euro pro Jahr für sämtliche sonderpädagogische Maßnahmen aus, Maßnahmen, die Kinder und Jugendliche zu einer erst durchschnittlichen Leistung befähigen sollen. Nur etwa 0,1 Prozent dieser Summe wird hingegen in die gezielte Entwicklung von Stärken investiert. Die Therapie von Schwächen ist ein florierender Wirtschaftszweig, an dem viele mitverdienen. Es ist interessant zu überlegen, was der gesellschaftliche Nutzen wäre, wenn diese Summe in die Förderung der zweifellos vorhandenen Talente und Fähigkeiten der gleichen Schüler investiert würde.

Schlimmstenfalls werden Kinder gesamthaft auf eine Etikettierung reduziert – als ein Kind, das von einer Aufmerksamkeitsdefizitstörung ADS/ADHS, von Lese- und Rechtschreibstörungen oder von Rechenstörungen betroffen ist. Dann richten sich in der Regel alle Bemühungen auf die Ausmerzung der Schwierigkeiten, gleichzeitig werden jedoch die vorhandenen Stärken ignoriert. Das ist sehr schade, denn nachweislich waren auch Einstein, Churchill oder Da Vinci teilweise lern- oder aufmerksamkeitsgestört. Die Konzentration auf die Stärken auch teilweise lernbehinderter Kinder kommt langfristig dem Selbstvertrauen dieser Kinder, ihrer Motivation und Leistungsfähigkeit und damit der Gesellschaft als Ganzes zugute. Erinnern wir uns des Beispiels ganz zu Beginn dieses Buches, des Selfmademans Ivar Niederberger. Auf verschiedene Weise lernbehindert, ließ sich dieser mutige Mensch von den Urteilen seines Umfelds nicht unterkriegen und verfolgte hartnäckig sein Ziel, Millionär zu werden – mit Erfolg. Leider bleiben auf jeden Ivar Niederberger zahlreiche Menschen auf der Strecke.

Das Wichtigste in Kürze

- Eine Untersuchung von 200 hoch leistenden historischen Persönlichkeiten zeigt: Diese Menschen waren zwar mehrheitlich hoch intelligent, gleichzeitig aber auch fokussiert, kommunikativ, körperlich attraktiv und vital.
- Ein Experte oder eine Expertin ist jemand, der in einer bestimmten Domäne über lange Zeit hinweg herausragende Leistungen erbringt.
- Wie im Sport können in praktisch allen Bereichen mit der richtigen Art von hartnäckiger, möglichst täglicher Übung hervorragende Leistungen erreicht werden. Diese werden damit allen zugänglich, die bereit sind, sich intensiv und lange genug darum zu bemühen – in der Regel mindestens zehn Jahre lang.
- Zahlreiche Untersuchungen der Expertiseforschung finden keine wesentlichen Unterschiede zwischen Hochleistern und ganz normalen Menschen in Bezug auf Testintelligenz, dafür wesentlich mehr erworbenes, bereichsspezifisches Wissen bei den Hochleistern. Wissen wird von den meisten Expertiseforschern als die wichtigste Grundlage von Expertise betrachtet (vgl. K. Anders Ericsson).

- Begabte sind keine Experten, können aber zu Experten werden.
- Eine kürzliche Untersuchung in der Schweiz zeigt bei überdurchschnittlich fähigen Lehrlingen nur leicht überdurchschnittliche Fähigkeitsprofile, dafür eine hohe Leistungsmotivation und Stressresistenz sowie starkes Berufsinteresse.
- Ein höherer Intelligenzquotient beeinflusst wohl die Höhe des Einkommens, jedoch nicht den Umfang des Vermögens und die Fähigkeit, mit Geld umzugehen.
- Ein nur leicht überdurchschnittlicher Intelligenzquotient von etwa 115 ist ausreichend für hervorragende Leistungen, sofern weitere Faktoren begünstigend dazukommen.
- Frontalunterricht kann zu umfangreichen Wissensmengen führen, doch dieses Wissen alleine wird als «träge» betrachtet – es befähigt nicht an sich zur Lösung von praktischen Problemen im schulischen und beruflichen Alltag. Wichtiger für schulischen und beruflichen Erfolg ist das Wissen um die «ungeschriebenen Spielregeln» (*Tacit Knowledge*).

Fragen zum Weiterdenken

- In welchem Bereich bin ich ein Experte, eine Expertin? Wie lange dauerte es, bis ich diese Expertise entwickelte? Was half mir dabei?
- Was hielt mich eventuell davon ab, Expertin oder Experte zu werden? Waren dies externe Faktoren oder Faktoren, die mit mir selbst zu tun hatten?

Zur Vertiefung

Ericsson, K. A., Charness, N., Feltovich, P. J. (Eds.) The Cambridge Handbook of Expertise and Expert Performance. Cambridge: Cambridge University Press, 2006.
Hagemann, N., Tietjens, M., Strauss, B. Psychologie der sportlichen Höchstleistung. Grundlagen und Anwendungen der Expertiseforschung im Sport. Göttingen: Hogrefe, 2006.

Kapitel 5

Kreativität – Kernkompetenz für die Zukunft

> Wenn du ein wirklicher Wissenschaftler werden willst, denke wenigstens eine halbe Stunde am Tag das Gegenteil von dem, was deine Kollegen denken.
>
> Albert Einstein

Vor noch nicht allzu lange vergangenen Zeiten antiautoritärer Erziehung herrschte weit herum die Auffassung, dass das Setzen enger elterlicher oder schulischer Grenzen die Kreativität des Kindes beschneiden würde. Also sollten Kinder ohne allzu viele Richtlinien und Bewertung frei gestalten können. Wenig überlegt wurde, wozu denn diese Entfaltung der Kreativität schließlich dienen sollte. Wenn diese Frage überhaupt angesprochen wurde, so lag die Antwort in der freien Entfaltung des Individuums, in der Selbstverwirklichung.

Auch denken die meisten Erwachsenen, wenn sie den Begriff Kreativität hören, an Malen, Musizieren, Töpfern und ähnlich künstlerisch-gestaltende Beschäftigungen. Kreativität hat für viele etwas mit Muße, mit Zeit haben, mit lustvollem Gestalten zu tun. Tatsächlich wird im Berufsleben und überhaupt im Erwachsenenleben wohl mehr Kreativität in unangenehmen Situationen freigesetzt, wo es gilt, schnell einen Ausweg oder eine neue Lösung zu finden – wenn das Geld nicht reicht oder der Computer den Geist aufgibt. Kreatives wird auch unter starken Zeitbegrenzungen geschaffen – wenn im Hinblick auf eine nahende Frist Werbung ausgedacht oder ein Artikel geschrieben werden muss.

Tatsächlich ist Kreativität sehr viel komplexer, häufiger und wichtiger als die meisten Eltern, Lehrpersonen und auch in der Berufswelt Tätigen realisieren. Warum? Es gibt keinen Zweifel, dass das Ausmaß an Veränderung, dem Kinder und Erwachsene in fast allen Ländern heute unterworfen sind, ohne geschichtliches Beispiel ist. Es hat noch nie eine Zeit gegeben, wo sich praktisch alle jungen Menschen auf drei, vier, fünf oder noch mehr verschiedene berufliche Tätigkeiten während ihres Arbeitslebens einstellen mussten. Berufstätige mussten noch nie laufend soviel dazu lernen und waren noch nie so komplexen multikulturellen Umfeldern ausgesetzt. Dabei forcieren multikulturelle Umfelder kreatives Denken und Handeln im besten Fall geradezu, denn Gegensätze und Unterschiede führen zu neuen, unerwarteten Lösungen, Denkweisen und Kombinationen. Von Komplexität und Globalisierung sind heute nicht nur Einzelne betroffen, vielleicht solche Menschen, die mit Freude ein bisschen zusätzliche Abwechslung und Herausforderung suchen – nein, alle sind betroffen: die hoch Intelligenten, die Fleißigen, aber auch die Lernbehinderten und wenig Motivierten. Entsprechend hoch ist der Preis, den die zahlen, die mit Veränderung nicht souverän umgehen können. Und deshalb führen die wachsende Komplexität und Multikulturalität im schlimmsten Fall zu Überforderung, Abschottung und Feindseligkeit.

Vielleicht liegt im Anspruch, junge Menschen auf berufliche und private Umfelder vorzubereiten, die sich heute noch niemand vorstellen kann, die gegenwärtig nobelste Aufgabe der Schule. Nur zur Erinnerung: Vor 30 Jahren gab es weder PC noch Internet – Dinge, ohne die sich Erwachsene heute ihren beruflichen Alltag kaum mehr denken können, gleich welche Tätigkeit sie ausüben. Leider ändern sich schulische Umfelder erst zögerlich. Je höher man die akademische Leiter hinaufsteigt, desto mehr scheint kreatives Lernen und Denken auf der Strecke zu bleiben. In Prüfungen werden *richtige* Antworten gesucht, Notendruck und Konformitätszwang hat schon manchen hoch Kreativen aus der Schule getrieben.

Nicht nur ist Kreativität ein wesentliches Element schöpferischer Hochleistung, sie ist heute eigentliche Basiskompetenz für alle. Aber was ist denn eigentlich Kreativität?

Kreativität – ein vielschichtiger Begriff

> Kreativsein hat mehr mit harter Arbeit als mit Eingebung zu tun. Manchmal brütet man wochenlang, bis man die zündende Idee hat. (Danielle Lanz, Erfolgswerberin, 2007[19])

> Kreativität ist die Fähigkeit, etwas zu schaffen, das innovativ, von hoher Qualität und auf angemessene Weise nützlich ist. (Sternberg und Williams 2002)

---

19 «Ganz so eisern bin ich nicht». Interview mit Danielle Lanz in Bilanz, 2007, 11, 92–95

> Kreativität ist ein grundlegender menschlicher Instinkt, etwas Neues zu schaffen. [...] Sie ist das Fundament, das die Umsetzung von Talent ermöglicht [...] ein hoher Intelligenzquotient ist nicht nötig. [...] Wir sind alle kreativ [...] die, die kreativer als andere sind, haben gelernt, Risiken einzugehen, Komplexität zu schätzen und die Welt um sich herum als immer wieder frisch und neu zu sehen. (Piirto 1998).

> Es gibt keine Kreativität ohne Asynchronizität - das gebrochene Zusammenspiel von Ort, Zeit, Talent und Moral. In der Kreativität gibt es eine Spannung zwischen intellektuellem Stil und Persönlichkeitsstil sowie mangelnder Passung zwischen Persönlichkeit und Fachbereich, Intelligenz und Umfeld, biologischer Konstitution und Berufswahl. (Gardner 1988)

Das sind ganz verschiedene und spannende Ansichten. Sternberg und Williams (2002) unterscheiden vier grundsätzliche Arten, Kreativität anzusehen:

1. **Die mystische Sichtweise**
   Das ist der Glaube an die göttliche, übernatürliche Eingebung, an die himmlische Inspiration. Während diese spielen mag, so lässt sie sich doch durch elterliche oder schulische Einwirkung nicht direkt beeinflussen: «Wenn man denkt, man kann das Genie erfassen, so kann man nicht sicher sein, ob es ein göttlicher Funke ist oder lediglich ein Strohfeuer.» (Sinclair 2006)

2. **Die psychometrische Sichtweise**
   In den letzten Jahren hat man begonnen, neben der Intelligenz auch das kreative Denken durch verschiedene Testverfahren zu erfassen. So erfasst ein bekannter, in Deutschland entwickelter, doch international gebräuchlicher Test das kreative Potenzial durch eine zeichnerische Darstellung (Urban und Jellen 1995). Andere Testverfahren wurden schon 1950 von Guilford und 1974 von Torrance entwickelt. Typischerweise wird in solchen Tests eine große Anzahl origineller Antworten, für deren Bewertung es genaue Kriterien gibt, mit hoher Kreativität in Verbindung gesetzt.

3. **Die sozialpsychologische Sichtweise**
   Diese Sichtweise untersucht, inwiefern Persönlichkeitseinflüsse und gesellschaftliche Rahmenbedingungen die Entwicklung von Kreativität ermutigen oder behindern. So haben Amabile (1983) und andere die Wichtigkeit der intrinsischen Motivation für kreatives Handeln betont. Intrinsische Motivation bedeutet, Dinge um ihrer selbst willen und nicht um externer Belohnungen willen wie Geld, Schulnoten oder

Anerkennung zu tun. Wir werden später noch einmal auf dieses Thema zurückkommen. Hoch kreative Menschen empfinden oft ein hohes Maß an Begeisterung oder gar Leidenschaft für das, was sie tun. Entsprechend tun Eltern und Lehrpersonen gut daran, Anzeichen von intrinsischer Motivation zu erkennen und zu fördern, sowie die Begeisterung junger Menschen für ein Thema zu unterstützen.
Dean Simonton (1984, 1994) hat das gesellschaftliche Umfeld kreativen Handelns untersucht. Zwei interessante Ergebnisse seiner Forschungsarbeiten: Die Anzahl bekannter, hoch kreativer Menschen steigt mit der Anzahl ähnlicher Menschen in den zwei vorangegangenen Generationen an. Und: In zwei oder mehreren Kulturen aufgewachsene Menschen neigen vermehrt zu kreativem Verhalten im Vergleich zu Menschen, die nur in einer Kultur aufwachsen. Das ergibt Sinn, denn eine Vielzahl von verschiedenartigen Inputs erhöht die Wahrscheinlichkeit kreativer Kombinationen. So gesehen, können wir uns im Zeichen der Globalisierung auf sehr viel Kreativität gefasst machen.
Mihalyi Csikszentmihalyi (1996) schließlich konnte anhand zahlreicher Fallbeispiele zeigen, dass es für eine kreative Leistung beides braucht – die Person, die sich schöpferisch betätigt und das gesellschaftliche Umfeld, das die kreative Leistung als solche erkennt.

4. **Die integrative Sichtweise**
   Robert Sternberg und Todd Lubart (1995) führten ganz verschiedene Sichtweisen in ihrer *Investitionstheorie von Kreativität* zusammen. Wenn man investiert, bemüht man sich, günstig einzukaufen und teuer wieder zu verkaufen. Kreative Menschen nehmen sich Ideen und Produkten an, deren Wert anfänglich niemand erkennt – so *kaufen sie billig ein.* Wenn die Idee oder das Produkt breite Akzeptanz erlangt, *verkaufen* sie es zu höherem Wert und wenden sich der nächsten unterbewerteten Idee zu.

Die integrative Sichtweise benennt die folgenden Merkmale hoch kreativer Menschen:

- Sie geben sich nicht mit herkömmlichen Wegen zufrieden, um Probleme anzugehen, sondern versuchen, Herausforderungen auf ganz neue Weise anzugehen.
- Sie wissen wohl einiges über den Bereich, wo sie sich kreativ engagieren wollen. Dennoch sind sie kein «wandelndes Lexikon» und

verbauen sich nicht durch Fachwissen ihre frische Perspektive der Dinge.

- Sie genießen es, sich kreativ zu verhalten.
- Auch bei Schwierigkeiten gelingt es ihnen, durchzuhalten und bei der Sache zu bleiben.
- Sie stehen neuen Erfahrungen offen gegenüber.
- Sie gehen kalkulierte Risiken ein.
- Sie sind intrinsisch motiviert und engagieren sich für etwas um der Sache willen.
- Sie schaffen sich ein äußeres Umfeld, das ihre kreative Arbeit unterstützt und auch belohnt.

Man kann diesen Perspektiven noch eine zusätzliche hinzufügen:

Die erzieherische Sichtweise – oder die Sichtweise geschulter Laien
Tatsächlich können auch Eltern und Lehrpersonen einiges über die Kreativität von Kindern und Jugendlichen aussagen, wenn sie mit den Kriterien vertraut sind, wie Kreativität gemeinhin definiert wird. Vielleicht werden diese im Laufe dieses Kapitels klar. Denn besser noch als mit jedem Testverfahren lässt sich über die Kreativität junger Menschen eine Aussage machen, wenn man ihr Verhalten und die Dinge, die sie schaffen, direkt beobachtet – allerdings mit einem geschulten Blick.

Eine hohe Testintelligenz begünstigt nicht unbedingt kreatives Denken. Denn kreatives Denken zeichnet sich durch das Spielen mit zahlreichen Möglichkeiten aus (divergentes Denken), während es bei einem guten Abschneiden in Intelligenztests meistens um die *eine* richtige Lösung geht (konvergentes Denken).

Flow und intrinsische Motivation – wesentlich für Kreativität

Die Bedeutung intrinsischer Motivation für kreatives Handeln und Denken wurde bereits angesprochen. Es ist schwieriger, auf Geheiß von außen, quasi auf Befehl, kreativ zu sein (vgl. **Tab. 5-1** auf S. 116).

In Bezug auf kreatives Schreiben hat man beispielsweise herausgefunden, dass Kinder wesentlich mehr und besser schreiben, wenn sie dies um

Tabelle 5-1: Intrinsische und extrinsische Motivation

intrinsische Motivation	etwas um der Sache selbst willen tun, ohne Anreiz oder Belohnung von außen
extrinsische Motivation	etwas um eines externen Anreizes oder einer Belohnung wegen tun – Geld, Lob, kleine oder größere Geschenke

der Sache willen und mit Freude tun (Amabile 1983). Wenn von außen her Belohnungen winken, so führt dies zu einer Trennung von Kind und Aufgabe, während selbstmotiviertes Tun sozusagen zum Einswerden mit der Aufgabe führt – weil nicht überlegt werden muss, was man machen müsste, um zu gefallen. So konnte gezeigt werden, dass externe Belohnungen – wie Smiley-Stickers oder kleine Geschenke für gute Leistungen in der Schule – die intrinsische Motivation untergraben und reduzieren. Das ist nicht nur bei Kindern so, denn auch bei Erwachsenen führt ein höheres Gehalt nicht zwangsläufig zu größerer beruflicher Befriedigung. Schulnoten sind übrigens ganz eindeutig äußere Belohnungen und wirken sich letztlich schädlich auf die Freude an der eigenen Leistung aus.

Eltern tun gut daran, die intrinsische Motivation ihres Kindes zu fördern. Kinder sind auf ganz natürliche Weise intrinsisch motiviert, denn es ist natürlich, unsere Fähigkeiten einzusetzen, Herausforderungen zu suchen und sich mit Neuem zu beschäftigen. Gesunde Kinder sind von ganz alleine aktiv, neugierig und verspielt, auch wenn für ein solches Verhalten keine Belohnungen winken. Wird sie nicht im Kindesalter ernsthaft beeinträchtigt oder zerstört, so bleibt die intrinsische Motivation lebenslang eine sprudelnde Quelle lustvollen Tuns, von Freude und Vitalität.

Ryan und Deci (beispielsweise 2000) haben sich jahrelang mit der Erforschung intrinsischer Motivation befasst und eine ganze Theorie dazu entwickelt, die *Self-Determination Theory SDT*. Diese Forscher betonen, in welchem Ausmaß die intrinsische Motivation unsere Bedürfnisse für Kompetenz, Beziehung und Autonomie anspricht, wie sie zu einer positiven sozialen Entwicklung und persönlichem Wohlbefinden führt. Menschen mit einem hohen Ausmaß an intrinsischer Motivation zeigen mehr Interesse, Begeisterung, Durchhaltevermögen und Selbstvertrauen, was sich wiederum leistungssteigernd auswirkt.

Wenn jemand so richtig in einer Tätigkeit aufgeht – sei es im Fußballspiel, im Rollenspiel mit Puppen, im Schachspiel, im Bergsteigen oder sonst einer für diese Person subjektiv anspruchsvollen Aktivität, so sagt man, dieser Mensch ist im *Flow*. Der Begriff wurde erstmals vom amerikanischen Kreativitätsforscher Mihaly Csikszentmihaly geprägt, der mehrere Bücher zu diesem Thema verfasst hat (beispielsweise 2005). Flow ist ein ausgesprochen angenehmer, lustvoller Zustand, bei dem Kinder und Erwachsene das Zeitgefühl verlieren und sich selbst vergessen. Man könnte es einen tranceähnlichen Zustand nennen. Bedingung ist, wie gesagt, dass die Tätigkeit als subjektiv anspruchsvoll, aber doch machbar erlebt wird. Sie darf also weder zu schwierig noch zu leicht sein.

So können Eltern und Lehrpersonen Kinder zu Kreativität ermutigen[20]

Tabelle 5-2 auf S. 118 illustriert anhand einiger Beispiele, wie Eltern und Lehrpersonen Kinder zu Kreativität ermutigen können.

Gerade in Ländern wie Deutschland oder der Schweiz gibt es kulturell bedingt größere Hemmungen, Dinge nicht *perfekt* zu tun. Das heißt, viele Menschen probieren Neues nicht aus, wenn sie befürchten, sich dabei zum Narren zu machen. Während das Bedürfnis, etwas sehr gut oder perfekt zu erledigen, durchaus auch seinen Platz hat, kann Qualität noch nicht im Mittelpunkt stehen, wenn man etwas zum ersten Mal ausprobiert. Auch einem Kind sollte dies immer wieder klar gemacht werden, denn sonst wird es sich kaum an Neues wagen. Wer Snowboarden nicht ausprobiert, selbst mit dem Risiko, dabei auf die Nase zu fallen, kann darin auch nicht gut werden.

Der Wert eigentlicher Trainingsprogramme für die Förderung kreativen Verhaltens ist zweifelhaft. Es ist dagegen von Forschern wie Robert Sternberg und anderen immer wieder betont worden, wie wichtig es für Eltern und Lehrpersonen ist, selbst eine kreative Haltung zu kultivieren und diese konsequent zu leben. Wir wissen übrigens auch vom Best Aging (die Bemühung, mental und körperlich lange fit zu bleiben), dass eine kreative Grundhaltung das Gehirn länger fit hält. Es ist heute leichter als je, sich kreativ zu verhalten, sind wir doch weniger als je durch äußere Normen gebunden.

Also: Immer wieder einmal etwas Neues ausprobieren, nicht in den ewig gleichen Trott verfallen, bei der Wahl eines neuen Restaurants ein

20 Kategorien aus: Sternberg und Williams 2002.

Tabelle 5-2: Kinder zu Kreativität ermutigen

ein Vorbild für kreatives Verhalten sein	Öfter mal das Unerwartete tun, etwas «Verrücktes» anziehen, mit Kindern durch Brainstorming Ideen sammeln. Kinder darauf aufmerksam machen, wenn andere Kinder oder Erwachsene kreativ sind.
Kinder ermutigen, Annahmen zu hinterfragen	Gemeinsam mit den Kindern alternative Möglichkeiten überlegen, eine bestimmte Geschichte zu beenden. Fragen: "Was würdest du in dieser Situation tun?" Generell kindliche Fragen ermutigen und gemeinsam nach verschiedenen möglichen Antworten suchen.
zu kalkulierten Risiken ermutigen	Eine Umgebung schaffen, in der Kinder tragbare körperliche Risiken eingehen können (beispielsweise im Wasser-Abenteuer-Park), mit älteren Kindern mögliche Risiken bestimmter Handlungen bestimmen und überlegen, ob diese tragbar sind.
Durchhaltevermögen fördern	Kinder ermutigen, es bei einem Fehlschlag nochmals zu probieren. Kinder fürs Dranbleiben belohnen, eher als fürs Resultat. Zeigen, dass man sich als Erwachsener auch nicht gleich entmutigen lässt, etwas nochmals zu versuchen.
Fehler erlauben	Kinder ermutigen, etwas Neues auszuprobieren – auch wenn sie es vielleicht nicht (gleich) gut können. Dies in Anwesenheit der Kinder auch selbst tun. Nicht gleich mit Lösungen oder Antworten aufwarten, wenn es Schwierigkeiten gibt. Zeit und Gelegenheiten für kreatives Denken schaffen Kinder dabei unterstützen, Langeweile auszuhalten – nicht gleich mit Vorschlägen für Spiele und Beschäftigungen kommen. Kinder dazu ermutigen, gewöhnliche Gegenstände auf ganz neue Weise einzusetzen. Geeignete Materialien für kreatives Tun leicht erreichbar zur Verfügung stellen (Malutensilien, Material zum Bauen und Konstruieren, Schreibmaterial, für kleinere Kinder eine Schachtel mit Muscheln oder Küchenutensilien).
Kreativität belohnen	Kreative Ideen bemerken und loben, kreative Objekte aufhängen oder aufstellen.

kalkuliertes Risiko eingehen, auch mal Orte besuchen, die man sonst nie besuchen würde, sich auf ein Gespräch mit einer unbekannten Person einlassen, ein neues Werkzeug ausprobieren, die Ferien einmal ganz anders als sonst verbringen usw..

Oder sogar: Einmal in «verrückten» Kleidern in die Stadt gehen und schauen, wie die Leute reagieren, einmal ein Konzert besuchen, das dem eigenen Geschmack diametral entgegenläuft, eine Präsentation in einem bislang völlig unbekannten Fachbereich besuchen …

Grenzen der Kreativitätsförderung

Obwohl Kreativität als etwas Positives erscheint, besonders in Bezug auf die Herausforderungen, die in diesem Jahrhundert mit Sicherheit noch auf uns zukommen werden, so haben in der Praxis Schulen, Firmen, Institutionen und Organisationen doch oft eine ambivalente Haltung, wenn es um die kreative Haltung der Lernenden, Lehrenden und Mitarbeitenden geht. Denn Kreativität gefährdet zwangsläufig das Bestehende, den Status quo. Kreative Schüler und Arbeitnehmer werden deshalb oft als eine Bedrohung betrachtet und auch so behandelt. Deshalb ist es nicht unbedingt realistisch zu erwarten, dass größere Organisationen kreatives Verhalten ermutigen und fördern. Dennoch liegt es im besten Interesse jedes Einzelnen, sich um eine möglichst kreative Grundhaltung zu bemühen und diese auch bei Kindern zu kultivieren – denn keine Organisation oder Firma wird in Zukunft berufliche Sicherheit garantieren.

Das Wichtigste in Kürze

- Kreativität bezeichnet die Fähigkeit, in einem bestimmten Bereich menschlicher Tätigkeit etwas zu schaffen, das innovativ, nützlich und qualitativ hochwertig ist.
- Multikulturelle Umfelder forcieren kreatives Denken und Handeln, denn Gegensätze und Unterschiede führen zu neuen und unerwarteten Denkweisen und Lösungen.
- Kreativität ist heute und in Zukunft kein Luxus, sondern Basiskompetenz für alle, um den Umgang mit rapide wachsender Komplexität und Veränderung zu bewältigen.

- Eine hohe Test- oder Schulintelligenz basiert auf *richtigen* Lösungen, Kreativität auf *vielen möglichen* Lösungen.
- Intrinsische Motivation – etwas um der Sache willen tun – begünstigt Kreativität.
- Andererseits kommen viele kreative Lösungen und Handlungen im Berufsalltag unter starkem Druck und auch extrinsisch motiviert zustande.
- Der Wert von Trainingsprogrammen für Kreativität ist zweifelhaft. Als weitaus wichtiger hat sich die Vorbildfunktion von Eltern, Lehrpersonen und Führungskräften erwiesen.
- So kann Kreativität begünstigt werden: Annahmen hinterfragen, kalkulierte Risiken eingehen, Fehler als Lerngelegenheiten zelebrieren, öfter einmal etwas ganz Neues machen, Durchhaltevermögen trainieren.

Fragen zum Weiterdenken

- Bei welchen Aktivitäten vergesse ich die Zeit, erfahre ich *Flow*? Wie sieht das bei meinem Kind aus?
- Wie reagierten Eltern und Lehrpersonen in meiner Kindheit, wenn ich mich abweichend zu den allgemeinen Vorstellungen und Normen verhielt? Gab es dafür positive oder negative Verstärker, Lob oder Strafe?

Zur Vertiefung

Gardner, H. Kreative Intelligenz. Was wir mit Mozart, Freud, Woolf und Gandhi gemeinsam haben. München: Campus, 1999.

Kapitel 6
Engagement – Schlüssel zum Erfolg

Viele halten sich für wahre Genies.
Ich denke zwar auch, dass ich ein Genie bin, doch dafür habe ich 50 Jahre an mir gearbeitet. Prof. Kenneth J. Hsu, 68 Jahre, Geologe

A genius is a talented person who does his homework.
[Ein Genie ist ein begabter Mensch, der seine Schularbeiten macht. Übers. der Autorin]
Thomas Edison

Kürzlich meldete eine Zeitung, dass ein vierjähriger Inder, der in einem Elendsviertel lebt, einen Langstreckenlauf von über 65 km absolviert hat. Er wollte eigentlich 70 km weit laufen, wurde aber von Ärzten wegen Erschöpfung gestoppt.

Engagement, der dritte der drei Ringe des Modells von Renzulli, ist vielleicht der wichtigste. Engagement bedeutet tragfähige Motivation über längere Zeit, Durchhaltevermögen und die Fähigkeit, mit Rückschlägen und Frustrationen umgehen zu können. Engagement ist so wichtig, weil die meisten Menschen nicht scheitern, weil sie nicht fähig oder kreativ genug sind, sondern weil sie nicht bei der Sache bleiben. Was die alten Lehrer sagten, ist wahr – ohne Fleiß kein Preis! Renzulli – und mit ihm viele Fachkollegen – hat immer wieder betont, dass Fleiß und Ausdauer selbst mittelmäßige Fähigkeiten kompensieren können. Nichts anderes sagt ja auch die Expertiseforschung.

Wenn Menschen über längere Zeit an anspruchsvollen Projekten arbeiten – und eine lange Zeit kann für Kinder mehrere Wochen oder Monate sein – so werden immer wieder Schwierigkeiten auftauchen. Für den Umgang mit diesen Schwierigkeiten braucht es neben Motivation auch sehr viel Durchhaltevermögen.

Es gibt erstaunliche Geschichten, in welchem Ausmaß Menschen durch Fleiß und Ausdauer die widrigsten Lebensumstände überwunden haben. So berichtet Howe (1996) über den 1781 geborenen britischen Ingenieur George Stephenson, der die Entwicklung der Dampflokomotive und die Revolution der Eisenbahn maßgeblich beeinflusst hat. Stephenson kam aus einer sehr armen Familie von sechs Kindern, die alle nicht die Möglichkeit hatten, zur Schule zu gehen. Noch mit 18 Jahren konnte Stephenson nicht einmal seinen eigenen Namen schreiben, geschweige denn lesen oder einfache Rechnungen verstehen. Allerdings hatte er schon als elfjähriges Kind aus Ton, Korken und Bindfaden teilweise hoch komplexe Modelle von damaligen Maschinen angefertigt. Als junger Mann brachte er sich dann die Grundtechniken des Lernens bei und konnte seine wissenschaftlichen Ideen mit Hilfe harter Arbeit und langjährigem Engagement umsetzen. Diese Art von Karriere wäre allerdings heute sehr wahrscheinlich überhaupt nicht mehr denkbar.

Gerade junge Menschen mit auffallenden Fähigkeiten – vielleicht ein altersuntypischer Wortschatz, frühe Rechenkünste – sind stark gefährdet, eine minimalistische Haltung zu entwickeln. Die beeindruckenden Anfangserfolge, von Eltern und Großeltern bejubelt, führen schnell einmal zu der Haltung, dass sich Erfolg mit wenig Anstrengung erreichen lässt. *Kinder sollten von Anfang an konsequent für die Anstrengung gelobt werden, nicht für den Erfolg.*

Samantha, eine 21-jährige junge Frau, die Naturwissenschaften studierte, erzählt: (Freeman 2001):

> Bis ich zur Universität kam, musste ich nie wirklich arbeiten – ich machte meine Hausaufgaben im Bus oder beim Tee, sogar während der Abschlussprüfungen. Es war nie wirklich schwierig. Als ich mit meinen Mathematikstudien begann, versuchte ich, das Gleiche zu tun. Ich erkannte schnell, dass dies hier «schwer» war! Und die meisten anderen in der Studiengruppe waren schon daran gewöhnt, dieses Zeugs schwierig zu finden, und machten sich einfach an die Arbeit. Ich hatte bis dann nie lernen müssen, zu arbeiten – und wenn man mit 17 zum ersten Mal von zu Hause weg ist, ist es keine gute Zeit, damit anzufangen! So strengte ich mich von Anfang an nie richtig an. Es war viel leichter, viel Zeit mit Musik zuzubringen, und genau das machte ich. Und darum versagte ich.

Freeman berichtet, dass der Mangel an Fokus auch später Samantha davon abhielt, eine wirkliche Expertin in ihrem Fachgebiet zu werden.

Auch Howe, ein britischer Forscher, der die Kindheit sogenannter *Genies* untersucht hat, bezeichnet eine *vorteilhafte Mischung* von Persönlichkeitsmerkmalen – wozu besonders Motivation gehört – als mindestens so wichtig für menschliche Leistungen wie kognitive Faktoren (Howe 1987).

Dabei reicht es natürlich nicht, für einen Bereich motiviert zu sein, der mit den eigentlichen Zielen für eine persönliche Herausforderung wenig zu tun hat, wie das obige Beispiel von Samantha zeigt. Samantha wollte Mathematik studieren, war aber stattdessen im Bereich Musik motiviert. Nur bereichsspezifische Motivation führt zum Erfolg.

Engagement und die Big Five – beruflicher Erfolg bei Erwachsenen

In der Arbeitspsychologie sind in den letzten Jahren die *Big Five* untersucht worden – fünf gewichtige Faktoren, die mit beruflichem Erfolg einherzugehen scheinen. Von diesen fünf konnte *Gewissenhaftigkeit* beruflichen Erfolg wieder und wieder am besten voraussagen, unabhängig von der jeweiligen Tätigkeit oder Branche.

Für die Arbeitspsychologie hat Gewissenhaftigkeit (engl.: *conscientiousness*) drei Hauptkomponenten (Goldberg 1990, s. **Tab. 6-1**).

Nachweislich besteht ein Zusammenhang zwischen Gewissenhaftigkeit und Arbeitsmoral, erfolgreicher Stellensuche, weniger Absenzen und Anstellungsdauer. Es gibt sogar Untersuchungen, die zeigen, dass fleißige Menschen länger leben – obwohl hier die Ursachen keinesfalls klar sind.

Die Untersuchungen von Margrit Stamm: Kluge Köpfe und goldene Hände

Margrit Stamm (2006) von der Universität Fribourg hat den Ausbildungsweg von über 2700 überdurchschnittlich fähigen Jugendlichen untersucht. Dabei wurden sowohl die Begabungsprofile als auch weitere wichtige Faktoren analysiert. Stamm konnte zeigen, dass überdurchschnittliche berufliche Fähigkeiten in allen Berufsfeldern anzutreffen sind, sogar unabhängig vom vorherigen Bildungsgang. Allerdings fanden sich typischerweise ein ausgeprägtes berufsspezifisches Vorwissen und besonders auch eine überdurchschnittlich hohe Motivation.

Tabelle 6-1: Hauptkomponenten von Gewissenhaftigkeit (Goldberg 1990)

1. Leistungsorientierung	fleißig, hartnäckig
2. Verlässlichkeit	verantwortungsbewusst, sorgfältig
3. Ordnung	vorausplanend, organisiert

Und um nochmals auf Stamms bis jetzt zwölfjährige Langzeitstudie über rund 400 Frühleser und -leserinnen und Frührechner und -rechnerinnen in der Schweiz zurückzukommen (Stamm 2005): Nach vier Wiederholungsuntersuchungen war eines der wichtigsten Ergebnisse, dass nicht das allgemeine Fähigkeitsniveau oder das frühe Lernen von Lesen oder Rechnen zu sehr guten Leistungen zu Ende der Schulzeit führte, sondern *ausgeprägte Persönlichkeitsmerkmale wie Ausdauer, Leistungsmotivation oder Konzentrationsvermögen.* Das Vorwissen war dann bedeutsam, wenn es eigenmotiviert erworben wurde.

Für Eltern bedeutet das: *Früher Drill und Lernprogramme für Vorschulkinder bringen wenig, viel wichtiger ist die Unterstützung der intrinsischen kindlichen Motivation.* Dies können Eltern beispielsweise von Anfang an durch das Ernstnehmen kindlicher Interessen erreichen.

Was motiviert Menschen überhaupt?

Es überrascht nicht, dass die Psychologie besonders in den letzten fünfzig Jahren ganz verschiedene Theorien zur Motivation entwickelt hat, die sich so zusammenfassen lassen (nach: Sternberg und Williams 2002, S. 356):

Die verhaltenspsychologische Sicht. Vor allem extrinsische Verstärker motivieren Kinder: Belohnungen oder Strafen in Form von guten oder schlechten Schulnoten, Lob und Kritik, zusätzliche Freizeit oder Nachsitzen, Stickers oder Strafpunkte.

Die kognitive Sicht. Vor allem intrinsische Faktoren motivieren Kinder, diese hängen mit den Erwartungen und Überzeugungen der Kinder zusammen: Kinder müssen den Sinn und Zweck von schulischen Aufgaben verstehen, sie müssen an ihren schulischen Erfolg glauben können, ihre Erfolge eher harter Arbeit als einfach dem Glück oder Zufall zuschreiben und den direkten Zusammenhang zwischen Anstrengung und Erfolg sehen.

Die soziale Lerntheorie. Eine Kombination extrinsischer und intrinsischer Verstärker ist nötig, auf der Basis persönlicher Zielvorstellungen: Wissen, wie man sich selbst realistische und erreichbare Ziele setzt. Wissen, wie man sich überhaupt Ziele setzt, die potenziell persönlich attraktive Konsequenzen haben. Von Selbstwirksamkeitsüberzeugungen, einem zentralen Konzept der sozialen Lerntheorie, wird im nächsten Kapitel noch einmal die Rede sein.

Die humanistische Sichtweise. Intrinsische Verstärker motivieren Kinder; sie basieren auf dem menschlichen Grundbedürfnis zu leisten, sich selbst zu verwirklichen und hohe Ziele zu erreichen: Das erfordert eine Lernumgebung, wo Kinder sich als kompetent erleben können, in der die Lehrpersonen sich warmherzig und unterstützend verhalten, wo Verhaltensregeln erklärt werden und wo sich Selbstvertrauen entwickeln kann.

Fordern statt verwöhnen

Verhaltensbiologen und Neuropsychologen betrachten Motivation als etwas einerseits völlig Natürliches, plädieren andererseits dafür, es den Kindern nicht zu leicht zu machen.

So sagt der Ulmer Neuropsychologe Manfred Spitzer (2002) zum Ursprung von Motivation:

> Menschen sind von Natur aus motiviert, sie können gar nicht anders, denn sie haben ein äußerst effektives System hierfür im Gehirn eingebaut. Hätten wir dieses System nicht, dann hätten wir gar nicht überlebt. [...] Die Frage danach, wie man Menschen motiviert, ist daher etwa so sinnvoll wie die Frage: «Wie erzeugt man Hunger?» Die einzig vernünftige Antwort lautet: «Gar nicht, denn er stellt sich von alleine ein.»

Spitzer plädiert allerdings dafür, in der Schule grundsätzlich alle Kinder zu loben. Belohnungen nur an die Besten zu verteilen, sei sehr demotivierend für alle anderen. Auch brauche es von ihrem Fach begeisterte Lehrpersonen, denn ein nicht vorhandener Funke könne nicht springen.

Der Verhaltensbiologe Felix von Cube (von Cube und Alshuth 1989) spricht sich nachdrücklich gegen eine verwöhnende Erziehung aus. Weil Kinder von Natur aus hoch aktiv sind und deshalb gar keine Verwöhnung erwarten, bezeichnet von Cube eine verwöhnende Erziehung – die dem Kind alles abnimmt und es vor Belastung schützt – gar als moralisch verwerflich, da das Kind so zur Selbstverwöhnung verführt wird. Eltern, die ihre Kinder verwöhnen, befriedigen deren Wünsche sofort. Sie helfen dem Kind, die nötige Anstrengung zur Zielerreichung zu minimieren oder sogar zu eliminieren. Nur wenn Kinder wirklich gefordert werden, können sie als Teenager oder Erwachsene zur Selbstregulation und Selbstforderung kommen. Auch besonders intelligenten Kindern ist mit Verwöhnung nicht gedient: «Man kann es gerade auch von einem intelligenten Kind nicht erwarten, dass es von den Angeboten einer verwöhnenden Erziehung, eines Lustgewinnes ohne Anstrengung, keinen Gebrauch macht.» Von Cube empfiehlt Eltern, zu anstrengenden Aktivitäten, die Kindern aber dennoch Freude machen, besonders zu ermutigen, zu Tätigkeiten wie Bergsteigen, Reiten oder Schachspielen – betont dabei jedoch, dass es insgesamt nicht ganz ohne Zwang und Versagen gehe.

Sieben Schlüsselfaktoren zur Förderung intrinsischer Motivation

Tabelle 6-2 gibt eine Übersicht über die sieben Schlüsselfaktoren zur Förderung intrinsischer Motivation nach Malone und Lepper (1987):

Tabelle 6-2: Sieben Schlüsselfaktoren zur Förderung intrinsischer Motivation (nach Malone und Lepper 1987)

Faktor	Maßnahmen
1. Herausforderung Ziele sollten persönliche Bedeutung haben, nicht zu leicht und nicht zu schwierig zu erreichen sein.	■ dem Kind helfen, persönlich bedeutsame Ziele zu setzen ■ dem Kind klar machen, dass es wahrscheinlich, aber doch ungewiss ist, dass es die Ziele erreicht ■ regelmäßig Feedback geben
2. Neugier Das Kind entdeckt etwas im Umfeld, das keinen Sinn ergibt. Oder es merkt, dass es etwas noch nicht kann.	■ Kinder auf offene Fragen, «nicht Stimmiges», aufmerksam machen ■ Neugierde anregen
3. Kontrolle Kinder haben das natürliche Bedürfnis, kontrollieren zu wollen, was ihnen widerfährt.	■ Kindern Ursache und Wirkung von Verhalten im Alltag aufzeigen ■ Kindern zeigen, wie ihr Verhalten und ihre Anstrengungen zu bedeutsamen Wirkungen führen ■ Kinder sollten zumindest zu Hause entscheiden können, was sie lernen möchten und auf welche Weise.
4. Vorstellungskraft Die Vorstellungskraft spielt im tatsächlichen Verhalten eine große Rolle.	■ Lernen zum Spiel machen ■ Kindern aufzeigen, wie sie Gelerntes im Alltag anwenden können

5. Wettbewerb Kinder vergleichen ihre Leistung gerne mit der Leistung anderer, besonders wenn sie dabei gut abschneiden.	■ Wettbewerb ist wichtiger für einige Kinder als für andere. ■ Kinder, die in einer Wettbewerbssituation verlieren, leiden oft mehr, als dass die Gewinner profitieren. ■ Wettbewerb kann die Hilfsbereitschaft anderen gegenüber schmälern.
6. Zusammenarbeit Kindern macht es Freude, anderen beim Erreichen ihrer Ziele zu helfen.	■ Zusammenarbeit ist für einige Kinder wichtiger als für andere. ■ Zusammenarbeit ist eine Fertigkeit, die im Alltag sehr nützlich ist. ■ Kooperation verlangt und entwickelt zwischenmenschliche Fähigkeiten.
7. Anerkennung Kinder empfinden Befriedigung, wenn andere ihre Leistungen erkennen und wertschätzen.	■ Dafür muss mindestens ein Teil der Leistung sichtbar sein. ■ Wertschätzung muss nicht unbedingt den Vergleich mit den Leistungen anderer beinhalten.

Das kindliche Interesse als Motor für Motivation

> Was bedeuten schon die Interessen der Kinder, wenn doch auf hundert Seiten alles erstrebenswerte Wissen in einen Text gepresst ruht, der Stoff, der genügt, um die Examen zu bestehen!
>
> Célestin Freinet, franz. Reformpädagoge und Begründer des Werkstattunterrichts

Warum sind kindliche Interessen ein so wichtiger Schlüssel zur Lern- und Leistungsmotivation, möglicherweise sogar zur Berufswahl? Sehen wir uns einige Beispiele an, wie sich Interessen bei Kindern äußern:

Peter, 5 Jahre. Peter, dessen Vater Arzt ist, ist von Anatomie fasziniert. Er macht Skizze um Skizze, teilweise nach Bilderbüchern über Anatomie. Dabei beschriftet er die Körperteile auf einfache Weise, denn er kann schon etwas schreiben.

Sarah, 10 Jahre. Sarah sammelt Pflanzen, wenn sie Spaziergänge macht oder auf dem Weg zur Schule. Sie presst die Pflanzen sorgfältig zwischen Haushaltpapier, klebt sie in ein spezielles Heft ein und notiert, wo und wann sie die Pflanze gefunden hat und um welche Pflanze es sich handelt.

Daniel, 13 Jahre. Daniel schreibt Tagebuch, dabei interessieren ihn besonders seine Überlegungen zu menschlichen Beziehungen. Kürzlich hat er eine Art Aufsatz über die Möglichkeiten und Grenzen einer Freundschaft geschrieben.

Eine einflussreiche und mit jahrzehntelanger Forschung unterlegte Theorie zur Berufswahl von John Holland (Holland 1996) besagt, dass sich grundsätzliche Interessenorientierungen schon sehr früh im Leben herausbilden. Auslöser können Talent sein, ein gewisse genetische Veranlagung, bestimmte Schlüsselerlebnisse. So berichtet der bekannte amerikanische Paläontologe Stephen Jay Gould, dass der Besuch eines Dinosaurier-Museums im Alter von fünf Jahren für ihn den Grundstein zu einer lebenslangen Beschäftigung mit Fossilien legte.

Wenn ein Kind Interesse für ein Thema zeigt – Dinosaurier, Eisenbahnen, Ballett, Fußball, Briefmarken – so entwickelt es oft erstaunliche Expertise in diesem Bereich. Es kennt die kompliziertesten Namen von Dinosauriern, alle Spieler von Werder Bremen und die Briefmarken von Andorra. Das soziale Umfeld reagiert auf dieses unerwartete Fachwissen mit Verstärkern – Erstaunen, Lob, Begeisterung, dies wiederum führt oft zu noch intensiverer Beschäftigung mit der Materie. Es konnte in der Tat gezeigt werden, dass kindliche Interessen generell einige Vorhersagekraft im Hinblick auf außerordentliche Leistungen als Erwachsene haben (Renzulli 1995; Hany 1996; Milgram und Hong 1997).

Bloom (1985) untersuchte die Entwicklung von Interessen bei 120 Menschen, die später in sechs Bereichen zur Weltklasse zählten – Klavier, Skulpturen, Schwimmen, Mathematik, Tennis, Neurochirurgie. Es zeigte sich, das der Fortschritt dieser Hochleister generell drei Phasen durchlief: eine frühe, romantische Beziehung zum Fachgebiet, dann eine mittlere Phase, geprägt von intensivem und diszipliniertem Studium und zuletzt eine reifere Phase, wo hervorragende Lehrpersonen oder Meisterlehrer die entscheidende Rolle spielten. Es kam dabei sehr selten vor, während aller dieser Phasen nur einen einzigen Meisterlehrer zu haben.

Bei unseren Beratungen hat sich immer wieder gezeigt, dass starke und länger währende Interessen Handicaps wie beispielsweise Lernstörungen oder Aufmerksamkeitsschwierigkeiten bis zu einem gewissen Grad kompensieren können. Kinder und besonders Jugendliche mit intensiven Interessen können auf diese Weise über längere Zeit die Energie und Motivation aufbringen, ihr Lieblingsthema zu verfolgen.

Kindliche Interessen spielen im Schulischen Enrichment Modell SEM von Renzulli et al. (2001) eine zentrale Rolle. Auch Kinder aus bildungsfernen Elternhäusern sollten Gelegenheit haben, mit möglichen Interessenbereichen in Berührung zu kommen. Deshalb werden allen Kindern einer Schule regelmäßig und gezielt Anreize aus ganz verschiedenen Fachbereichen vermittelt – nicht nur den *hoch Begabten*. So kann es sein, dass eine Chemikerin eine Grundschule besucht und den Kindern ein spannendes Experiment vorführt. Oder ein älteres Mädchen besucht eine 3. Klasse und zeigt den Kindern einen Roboter, den es selbst zusammengebaut hat. Selbst bei Kindern im Kindergarten haben solche Anreize eine starke Wirkung (Stedtnitz 1986). In Schulen, die das SEM umsetzen, werden Kinder in der Folge ermutigt, in Interessenbereichen längere eigenständige Projekte zu bearbeiten. Warum? Weil solche Projekte Kindern die Gelegenheit geben, sich wie Fachleute in ihrem Interessenbereich zu verhalten. Das ist ein starker Motivator. In verschiedenen Untersuchungen zum SEM konnte gezeigt werden, dass eigenmotivierte Projekte oft in lang andauernde und sogar berufliche Interessen münden. Auch bieten SEM-Schulen teilweise mehrmals jährlich allen Kindern Gelegenheit, Interessengebiete in kleinen Gruppen und im Rahmen des normalen Unterrichts auszubauen. In wissenschaftlichen Untersuchungen hat sich gezeigt, dass in solchen Schulen die Kinder auch in anderen Fächern motivierter waren und sogar bessere Leistungen erbrachten (Renzulli et al. 2001).

Eltern tun deshalb gut daran, die Interessen ihrer Kinder von Anfang an zu ermutigen und zu unterstützen, wenn sie ihr Kind langfristig motivieren möchten. Wie? Das Prinzip ist einfach: Eltern können dem Interessengebiet entsprechende Ausflüge machen, mit dem Kind Filme anschauen, das Kind einen Kurs besuchen lassen, oder gemeinsam mit ihrem Kind Zeit rund um das Interessengebiet verbringen.

Manchmal fragen Eltern, wie sie mit öfters wechselnden Interessen umgehen sollen. Für kleinere Kinder können bereits einige Wochen eine sehr lange Zeit sein. Kinder sollten Gelegenheit haben, verschiedene Bereiche kennenzulernen, falls sie das wünschen. Manche Kinder brauchen mehr Abwechslung als andere. Andererseits ist es sinnvoll, ein Kind einen Kurs durchziehen zu lassen, der bereits bezahlt wurde. Es ist jedoch nicht realistisch, von einem Kind zu erwarten, dass es ein Jahr oder länger an einem Thema bleibt, beispielsweise an einer sportlichen Disziplin oder einem bestimmten Musikinstrument, wenn es das nicht mehr möchte. Manchmal kann eine neue Lehrperson ein Kind wieder besser motivieren.

Warum Optimisten besser durchhalten

Viele Menschen wissen intuitiv, dass es Optimisten im Leben leichter haben. Welche gravierenden Auswirkungen eine optimistische Grundhaltung jedoch auf die Motivation und schlussendlich den Erfolg hat, das hat die amerikanische Forscherin Suzanne Segerstrom in den letzten Jahren an Tausenden von Versuchspersonen sorgfältig untersucht (Segerstrom 2006). Interessanterweise hat dabei Optimismus mehr mit Motivation und Durchhaltevermögen als einfach nur mit Glücksgefühl zu tun.

Segerstrom meint mit Optimismus *eine sichere Überzeugung, was die Zukunft betrifft.* Optimistische Menschen erwarten von der Zukunft also vor allem Positives und sogar Unsicherheit deuten sie so, dass noch Platz für Positives bleibt. Die Folge davon ist, dass tatsächlich vermehrt Positives geschieht – immerhin deuten dies die Optimisten so – es gibt also eine positive Rückkopplung, die zu weiteren positiven Handlungen und Auswirkungen führt. Da Segerstrom annimmt, dass Optimismus nur zu 25 Prozent genetisch bedingt ist, lässt dies viel Raum für die Ermutigung einer optimistischen Grundhaltung bei Kindern.

Optimisten genießen den Alltag mehr als Pessimisten, ihre Beziehungen sind befriedigender, und aufgrund der positiven Wirkung auf das Immunsystem sind sie in der Regel auch gesünder. Insgesamt haben sie ein Gefühl von größerer Kontrolle über ihr Leben als Pessimisten und ein stabileres Selbstwertgefühl. Optimisten beziehen Glücksgefühle eher aus ihrem Handeln als aus ihrem Besitz – *happy by doing*, nennt dies Segerstrom. Am glücklichsten macht dabei anspruchsvolles Handeln, bei dem zahlreiche Fertigkeiten erworben werden können – denken wir dabei wieder an das verwandte Flow-Konzept von Czikszentmihalyi (2005). Darum macht Fußballspielen glücklicher als Fernsehen. Fernsehen ist passiv, man kann das Handlungsrepertoire nicht erweitern und es gibt nicht einmal kleine Erfolge.

Warum halten Optimisten besser durch? Sie glauben grundsätzlich, dass sie ihre Ziele erreichen können, und geben deshalb auch bei Schwierigkeiten nicht gleich auf. Sogar wenn ein größeres Hindernis auftaucht, machen sie oft noch weiter. Das Wichtigste am Optimismus sind aber nicht die positiven Erwartungen, sondern die Tatsache, dass diese positiven Erwartungen das Handeln im Alltag begünstigen, und damit den schließlichen Erfolg und die Zielerreichung. Pessimismus hingegen begünstigt schnelles Aufgeben, unabhängig von der Art des Ziels.

Eine Studie von Segerstrom an der Universität von Kentucky mit 1800 eintretenden Studierenden zeigte deutlich, dass weniger optimistische Studierende zweimal häufiger ihre Studien abbrachen als starke Optimisten.

Mihaly Csikszentmihalyi und seine Kollegen (1993) kamen nach einer Untersuchung von talentierten Teenagern zu ähnlichen Schlüssen wie Segerstrom. Sie bedauern, dass relativ wenige Menschen Interesse daran haben, neue Herausforderungen aufzugreifen und sich dabei neue Fertigkeiten anzueignen. Viele Erwachsene scheinen entspannende Situationen, die wenig Herausforderung bieten, vorzuziehen. Will man befriedigende Ziele erreichen, ist das regelmäßige Verlassen der Komfortzone jedoch ein Muss.

Kinder und Jugendliche mit Aufmerksamkeitsschwierigkeiten

Obwohl insgesamt nur etwa 5 bis 10 Prozent aller Kinder – dabei könnte die «Grauzone» allerdings höher liegen – von Aufmerksamkeitsschwierigkeiten betroffen sind, wird das Thema hier trotzdem aufgegriffen. Dies aus zwei Gründen: Unsere Beratungserfahrung zeigt einerseits, dass gerade sehr intelligente Kinder und Jugendliche, bei denen eine Aufmerksamkeitsschwierigkeit nie diagnostiziert wurde, oft sehr viele Schwierigkeiten haben und unter starkem Leidensdruck stehen. Eltern und Lehrpersonen können in solchen Fällen einfach nicht verstehen, warum dieses Kind scheitert, denn intelligent ist es ja offensichtlich.

Auch haben wir immer wieder gesehen, dass Eltern und Lehrpersonen gerade bei sehr intelligenten Kindern ein Verhalten, das eigentlich mit der Aufmerksamkeitsschwierigkeit in Verbindung steht, mit hoher Intelligenz zu erklären versuchen. Auch uns ging es zuerst so. Man hört dann etwa: «Peter könnte ja schulisch sehr gut sein, wenn er nur wollte. Aber er ist einfach nicht motiviert, weil die Schule so viele Wiederholungen schon längst beherrschten Stoffes bietet.» Oder: «Daniela braucht eben immer wieder etwas Neues. Sobald sie begriffen hat, wie etwas geht, interessiert es sie nicht mehr.» Nun ist es sicher richtig, dass intelligente Kinder sich *punktuell* langweilen, weil sie ein Thema schon beherrschen. Dann sollte der Stoff natürlich entsprechend gestrafft werden. Meistens sagt so ein Kind: «Ich langweile mich in der Mathematik, doch die anderen Fächer sind o. k.»

Kinder mit Aufmerksamkeitsstörungen langweilen sich jedoch laufend. Die Schule ist für sie oft, und von Anfang an, eine große Qual. Zu Beginn kompensieren solche Kinder vielleicht noch mit außerschulischen Aktivitäten und tun einfach nichts für die Schule – denn Hausaufgaben langweilen sie mit Abstand am meisten. Für ganz einfache Hausaufgaben brauchen sie sehr, sehr lange, weil sie sich einfach nicht dazu bringen können, diese schnell und effizient zu erledigen. Im Unterricht stören sie und schaffen sich Unterhaltung, indem sie den Klassenclown spielen. Wenn die Anforderungen jedoch steigen und sie arbeiten müssten, beginnen die Leistungen erstmals abzufallen. Uns sind Extrembeispiele bekannt, etwa als ein Kind mit einem IQ von über 140 schließlich in der Hauptschule landete. Es ist allerdings nicht so, dass sich Kinder mit Aufmerksamkeitsstörungen nie konzentrieren können. Wenn das Stimulanzniveau hoch genug ist – so etwa beim Extremsport oder einem aufregenden Computerspiel, oder auch nur schon beim Streiten oder bei der Erledigung der Aufgaben in letzter Minute – dann gelingt das bestens. Probleme treten vor allem in Routinesituationen auf, im Unterricht, bei den Hausaufgaben.

Oft gibt es zusätzliche Schwierigkeiten wie Lernstörungen oder oppositionelles Verhalten. Da diese Kinder im Unterricht häufig nicht aufpassen, haben sie zahlreiche Lücken im Basiswissen. Wenn sie im Unterricht aufgerufen werden, sind viele Meister im Improvisieren – dies auch noch im Erwachsenenalter! Denn man weiß jetzt, dass bei etwa 65 Prozent der Kinder mit Aufmerksamkeitsstörungen diese Schwierigkeit auch im Erwachsenenalter noch besteht, während der Berufsausbildung und im Arbeitsleben.

Die Häufigkeit von begleitenden Schwierigkeiten sieht bei Kindern etwa so aus:[21]

- Lernbehinderungen, Lese-Rechtschreibschwächen (60 %)
- Depressionen (10–30 %)
- oppositionelle Verhaltensstörung (40 %)
- Drogenmissbrauch (Nikotinrisiko bei Jugendlichen verdoppelt, Alkohol, Cannabis)
- weitere Auffälligkeiten wie Angststörungen, Tics, Tourette-Syndrom

21 Quelle: Children and Adults with Attention Deficit/Hyperactivity Disorder CHADD, USA, www.chadd.org (Zugriff: 17. 9. 2007)

Was sind Aufmerksamkeitsschwierigkeiten, auch ADD (***A**ttention **D**eficit **D**isorder*) oder ADHD (***A**ttention **D**eficit **H**yperactivity **D**isorder*) genannt? Man weiß heute, dass Besonderheiten der Hirnstoffwechsel-Aktivität im Frontalhirn zu den Planungs- und Aufmerksamkeitsschwierigkeiten bei den Betroffenen führen. ADD/ADHD hat eine hohe genetische Komponente, das heißt, sehr oft ist mindestens ein Elternteil betroffen. Andere Ursachen können auf die Geburtsumstände zurückzuführen sein – beispielsweise Sauerstoffmangel oder eine Zangengeburt, oder auch spätere hirntraumatische Verletzungen. Das Gehirn ist weit verletzlicher, als man lange annahm. Schon ein heftiger Ballwurf gegen den Kopf, wenn keine *sichtbare* Verletzung resultiert und das Kind nicht einmal das Bewusstsein verliert, kann auf das Aufmerksamkeitsverhalten und das emotionale Gleichgewicht gravierende Auswirkungen haben. Man weiß jetzt, dass keine Hirnverletzung harmlos ist.

Übrigens: *Aufmerksamkeitsstörungen sollten erst ab etwa sieben Jahren diagnostiziert werden.* Andererseits lohnt es sich auf jeden Fall, bei ADD/ADHD schnellstmöglichst etwas zu unternehmen, da sich die Auswirkungen auf alle Lebensbereiche kumulieren. Auch bei betroffenen Erwachsenen kann die berufliche Entwicklung empfindlich gebremst werden.

Zu häufigen Symptomen von ADD/ADHD bei Kindern und Jugendlichen gehören beispielsweise:

- starke Abneigung gegen Routineaufgaben
- zahlreiche Flüchtigkeitsfehler bei schriftlichen Arbeiten
- wirkt müde oder hyperaktiv
- unaufgeräumtes Pult und Zimmer
- vergisst immer wieder Details
- unleserliche Handschrift
- Suchtpotenzial im Umgang mit TV und PC
- kann sich konzentrieren, wenn er oder sie interessiert ist
- häufiges Zu-spät-Kommen
- Wutausbrüche, impulsives oder oppositionelles Verhalten
- Verhalten wirkt oft unreif
- Schwierigkeiten, Prioritäten und Ziele zu setzen
- soziale Schwierigkeiten durch Impulsivität und Mangel an Sensitivität.

Lassen sich Aufmerksamkeitsstörungen heilen? Nach aktuellen wissenschaftlichen Erkenntnissen gibt es grundsätzlich vier Interventionen, die sich als wirksam erwiesen haben (s. **Tab. 6-3**).

Tabelle 6-3: Mögliche Interventionen bei Aufmerksamkeitsschwierigkeiten ADD/ADHD

Maßnahme bei ADD/ADHD	Vorteile	Nachteile
Q-EEG/Neurofeedback Training (nur durch qualifizierte Anbieter)	■ sehr präzise Diagnostik durch ein professionelles Q-EEG, umfasst auch die emotionale Situation und Lernschwierigkeiten ■ bleibende Wirkung durch 20–50 Sitzungen Neurofeedback Training ■ mit Q-EEG Erfolgsquote von etwa 80 %	■ in Europa noch nicht überall im Angebot, wird oft noch ohne eine vorgängige Q-EEG-Diagnostik durchgeführt ■ noch keine Deckung durch die Krankenkassen, deshalb relativ teuer
Stimulanzmedikamente (durch die ärztliche Fachperson)	■ Erfolgsquote von etwa 65 % ■ wirken sofort ■ kann besonders bei großem Leidensdruck sofortige Erleichterung bringen ■ kostengünstig für den Anwender	■ nicht für alle Betroffenen geeignet ■ beeinflussen nicht gleichzeitige emotionale Schwierigkeiten (wie Depressionen, Ängste oder zwanghaftes Verhalten) oder Lernstörungen ■ Langzeitfolgen sehr wahrscheinlich nicht unbedenklich (erwiesen sind jetzt schon Auswirkungen auf Herz und Leber bei Langzeitgebrauch) ■ Wirkung nicht nachhaltig
Homöopathie (durch qualifizierte Homöopathen)	■ kostengünstig ■ Nebenwirkungen unwahrscheinlich	■ ebenfalls nicht unbedingt bleibende Wirkung, aber geeignete Intervention in leichteren Fällen

Maßnahme bei ADD/ADHD	Vorteile	Nachteile
Alltagsmaßnahmen (innerhalb der Familie): ■ Vorwiegend basische Ernährung, Omega-3 Fettsäuren ■ Sport (nachweislich hirnaktivierend) ■ Meditation (steigert nachweislich Fokus und Aufmerksamkeit) ■ Coaching für optimale Zeit- und Arbeitsorganisation	■ besonders in leichteren Fällen sehr wirksam ■ kostenneutral	■ verlangt langfristiges Engagement ■ verlangt langfristig eine bewusste Lebensweise

Motivation, Fokus und Durchhaltevermögen im Alltag unterstützen

Wie können Eltern in diesen Bereichen ihren Kindern bessere Startchancen fürs Leben geben? Einige Faktoren, die sich über längere Zeit positiv auswirken, sind sicher:

1. **Organisationshilfen**
   Kinder werden mit Vorteil von Anfang an darin unterstützt, sich selbst in Bezug auf Raum und Zeit zu organisieren. Kleinen Kindern kann gezeigt werden, wie sich ein Zimmer mit Schachteln, Farbetiketten und ähnlichem effizient aufräumen lässt – anfangs brauchen die meisten Kinder dabei etwas Unterstützung. Sobald Kinder zur Schule gehen, können sie lernen, selbst den Wecker zu benutzen. Wochen- und Stundenpläne bereiten auf den Gebrauch einer Agenda vor. Die meisten Kinder und vor allem auch Jugendlichen brauchen Hilfe beim effizienten Ablegen von Schulmaterial im Zimmer – in Ordnern oder Ablagefächern. Eine Untersuchung in den USA fand, dass Lernende mit einem Training in Arbeits- und Lerntechniken zu 64 Prozent besser fähig waren, selbst initiierte Projekte zu starten als Schüler und Schülerinnen ohne entsprechendes Training (Renzulli et al. 2001).

2. **Ein strukturierter Tagesablauf**
   Einigermaßen vorhersehbare zeitliche Abläufe sind wichtig für Kinder. Vorhersehbare zeitliche Abläufe vermitteln Kindern ein Gefühl von Sicherheit, Stabilität und Struktur, das ihnen hilft, später eigene Strukturen zu setzen.

3. **Ernährung**
   Regelmäßige Mahlzeiten und dazwischen kleine, eiweißhaltige Snacks verhindern Schwankungen im Blutzuckerspiegel. Kinder lernen so wesentlich besser und sind emotional stabiler. Kinder brauchen Kohlehydrate, jedoch sollten diese möglichst in komplexer Form (Vollkornprodukte, frische Früchte) zugeführt werden und möglichst wenig in einfacher Form (zuckerhaltige Lebensmittel, Weißmehlprodukte, Soft Drinks wie Eistee) – weil einfache Kohlehydrate wiederum zu starken Schwankungen im Blutzuckerspiegel führen, die sich leistungsmäßig und emotional problematisch auswirken.

4. **Selbstdisziplin**
   Kinder immer wieder dabei unterstützen, eine konstruktive Beziehung zum *inneren Schweinehund* aufzubauen. Während dieser auch gelegentlich gewinnen muss, so doch nicht immer. Kinder und Jugendliche dazu ermutigen, etwas Unangenehmes ein bisschen länger auszuhalten, nicht gleich aufzugeben. Für die Anstrengung und fürs Durchhalten loben.

5. **Sport und Bewegung**
   Eine regelmäßige sportliche Disziplin wirkt sich eindeutig positiv aufs Lernen, auf den Antrieb und das Energieniveau, auf Motivation und Durchhaltevermögen aus. Leichter fällt es in der Gruppe oder in einem Kurs. Welche Sportart, ist gleichgültig – solange sie Spaß macht.

6. **Musizieren**
   Zahlreiche Studien, beispielsweise aus der Neuropsychologie, konnten zeigen, dass regelmäßiges Musizieren den Frontalkortex trainiert. Dieser wiederum beeinflusst neben der Leistungsmotivation die Arbeitsgeschwindigkeit und das Setzen von Zielen. Abgesehen davon wirkt sich jede Art täglicher Lerndisziplin – beispielsweise auch das 15-minütige tägliche Training einer Fremdsprache – positiv auf Selbstdisziplin und Durchhaltevermögen aus.

7. **TV und Computerzugang**
   Manfred Spitzer (2006) von der Universität Ulm warnt eindringlich vor den Auswirkungen von TV und PC auf junge – und übrigens auch ältere - Menschen. Studien haben gezeigt, dass sich regelmäßiger Fernsehkonsum negativ auf das Aufmerksamkeitsverhalten auswirkt, auch bei Kindern und Jugendlichen, die nicht von Aufmerksamkeitsschwierigkeiten betroffen sind – je länger die tägliche Fernsehzeit, desto geringer Aufmerksamkeit und Fokus. Spitzer empfiehlt, Kleinkinder überhaupt nicht fernsehen zu lassen und ab etwa zehn Jahren den Fernseh- und Computerkonsum strikt zu begrenzen.

8. **Genug Schlaf**
   Dies klingt banal. Jedoch ist es schwierig, motiviert zu lernen und zu spielen, wenn man schlichtweg zu müde dazu ist. Auch Jugendliche brauchen nachweislich noch sehr viel Schlaf, und dieser sollte nicht durch Clubbesuche oder Fernsehkonsum ersetzt werden. Es konnte gezeigt werden, dass der Schlaf gerade bei Jugendlichen hirnphysiologisch wesentlich für das Festigen von Lerninhalten vom Vortag ist.

Hoch begabt oder Indigos: Wie Etikettierungen der Motivation schaden

Vereinzelt können sich Etikettierungen wie *begabt* oder *hoch begabt* positiv auf einzelne Aspekte des Selbstwertgefühls auswirken, doch die problematischen Konsequenzen für die Schul- und Lernmotivation überwiegen.

Der Mythos vom Genie, das ohne größere Anstrengung erstaunliche Resultate hervorbringen kann, hält sich hartnäckig und wird in Filmen über hoch begabte Kinder, wie *Little Man Tate* mit Jodie Foster in der Rolle der Mutter, immer wieder aufgewärmt. Wir haben bereits gesehen, dass dieser Mythos in der überwältigenden Mehrzahl der Fälle falsch ist. Dennoch halten nicht wenige Eltern daran fest und sind überzeugt, dass ihr Kind zu intelligent ist, um wie alle anderen Kinder seine Hausaufgaben machen zu müssen. Ständiges Lob, besonders altersuntypischer Leistungen wie frühes Rechnen oder Lesen, wird vom Kind internalisiert, bis es auch selbst die Haltung entwickelt, dass es sich nicht so anstrengen muss wie andere Kinder. Oder aber es baut sich im Kind ein großer Druck auf, den hohen Erwartungen von Eltern und Lehrpersonen weiterhin entsprechen zu müssen.

Noch keine Studie hat diese Situation so umfassend untersucht, das heißt in den betreffenden Elternhäusern selbst und dies über 30 Jahre hinweg, wie die bereits mehrmals erwähnte Langzeitstudie von Joan Freeman (Freeman 2001). Die Studie verglich Kinder, die als *hoch begabt* etikettiert worden waren mit gleich fähigen Kindern, die das nicht waren. Als ganze Gruppe zeigten die etikettierten Kinder weitaus mehr emotionale Probleme als die nicht etikettierten. Obwohl die Kinder die gleiche Klasse besuchten, beschwerten sich die Eltern etikettierter Kinder häufiger über die schulischen Angebote für ihre begabten Kinder. Freeman konnte über verschiedene Fragebogen und Testverfahren zeigen, dass es nicht die Fähigkeiten an sich waren, die Probleme schafften, sondern andere Faktoren – wie eine Scheidungssituation, häufige Umzüge, oder elterliche Überzeugungen. Jedoch machten die Eltern etikettierter Kinder typischerweise die hohen Fähigkeiten für etwaige Probleme verantwortlich. Diese Situation ist uns übrigens auch in unseren Beratungen immer wieder begegnet. So berichtet Freeman, dass Eltern ihr in Anwesenheit des Kindes sagten, dass das Kind zu intelligent sei, um mit Gleichaltrigen zu spielen. Tatsächlich hatte dieses Kind wenige oder keine Freunde. Ursache oder Wirkung?, fragt Freeman.

Einer der Teilnehmenden aus der Untersuchung von Freeman, ein 36-jähriger hervorragender Musiker mit einem extrem hohen IQ, äußerte sich als Erwachsener so über die Etikettierung *hoch begabt*:

> Dass ich als hoch begabt etikettiert wurde, verzerrte mein Leben. Bereits als Siebenjähriger dachte ich – «warum bin ich so unglücklich?» Meine Talente waren mit negativen Emotionen verbunden. Dazu hatte ich gravierende Mängel in anderen Bereichen, die noch mehr auffielen, weil ich als hoch begabt betrachtet wurde. Einerseits mochte ich den Applaus und die Bewunderung, die mir ein falsches Selbstvertrauen vermittelten. Trotzdem hatte ich persönliche Probleme, die nie bemerkt wurden. Ich hielt mich am positiven Feedback und der Bewunderung fest, aber ich fühlte mich nie hoch begabt als Mensch, und das ist bis heute so geblieben. (Freeman 2001, S. 28)

Weitere Untersuchungen stellten fest, dass Eltern, die ihre Kinder als hoch begabt etikettierten, sehr leistungsorientiert waren und den emotionalen Ausdruck ihres Kindes nicht förderten. Dies resultierte in emotional weniger gut integrierten Kindern als bei Eltern, die auf die Etikettierung verzichteten (Cornell und Grossberg 1989). Es gibt auch Untersuchungen, die auf Eifersuchtsprobleme zwischen etikettierten und nicht etikettierten Geschwistern hindeuten.

Während kleinere Kinder oft noch mit der Etikettierung hoch begabt leben können, so ändert sich dies spätestens während der Pubertät.

Brown und Steinberg (1990) befragten 8000 Schüler in High Schools in Kalifornien und Wisconsin. Weniger als 10 Prozent der hoch leistenden Schüler wollten ein Teil der *Brain Crowd* (der *Streber*) sein. Viele Schüler zogen sich im Gegenteil oft von speziellen Aktivitäten wie Computer-Clubs und speziellen Förderklassen zurück, um Etikettierungen wie Streber zu vermeiden.

Eine neue Etikettierung für eine bestimmte Art hoch begabter Kinder ist *Indigos*. Dies sind angeblich Kinder, die ein Teil der Avantgarde sind, die uns in ein neues, spirituell bewussteres Zeitalter führen soll. Hier ist die Frage weniger, ob es solche Kinder tatsächlich gibt. Jedoch scheint sich die Etikettierung ganz ähnlich auf Kinder auszuwirken wie vormals der Begriff *hoch begabt*. Man kann in entsprechenden Elternratgebern nachlesen, dass viele oder sogar alle Kinder mit Aufmerksamkeitsschwierigkeiten eigentlich Indigo-Kinder seien, denen es einfach noch nicht gelungen sei, auf diesem Planeten richtig Fuß zu fassen. Dagegen spricht wohl, dass einige der spirituell hoch stehendsten Menschen äußerst diszipliniert waren und immer wieder lange Phasen stiller Einkehr und Meditation auf sich nahmen.

Schon vor mehr als zehn Jahren kritisierten führende amerikanische Fachleute die Etikettierung hoch begabt. So empfahl Renzulli schon 1995, eher die Förderprogramme zu etikettieren als deren Konsumenten, also beispielsweise von einem *Programm zur Förderung von kreativer Produktivität* zu sprechen. Etikettierungen fördern Überheblichkeit und Arroganz, beides keine guten Voraussetzungen für geduldiges Lernen und Üben, sowie für konstruktive Zusammenarbeit mit anderen.

Statt die Globaletikettierung *hoch begabt* zu verwenden, spricht man gegenüber Kindern besser von spezifischen Fähigkeiten (Beispiele in **Tab. 6-4** auf S. 140). Es ist in Ordnung, Sarah zu sagen, dass sie sehr gute Fähigkeiten in der Mathematik oder in der Leichtathletik hat. Immer wenn jemand *hoch begabt* ist, gibt es aber mehr als neunzig andere, die das nicht sind. Im Hinblick auf die bisherigen Erkenntnisse der Expertiseforschung macht eine solche Annahme keinen Sinn, denn von den verbleibenden neunzig könnten mindestens 30 noch zu Experten in irgendeinem Bereich werden – sofern sie das wünschen.

Übrigens: Etikettierungen, die sich auf eine Lernbehinderung beziehen, sind genauso schädlich und auch unsinnig. Sternberg und Grigorenko (1999) stellen fest, dass praktisch jeder Mensch in irgendeinem Bereich eine Lernschwäche hat – besonders wenn man von einer Theorie multipler Fähigkeiten ausgeht. Es werden jedoch nur einige dieser Menschen als *lernbehindert* bezeichnet. Und eine solche Etikettierung wird fast

Tabelle 6-4: Hilfreiche und wenig hilfreiche Arten von Feedback über die Fähigkeiten von Kindern

Situation	wenig hilfreich	hilfreich
Lars, 5 Jahre, rechnet bereits auf dem Niveau der 4. Klasse	«Lars ist ein Genie.» «Lars ist hoch begabt.» «Lars muss sich im Rechnen nicht anstrengen.»	«Lars hat im Rechnen teilweise große Vorsprünge gegenüber den Gleichaltrigen.» «Rechnen ist eine von Lars' Lieblingsbeschäftigungen.»
Sophie, 8 Jahre, spricht vier Fremdsprachen.	«Sophie ist hoch begabt.» «Sophie ist ein Sprachgenie.» «Sophie könnte bestimmt noch zehn Sprachen lernen.»	«Sophie, welche dieser vier Sprachen möchtest du am besten können?» (Dort dann Vertiefungsaktivitäten anbieten)
Till, 13 Jahre, ist sozialkompetent, sportlich und bekommt in der Schule in allen Fächern Bestnoten.	«Till ist hoch begabt. Er fühlt sich sicher oft einsam, weil es so wenige Kinder gibt, die ihn wirklich verstehen können.» «Alles, was Till anpackt, gelingt ihm.»	«Till zeigt in vielen ganz verschiedenen Bereichen sehr gute Fähigkeiten.» Mit Till besprechen, welche Herausforderungen, und in welchem Bereich, er in der nächsten Zeit gerne anpacken möchte. Mit ihm einen Plan überlegen, wie er seine Ziele erreichen kann.
Lisa, 14 Jahre, bekommt nur in der Mathematik sehr gute Schulnoten. Daneben hat sie eine Lese-Rechtschreib-Schwäche und ist sozial unsicher.	«Lisa ist ein Mathegenie.» «Typisch Mathegenie, die haben nie Freunde.»	«Lisa ist in der Mathematik etwa drei Jahre voraus. Wir schauen einmal, wo sie noch Unsicherheiten hat, so dass wir diese angehen können und sie nachher in der Mathematik so schnell weiterkommen kann, wie sie möchte.» Vielleicht kann Lisa im Fach Mathematik regelmäßig mit einem Mentor zusammen arbeiten. Zusätzlich kann Lisa im Lesen und in der Rechtschreibung gezielt ihre Schwierigkeiten überwinden.

immer auf der Basis aktueller gesellschaftlicher Werturteile vorgenommen. Das ist auch der Grund, warum die Etikettierung *aufmerksamkeitsgestört* heute so oft verteilt wird. Denn unsere gegenwärtigen Schul- und Arbeitsformen verlangen wie noch selten zuvor konzentrierte, sitzende Arbeit am Schreibtisch.

Das Wichtigste in Kürze

- Kinder sollten von Anfang an konsequent für die Anstrengung gelobt werden, nicht für den Erfolg. Dies gilt insbesondere für Kinder mit überdurchschnittlichen Fähigkeiten, die schnell einmal erfolgsverwöhnt sind.
- Früher Drill und Lernprogramme für Vorschulkinder bringen wenig, viel wichtiger ist die Unterstützung der intrinsischen kindlichen Motivation.
- Eine verwöhnende Erziehung, die Kinder nicht ausreichend fordert und ihnen zuviel abnimmt, ist nicht zuletzt aus verhaltensbiologischer Sicht bedenklich und führt zu verminderter Selbstregulation und Selbstforderung. Kinder sollten besonders zu attraktiven, aber anstrengenden Aktivitäten ermutigt werden.
- Kindliches Interesse kann außerordentliche Leistungen bei Erwachsenen voraussagen. Interesse durchläuft drei Phasen: die romantische Beziehung zum Fachgebiet, das intensive Studium und eine reife Phase mit Meisterlehrpersonen.
- Auch Kinder aus bildungsfernen Elternhäusern sollten über die Schule Gelegenheit erhalten, breitflächig mit möglichen Interessenbereichen in Kontakt zu kommen.
- Optimismus als wissenschaftliches Konstrukt hat viel mit Motivation und Durchhaltevermögen zu tun. Optimisten werden glücklich durch anspruchsvolles Handeln – *happy by doing*. Verwandt ist das Konzept vom Flow.
- Hinter starker schulischer Langeweile bei überdurchschnittlich fähigen Kindern stecken oft undiagnostizierte Aufmerksamkeits-

störungen. Ansonsten tritt die Langeweile in der Regel eher punktuell auf.

- Eltern können Motivation, Fokus und Durchhaltevermögen unterstützen durch: Organisationshilfen, einen strukturierten Tagesablauf, eine gesunde und zuckerarme Ernährung, Ermutigung zur Selbstdisziplin, Anregung zum regelmäßigen Sport oder Musizieren, einen konsequent limitierten PC- und TV-Zugang.

Fragen zum Weiterdenken

- Wo kann ich mein Kind noch vermehrt für die Anstrengung statt für geglückte Lösungen und Ergebnisse loben?
- Wo kann ich mein Kind noch stärker fordern, mehr ermutigen und ihm weniger abnehmen?
- In welchen Bereichen könnte ich Motivation, Fokus und Durchhaltevermögen bei meinem Kind noch besser unterstützen?
- Mit welchen Etikettierungen habe ich mein Kind schon versehen?

Zur Vertiefung

Aust-Claus, E. und Hammer, P.-M. ADS. Eltern als Coach. Ein praktisches Workbook für Eltern. Wiesbaden: OptiMind media, 2006. (auch als DVD erhältlich)

Seligmann, M. E. P. Der Glücksfaktor. Warum Optimisten länger leben. Bergisch-Gladbach: Lübbe, 2005.

Kapitel 7
Was begünstigt, was hemmt – das soziale Umfeld und weitere wichtige Faktoren

Charakter wiegt schwerer als Intellekt.

Ralph Waldo Emerson

Welche weiteren Faktoren – außer spezifischen Fähigkeiten, Kreativität und Engagement – helfen Kindern, Jugendlichen und Erwachsenen, ihr Potenzial umzusetzen? Es wurde bereits aufgezeigt, dass dies persönliche Verhaltensmerkmale sowie Umfeldeinflüsse sind und dass alle diese Faktoren zusammenwirken.

In Renzullis Drei-Ringe-Modell sind alle zusätzlichen Faktoren, die Menschen Ziele setzen und sie erreichen lassen, als verzahntes Hahnentrittmuster dargestellt (Abb. s. 2-4, S. 56). Renzulli hat auch betont, dass jemand nicht ständig schöpferisch und produktiv tätig ist, sondern dass dies zu bestimmten Zeiten im Leben und in bestimmten Situationen geschieht. Deshalb spricht Renzulli auch nicht von *hoch Begabten*, sondern von Menschen, die sich schöpferisch produktiv *verhalten*. Schöpferische Produktivität zeigt sich zu verschiedenen Zeiten im Leben auf ganz verschiedene Weise. Für ein sechsjähriges Kind kann das heißen, dass es sich laufend neue Spiele ausdenkt und diese mit den Eltern und Freunden ausprobiert. Eine 14-Jährige schreibt vielleicht eine 50-seitige Geschichte über ein Freundschaftsdrama. Und ein Chemiestudent denkt sich eine innovative Laboranordnung aus, die später anderen Studierenden als Modell dient. Es gibt unendliche Möglichkeiten. Wichtig ist, dass Freude am Tun, Begeisterung und starkes persönliches Interesse im Spiel sind.

Wie bereits in Kapitel 3 erwähnt, listet Renzulli als wichtige Persönlichkeitskomponenten beispielsweise solch «weiche» – das heißt schwierig zu definierende – Einflüsse wie die persönliche Attraktivität, Charme, Charisma und Energieniveau. Umfeldeinflüsse sind beispielsweise Dinge wie die soziale Schicht, Persönlichkeit und Bildungsniveau der Eltern, Geschwisterfolge und die Rolle des Zufalls.

Es gibt unzählige Einflüsse, und es lässt sich insgesamt kaum feststellen, wie und in welchem Ausmaße sie wirken – das Leben ist nun einmal kein Untersuchungslabor. Einige Einflüsse und einige Fragen seien hier herausgegriffen und vertieft. Dies sind vor allem Faktoren, über die es tatsächlich Untersuchungsergebnisse gibt. Nicht zwingend sind es im Einzelfall die wichtigsten.

Begabte Kinder – gibt es eine Diskrepanz zwischen kognitiver und emotionaler Entwicklung?

Das ist eine Frage, die immer wieder auftaucht und die vor allem im Gespräch mit Lehrpersonen und auch Psychotherapeuten häufig gestellt wird, wenn es um den Umgang mit überdurchschnittlich fähigen Kindern und Jugendlichen geht.

Grundsätzlich bedeutet eine generell akzelerierte kognitive Entwicklung natürlich nicht unbedingt, dass sich weitere Bereiche – der körperliche, der emotionale – ebenso schnell entwickeln. Das die körperliche oder motorische Entwicklung auch bei kognitiven Vorsprüngen eher altersgemäß verläuft, ist sogar der Normalfall. Dies konnte beispielsweise mit Untersuchungen zu sprachlicher und nicht sprachlicher Intelligenz mit einem der am häufigsten eingesetzten Intelligenztests, der englischsprachigen Version des Hamburg-Wechsler-Intelligenztests für Kinder, gezeigt werden (Silver und Clampit 1990).

Was die emotionale Situation betrifft, so gibt es tatsächlich – vereinfacht ausgedrückt – zwei Gehirne in jedem Menschen, ein kognitives, das bewusst und rational reagiert, und ein evolutionär wesentlich älteres, emotionales, für das das körperliche Überleben im Zentrum steht und das in erster Linie unbewusst reagiert. Das emotionale Gehirn kann im Laufe eines Lebens auf vielfältige Weise nachhaltig geprägt werden, durch positive Erfahrungen, jedoch auch durch verschiedene Traumata, vom Geburtstrauma bis zum Beziehungstrauma. Wird ein solches Trauma im Laufe des Lebens durch ähnliche Erfahrungen wieder aktiviert, laufen reflexartig instinktive Verhaltensweisen ab, die sich jeglicher Vernunft entziehen – auch bei hoch intelligenten Menschen!

Gerade kürzlich war in den Medien zu lesen, dass eine bei der NASA angestellte Astronautin aufgrund einer Eifersuchtsreaktion darauf aus war, ihre Nebenbuhlerin zu erschießen. Dafür war sie, mit der Waffe auf sich, durch das halbe Land gefahren. Wie ist das möglich, wie kann eine hoch intelligente Frau so reagieren? Es konnte an der Universität Yale gezeigt werden, dass das emotionale Gehirn in der Lage ist, den präfrontalen Kortex und damit den am höchsten entwickelten Bereich des kognitiven Gehirns ganz einfach abzuschalten (Servan-Schreiber 2006). So ist der präfrontale Kortex unter außergewöhnlichem Stress kaum mehr in der Lage, das Verhalten zu steuern. In Notsituationen, oder in Situationen, die das Gehirn als solche wahrnimmt, gewinnt immer das emotionale Gehirn die Oberhand und bestimmt das Verhalten.

In verschiedenen, breit angelegten Untersuchungen und mittels Metaanalysen konnte gezeigt werden, dass Kinder mit überdurchschnittlichen Fähigkeiten nicht generell zu emotionalen Entwicklungsrückständen neigen, sondern in der Regel sogar eine bessere sozial-emotionale Integration zeigen als Kinder mit insgesamt durchschnittlichen Fähigkeiten (Stedtnitz 1995; Rost und Czeschlik 1994; Terman und Oden 1959). Es ist zu vermuten, dass es eher schwierige oder traumatische Lebenserfahrungen, Beziehungen oder sonstige Faktoren sind, die zu Schwierigkeiten führen, wie bei Kindern mit durchschnittlichen Fähigkeiten auch. Es gibt im Gegenteil zahlreiche Untersuchungen, die zeigen, dass eher niedrige Fähigkeiten und dazu vielleicht noch Aufmerksamkeitsstörungen mit wesentlich größeren emotionalen Auffälligkeiten einhergehen (z. B. Maguin und Loeber 1996). Es wurde bereits erwähnt, dass die Etikettierung als *hoch begabt* zusätzliche Probleme schaffen kann.

Eine sehr interessante aktuelle Untersuchung von Buch, Sparfeldt und Rost (2006) mit 7023 Kindern verglich die Einstellung von Eltern gegenüber ihren Kindern mit hohem oder altersgemäßem IQ. In den Augen der Eltern fand sich kein Unterschied zwischen den Kindern.

Kurzum, für die immer wieder heraufbeschworenen sozial-emotionalen Schwierigkeiten von Kindern mit kognitiven Entwicklungsvorsprüngen gibt es kaum Belege in der wissenschaftlichen Literatur. Dies gilt auch für zahlreiche sogenannte Charakteristika testintellligenter Kinder wie ein geringes Schlafbedürfnis, ein hoher Perfektionsanspruch, ein Gefühl von Ausgegrenztsein und andere mehr, die von Laien immer wieder erwähnt werden. Unsere Beratungserfahrung zeigt jedoch, dass solche Schwierigkeiten oft als Grund herangezogen werden, warum ein Kind nicht besonders gefördert oder akzeleriert werden sollte. So soll Lina nicht die 3. Grundschulklasse überspringen, weil «sie emotional noch nicht so weit» ist. Sicherlich muss ein Klassenüberspringen sorgfältig überlegt werden, in Anbetracht der aktuellen Umstände in Schule und Elternhaus und natürlich auch im Hinblick auf das Kind. Doch emotionale Faktoren sprechen weit weniger häufig für die Verweigerung einer Fördermaßnahme, als dies besorgte Lehrpersonen, Psychotherapeuten und vielleicht auch Eltern befürchten. Was nicht heißen soll, dass im Einzelfall die sozial-emotionale Situation eines Kindes ignoriert werden sollte – jedes Kindes, unabhängig von den aktuellen Fähigkeiten.

Nochmals die Big Five – Verhaltensweisen, die Erfolg beeinflussen

Zahlreiche Forschungsergebnisse in den letzten 20 Jahren weisen auf ein Persönlichkeitsmodell, das fünf grundlegende Persönlichkeitsdimensionen beinhaltet und deshalb die «Big Five» («die Großen Fünf», s. **Tab. 7-1**) genannt wird (Goldberg 1990). Dies Modell ist auch interessant für Eltern, im Hinblick auf die Erziehung ihrer Kinder. Zu den Großen Fünf gibt es inzwischen eine Vielzahl umfassender Untersuchungen, die in verschiedenen Sprachen und Ländern durchgeführt wurden. Es zeigte sich, dass sich die Großen Fünf in allen untersuchten Kulturen finden

Tabelle 7-1: Die Großen Fünf – fünf grundlegende Persönlichkeitsdimensionen für Erfolg (nach Judge et al. 1999)

Persönlichkeitsdimension	Komponenten
emotionales Wohlbefinden (Neurotizismus)	wenig Ängstlichkeit (emotionale Labilität, Neigung zu Stress) persönliches Wohlbefinden (wenig Unsicherheit, Depression, Reizbarkeit)
soziale Orientierung (Extraversion)	Soziale Orientierung, Lebhaftigkeit, Geselligkeit Dominanz, Präferenz für Führungsrollen zahlreiche enge Freundschaften Aktivität, Ehrgeiz
Offenheit gegenüber Erfahrung	Neugier
Umgänglichkeit	soziale Kompetenz
Gewissenhaftigkeit	Sorgfalt, Durchhaltevermögen, Pflichtgefühl

ließen (McCrae und Costa 1997; Pulver et al. 1995; Salgado 1997), auch über längere Zeit stabil blieben (Costa und McCrae 1992) und eine solide genetische Basis aufwiesen (Jang et al. 1996).

Drei dieser Dimensionen sind dabei besonders relevant für den beruflichen und auch persönlichen Erfolg, nämlich das emotionale Wohlbefinden, die soziale Orientierung und Gewissenhaftigkeit. Menschen, die hohe Werte für *Neurotizismus* erreichen, waren als Erwachsene in der Regel eher unzufrieden im Beruf. Sie hatten eher Mühe, mit schwierigen Lebenssituationen fertig zu werden und danach ihr emotionales Gleichgewicht wieder zu erlangen. Judge et al. (1999) konnten mit einer Langzeitstudie zeigen, dass das allgemeine Fähigkeitsniveau und relevante Persönlichkeitsdimensionen zusammen sehr viele Aspekte beruflichen Erfolgs voraussagen konnten, sogar über eine Zeitspanne von 50 Jahren. Die Forscher betonen dabei, wie wichtig es ist, dass junge Menschen sich schon früh selbst kennen und damit ihre Fähigkeiten und Persönlichkeitsaspekte. Eine frühe, differenzierte Selbstkenntnis sagte ebenfalls beruflichen Erfolg mit großer Sicherheit voraus.

Interessant ist, dass in den letzten Jahren Interventionen entwickelt wurden, die die Dimension *Neurotizismus* sehr wahrscheinlich nachhaltig positiv beeinflussen können, dies ohne den Einsatz von Medikamenten oder jahrelanger Psychotherapien. Zu nennen sind hier beispielsweise hoch wirksame, lösungsorientierte Kurzzeittherapien wie die kognitive Verhaltenstherapie, Kurzzeitinterventionen wie EMDR (Eye Movement Desensitization and Reprocessing; Shapiro und Silk Forrest 1998) oder das Neurofeedback Training, das schon beim Thema der Aufmerksamkeitsstörungen in Kapitel 6 erwähnt wurde. Insbesondere gibt es in den letzten Jahren zahlreiche Hinweise darauf, dass traumatische Erfahrungen bei Kindern und Jugendlichen – wie eine schwierige Geburt, ein Unfall, Mobbing oder ein emotional einschneidendes Erlebnis sich langfristig ernsthafter auf die emotionale Stabilität auswirken, als man vorher annahm. Mit Interventionen wie EMDR lassen sich jedoch solche Traumata auch noch Jahre nach deren Vorkommen wirksam neutralisieren (s. auch Servan-Schreiber 2006). Neurotizismus kommt, wie gesagt, bei hoch intelligenten Menschen kaum häufiger vor als bei normal begabten, doch wirkt er sich bei ersteren natürlich genauso destruktiv aus. Eltern, die ihr Kind dabei unterstützen möchten, ihr Potenzial umzusetzen, können diese Persönlichkeitsaspekte nicht gleichgültig sein.

Csikzentmihalyi et al. (1993) fanden nach einer umfassenden Untersuchung talentierter Teenager zwar, dass diese zu einem etwas negativen

Selbstbild tendierten sowie zu extremer emotionaler Sensibilität, das sie für Kritik und Selbstkritik verletzlich machte. Doch machten zahlreiche positive Persönlichkeitsattribute dafür wett: Leistungsmotivation, Durchhaltevermögen, Neugier und Offenheit für Erfahrung. Wichtig schien die Balance zwischen Spiel und Arbeit. Junge Menschen, die die Balance finden zwischen der spielerischen Suche nach Herausforderungen und der Arbeit an den Fertigkeiten, die nötig sind, um den Herausforderungen erfolgreich zu begegnen, nennt Csikzentmihalyi *autotelische Persönlichkeiten.* Das Meistern der Spannung zwischen Spiel und Arbeit führt über längere Zeit zu einem erfolgreichen Langzeitprojekt oder sogar Lebensthema, sowie einer ganz persönlichen Art, mit der Welt in Kontakt zu sein.

Selbstwirksamkeit – ein Schlüsselkonzept

> Diejenigen sind fähig, die denken, dass sie fähig sind.
> Virgil

> Wenn ich glaube, dass ich es tun kann, dann werde ich bestimmt die Fertigkeiten erwerben, es zu tun – selbst wenn sie mir zu Beginn fehlen.
> Mahatma Gandhi

Lara und Petra sind beide gleich intelligent. Lara ist fest davon überzeugt, das Abitur zu schaffen, während Petra schon während der 11. Klasse erstmals Zweifel hat, dass sie durch die Abschlussprüfungen des Gymnasiums kommt. Sie versagt in der Folge tatsächlich.

Wie kommt es, dass sich einige junge Menschen hohe und anspruchsvolle Ziele setzen und dann geduldig all die kleinen Schritte auf sich nehmen, die nötig sind, diese zu erreichen? Und dass andere wiederum von Anfang an an ihrem Erfolg zweifeln und es gar nicht erst versuchen? Eines der psychologischen Konstrukte, das in den letzten 30 Jahren am meisten untersucht worden ist, ist das der Selbstwirksamkeit (engl.: *self-efficacy*), erstmals beschrieben von Albert Bandura (1977), Professor für Psychologie an der Stanford University in Kalifornien. In der Zwischenzeit sind über Selbstwirksamkeit mehr als 3000 wissenschaftliche Artikel geschrieben worden, in so verschiedenen Bereichen wie Sport, Medizin, Medienwissenschaften, Betriebswirtschaft, Psychologie, Psychiatrie und Pädagogik. In der Psychologie konnte die Beziehung von Selbstwirksamkeitsüberzeugungen zu Phobien, Depression, Sozialkompetenz, und Suchtverhalten aufgezeigt werden.

Lara im obigen Beispiel hat eine starke Selbstwirksamkeitsüberzeugung in Bezug auf ihre Fähigkeit, das Abitur zu schaffen. Sehr wahrscheinlich hat sie schon etliche Male schwierige Prüfungen erfolgreich gemeistert. Petras Selbstwirksamkeitsüberzeugung in Bezug auf die anstehenden Prüfungen ist dagegen schwach.

Selbstwirksamkeitsüberzeugungen unterscheiden sich von bloßem Selbstvertrauen dadurch, dass Selbstwirksamkeit immer in Bezug auf etwas sehr Spezifisches auftritt. So kann der sechsjährige Hannes eine starke Selbstwirksamkeitsüberzeugung in Bezug auf seine Fähigkeit haben, mit gleichaltrigen Angreifern fertig zu werden. Gleichzeitig kann seine Selbstwirksamkeitsüberzeugung in Bezug auf die Fähigkeit, ein Musikinstrument zu spielen, schwach sein.

Selbstwirksamkeit ist die Überzeugung, eine spezifische Tätigkeit oder Herausforderung erfolgreich meistern zu können.

So kommt eine Selbstwirksamkeitsüberzeugung zustande (vgl. **Tab. 7-2**).

Es ist nicht übertrieben zu sagen, dass Selbstwirksamkeit eines der wichtigsten psychologischen Konzepte der letzten 30 Jahre ist. Selbstwirksamkeitsüberzeugungen sind eine starke Wurzel für Motivation, Wohlbefinden, konstruktive Entscheidungen und erfolgreiches Handeln. Menschen halten bei Schwierigkeiten nur durch, wenn sie glauben, dass ihr Verhalten zu den gewünschten Resultaten führt. In der Regel ziehen schon Kinder und Jugendliche Tätigkeiten vor, bei denen sie sich kompetent fühlen, und vermeiden solche, wo dies nicht der Fall ist (Pajares 2006). Sogar bei Fünfjährigen lassen sich bereits Selbstwirksamkeitsüberzeugungen in Bezug auf typische Anforderungen im Kindergarten feststellen (Stedtnitz 1986).

Tabelle 7-2: Die wichtigsten Quellen von Selbstwirksamkeitsüberzeugungen

1. *Am stärksten entwickelt sich eine Selbstwirksamkeitsüberzeugung durch aktives Handeln* – sich an eine Herausforderung, und sei sie auch noch so klein, heranzuwagen und sie zu meistern. Darauf wird der Schwierigkeitsgrad gesteigert.
2. Die zweitstärkste Quelle ist die Beobachtung einer Person, die erfolgreich eine Herausforderung meistert.
3. Die drittstärkste Quelle ist verbale Ermutigung durch andere.
4. Die schwächste Quelle ist körperliches Feedback – beispielsweise, wenn man in einer schwierigen Situation körperlich ruhig bleibt.

Was bedeutet dies für Eltern? Oft fragen uns Eltern in der Beratung, wie sie das Selbstvertrauen ihres Kindes stärken können. Aus der Sicht der Selbstwirksamkeitstheorie können sich Eltern überlegen, in welchem ganz spezifischen Bereich sie ihr Kind stärken möchten. Und in genau diesem Bereich sollten sie ihr Kind an konkrete Herausforderungen heranführen, gerade schwierig genug, dass ihr Kind sie meistern kann. *Das Beste ist sicherlich, Kinder von Anfang an an ganz viele solcher Herausforderungen heranzuführen, in ganz verschiedenen Bereichen – dabei den Kindern nichts abzunehmen und Fehler und Rückschläge nicht nur gelassen hinzunehmen, sondern gegenüber dem Kind immer wieder als positive Lerngelegenheiten zu deuten.*

Diese Art von Feedback ist optimal für die Entwicklung starker Selbstwirksamkeitsüberzeugungen (Pajares 2006):

- Wenn Kinder versagen, können Eltern ihnen helfen, dies mit mangelnder Anstrengung zu erklären.
- Wenn Kinder eine Herausforderung erfolgreich meistern, können Eltern auf die Fertigkeiten verweisen, die dies möglich machten.

Warum wirken sich Selbstwirksamkeitsüberzeugungen auch emotional aus? Wenn Kinder in Bezug auf eine bestimmte Herausforderung eine starke Selbstwirksamkeitsüberzeugung haben, so sind Gefühle wie Gelassenheit und Ruhe bei ähnlichen Herausforderungen wahrscheinlich. Anderseits denken sich Kinder mit einer schwachen Selbstwirksamkeitsüberzeugung in ähnlichen Situationen schon im Voraus das Schlimmste und entwickeln viel eher Ängstlichkeit, Stress, Depressionen und eine eingeschränkte Sichtweise ihrer Handlungsmöglichkeiten.

Verantwortung für das eigene Handeln übernehmen

> Nachdem Thomas Edison 1000 erfolglose Versuche hinter sich hatte, die Glühbirne zu erfinden, fragte ihn ein Reporter: «Wie fühlte sich das an, 1000mal zu versagen?» Edison antwortete: «Ich habe nicht 1000mal versagt. Die Glühbirne war eine Erfindung mit 1000 Schritten.»

Ein Konzept, dass sehr nahe an der Selbstwirksamkeit liegt, ist das der *erlernten Hilflosigkeit* – eine Formulierung, die erstmals von Martin P. Seligman (1999) gebraucht wurde. Genauso wie Eltern daran gelegen sein sollte, in ihrem Kind Selbstwirksamkeitsüberzeugungen zu entwickeln, sollten sie vermeiden, ihr Kind zur Hilflosigkeit zu erziehen.

Was ist erlernte Hilflosigkeit? Hier geht es vor allem um den Umgang mit Misserfolg oder Versagen. Denn *erlernte Hilflosigkeit ist eine erlernte Reaktion auf Misserfolg, die im Kind zu kognitiven, motivationalen und emotionalen Defiziten führt.* Diese Reaktion ist im kindlichen Denken begründet. Seligman, auch der Autor des Buches *Learned Optimism*[22], meint dazu: «Erlernte Hilflosigkeit kann nicht einfach durch die Wiederentdeckung des positiven Denkens behandelt werden. Es reicht nicht zu lernen, einfach positive Dinge zu sich selbst zu sagen. Wenn nicht zuerst mit negativen Aussagen aufgeräumt wird, haben positive Botschaften alleine keine Wirkung. Wesentlich ist, was man denkt oder zu sich selbst sagt, wenn man versagt – und dann diese Aussagen zu einem Teil des persönlichen Erklärungsmusters zu machen.» Nach Seligman entwickeln sich optimistische oder pessimistische Erklärungsmuster in der frühen Kindheit, indem sie vom einflussreichsten Elternteil oder auch einer Lehrperson übernommen werden. Auch schwierige Lebens- und Beziehungssituationen beeinflussen die Erklärungsmuster. Wenn diese nicht unterbrochen werden, bleiben sie als Lerninhalt ein Leben lang bestehen. Nach Seligman gibt es drei Aspekte eines negativen Erklärungsmusters:

Dauerhaftigkeit – Zeitdimension: «Ich habe versagt, weil ich dumm bin.» (Nicht: «…, weil ich nicht genug geübt habe.»)

Erklärungsmuster: Ich versage, weil ich dumm bin und immer dumm sein werde.

Allgegenwärtigkeit – Raumdimension: «Ich bin in der Schule einfach schlecht.» (Nicht: «Ich bin nicht gut in Englisch, aber ansonsten sind meine Leistungen zumindest durchschnittlich.»)

Erklärungsmuster: Wenn ich irgendwo versage, muss das heißen, dass ich überall versage.

Persönlich nehmen: «Ich bin ein schlechter Mensch, wenn ich versage.» (Nicht: «Ich hatte zwar in der Mathematikprüfung eine schlechte Note. Aber deswegen bin ich kein schlechter Mensch.»)

---

22 Für die deutsche Ausgabe siehe: Seligman, M.E.P. Pessimisten küsst man nicht. Optimismus kann man lernen. München: Droemer Knaur, 2001.

Erklärungsmuster: Wenn ich versage, dann heißt das, dass ich als Person versagt habe.

Dieses Erklärungsmuster führt zwangsläufig zu einem niedrigen Selbstwertgefühl und zu Depression.

Was können Eltern und Lehrpersonen tun? Es gilt, diese erlernten, automatischen Erklärungsmuster bei Kindern zu entdecken und durch konstruktivere Muster ersetzen zu helfen. Das Kind lernt, einen positiven inneren Dialog zu führen, wo es Erfolg oder Versagen mit persönlicher Anstrengung in Verbindung bringt und nicht mit dauerhaften, globalen und persönlichen Problemen. Auch die kognitive Verhaltenstherapie arbeitet so und hilft einem Kind, konstruktiver mit Erfolg und Misserfolg umzugehen.

Wie erklären sich Kinder nicht nur ihre Misserfolge, sondern ihr eigenes Handeln oder das anderer Menschen generell? Eng mit dem Konzept der erlernten Hilflosigkeit verbunden sind die Kontrollüberzeugungen eines Menschen. Denkt ein Kind, dass Misserfolg mit Einflüssen zu tun hat, die es selbst kontrollieren kann? Oder denkt es im Gegenteil, dass es für sein Versagen Gründe gibt, die überhaupt nichts mit ihm selbst zu tun haben? Kinder mit einer äußeren Kontrollüberzeugung, fühlen sich anderen Menschen und äußeren Einflüssen ausgeliefert. So denken sie, dass sie in der Prüfung vielleicht einfach Pech hatten oder dass der Lehrer sie nicht mag. Sie fühlen sich nicht für ihr Handeln verantwortlich und denken nicht, dass sie mit ihrem Handeln äußere Umstände beeinflussen können. Dies führt zu Gefühlen der Hilflosigkeit oder Wut. Kinder mit einer inneren Kontrollüberzeugung hingegen sehen die Gründe für ihren Erfolg oder Misserfolg, oder für die Art und Weise, wie andere Menschen sie behandeln, eher bei spezifischen Aspekten ihres eigenen Verhaltens.

Es ist sehr wichtig, dass Kinder und Jugendliche lernen, für ihre Handlungen und ihr Verhalten Kontrolle und Verantwortung zu übernehmen. Gelingt das nicht, werden aus ihnen Erwachsene mit einer chronischen Opfermentalität – und solche Menschen sind selten erfolgreich. Auch eine stark verwöhnende Erziehung, wo dem Kind abgenommen wird, was es selbst tun könnte, führt zu erlernter Hilflosigkeit.

Alltags- und Beziehungsprobleme lassen sich mit Kindern beispielsweise so angehen (besprechen, wenn das Kind ruhig und aufnahmebereit ist):

1. Gemeinsam besprechen: Wo liegt das Problem?

2. Was sind mögliche Verhaltensstrategien?

3. Welche scheinen attraktiv und aus welchem Grund? Mögliche Konsequenzen?
4. Handeln.
5. Was waren die Auswirkungen? Kann ich das Resultat als Erfolg verbuchen, was habe ich in Bezug auf künftige, ähnliche Situationen gelernt?

Erfolg trotz Schwierigkeiten – die Resilienzforschung

Es gibt Kinder und Erwachsene, die wie Stehaufmännchen sind, auch unter sehr schwierigen und belastenden Umständen – etwa Mobbing in der Schule, Todesfälle in der Familie oder Scheidung der Eltern.

Resilienz ist so etwas wie emotionale Widerstandskraft, und als solche ist sie elastisch, etwa so wie ein Gummiband oder ein Baum, der sich im Wind biegt. Unter Resilienz versteht man *die Fähigkeit einer Person, mit belastenden Lebensumständen erfolgreich umzugehen und daraus Bewältigungskompetenzen zu entwickeln* (Frick 2007). In der neueren Forschung gilt Resilienz als ein Schlüsselelement der Persönlichkeit (Block und Kremen 1996).

In der Resilienzforschung sind das unmittelbare Umfeld eines Menschen, die engeren und weiteren familiären und freundschaftlichen Beziehungen umfassend untersucht worden, um die Frage zu beantworten, warum einige Kinder und Jugendliche Belastungen wesentlich besser standzuhalten scheinen als andere. Wie praktisch alle menschlichen Eigenschaften, so ist auch Resilienz nicht angeboren, sondern lernbar. Auch kann die Resilienz über die Lebensspanne und über verschiedene Umstände hinweg variieren.

Das Resilienzkonzept ist ressourcenorientiert und richtet den Blick auf die Stärken und Bewältigungskompetenzen des Einzelnen. Für Schule und Elternhaus bedeutet das, dass in Kenntnis der wichtigsten Resilienzfaktoren daran gearbeitet werden kann, die emotionale Widerstandskraft von Kindern und Jugendlichen zu stärken und zu entwickeln.

Frick führt 19 Faktoren auf, die Menschen in jedem Alter helfen, mit auch schwierigsten Belastungen umzugehen. Diese Ressourcen können traumatische Lebenserfahrungen und -situationen abmildern, im Sinne eines *Puffereffekts*, wie Frick schreibt (Frick 2007, S. 125–131). Die wichtigsten davon sind:

- *eine enge, stabile, sichere und positive emotionale Beziehung zu mindestens einer Bezugsperson, beispielsweise einem Elternteil.* Diese qualitativ gute Beziehung ist zentral.
- soziale Unterstützung innerhalb und außerhalb der Familie («schützende Inseln»), wie Verwandte, Bekannte, unterstützende Lehrpersonen oder Mentoren
- ein emotional warmes und offenes Erziehungsklima, das dennoch Werte und Strukturen vermittelt
- überzeugende soziale Rollenvorbilder, die Kinder und Jugendlichen konstruktive Bewältigungsstrategien vermitteln können
- dosierte soziale Verantwortlichkeiten und individuell angemessene Leistungsanforderungen (beispielsweise durch Mithilfe im Haushalt)
- kognitive und soziale Kompetenzen, ein mindestens durchschnittliches Intelligenzniveau, Sozial- und Kommunikationskompetenz, gute Schulleistungen
- persönliche Ziele, eine realistische Zukunftsplanung und -erwartung
- günstige Selbstwirksamkeits- und Kontrollüberzeugungen, im Sinne von: *«Ich kann das bewältigen.»*, *«Ich kann das beeinflussen.»*
- die Hoffnung und Zuversicht auf eine gute oder bessere Zukunft, die Fähigkeit, überhaupt Hoffnung zu entwickeln
- ab dem Schulalter: Schreiben (Tagebücher, Gedichte) und Lesen
- Interesse, Motivation und Erfolg in der Schule oder zumindest einzelnen Schulfächern, die Schule selbst als «schützende Insel»
- als freudvoll erlebte persönliche Interessen und Hobbys, auch im Kontakt mit anderen
- die Beziehung zur Natur oder zu Tieren, besonders einem Haustier

Frick betont, dass es natürlich noch weitere Faktoren geben kann und diese Liste nicht vollständig ist. Auch ergeben sich immer wieder Wechselwirkungen zwischen den einzelnen Faktoren.

Interessanterweise gibt es neue Forschungsergebnisse, die zeigen, wie es nicht anfängliche Fähigkeitsunterschiede waren, die resiliente Schüler von anderen unterschieden. Studie um Studie zeigte dagegen, dass der Unterschied in der Zielsetzung der Schüler lag. Diejenigen Schüler, die Lernziele hatten, brachten konsistent die besseren Leistungen und gaben bei Schwierigkeiten weniger schnell auf als Schüler mit Leistungszielen. Lernziele bedeuten, dass jemand vor allem neue Kompetenzen und Fertigkeiten erwerben möchte, und dabei auch vor Schwierigkeiten nicht zurückschreckt. Schüler mit Leistungszielen hingegen wollen mit ihrer Leistung zeigen, dass sie nicht dumm sind, und tendieren deshalb dazu, allzu schwierige Herausforderungen zu vermeiden (Good und Dweck 2005).

Schon in Kapitel 1 wurde die Forschung von Carol Dweck in Bezug auf die Überzeugungen diskutiert, die Menschen im Hinblick auf ihre Intelligenz haben. Menschen, die glauben, dass Intelligenz angeboren ist und nicht durch Anstrengung beeinflusst werden kann, zeigen ebenfalls weniger Resilienz als Menschen, die glauben, dass sie ihre Intelligenz und Leistung durch Anstrengung und harte Arbeit steigern können. Dweck konnte zeigen, dass beides – die Intelligenzüberzeugung und die Zielsetzungen – in Studie um Studie zu besseren Leistungen führte. *Konkrete Lernziele und die Überzeugung, das Intelligenz keine fixe Eigenschaft ist, führten zu Erfolg und Resilienz bei Schwierigkeiten.*

Hier noch ein wichtiges Resultat für Eltern von Kindern mit hohen Fähigkeiten, die besorgt sind, dass sich ihre Kinder in der Schule langweilen könnten: Kinder mit Lernzielen übernahmen viel eher auch Verantwortung für ihre Motivation, indem sie Möglichkeiten suchten und fanden, ihr Interesse und ihre Motivation selbst aufrechtzuerhalten – gleichgültig wie langweilig sie die Lehrperson oder den Unterricht fanden. Auf diese Weise konnten sie selbst aus weniger optimalen schulischen Umständen noch Nutzen ziehen.

Nicht nur verstärkten eine flexible Intelligenzüberzeugung und Lernziele die Bereitschaft der Lernenden, Verantwortung für ihre Leistung zu übernehmen, sondern vor allem auch ihre Motivation und zukünftige Leistung.

Das wirklich Wichtige an dieser Forschung für Eltern und Lehrpersonen ist, dass diese Überzeugungen gelehrt werden können – und angesichts dieser Forschungsergebnisse auch gelehrt werden sollten.

Wie wichtig sind soziale und emotionale Kompetenzen?

Vor zehn Jahren kam der weltweit diskutierte Bestseller von Daniel Goleman heraus, *Emotionale Intelligenz*, in dem Goleman (1997) die zentrale Rolle emotionaler und sozialer Intelligenz für den Lebenserfolg beleuchtete. Auch heute noch werden die beiden Begriffe ausgiebig zitiert, von Lehrpersonen und Therapeuten beschworen – doch meine Erfahrung zeigt, dass im Einzelfall häufig nicht klar ist, was diese Begriffe genau bedeuten. Sie werden auch von pädagogisch oder psychologisch geschulten Fachpersonen ganz verschieden ausgelegt, oft auf der Basis des persönlichen Wertesystems. Dies macht es für Eltern nicht einfach, sich zu orientieren und bei ihrem Kind gezielt die soziale und emotionale Kompetenz zu entwickeln. Ebenso ist es im Berufsleben, wo von Firmen und Arbeitgebern zwar die sogenannten *Soft Skills* als wesentlich für eine erfolgreiche Laufbahnentwicklung oder Führungstätigkeit gepriesen werden, doch oft nur vage Vorstellungen darüber bestehen, woraus genau sie bestehen sollten. Im Arbeitsalltag sind die soziale und emotionale Kompetenz zumeist kein Thema, auch nicht im Schulalltag.

Einige der weiter oben und auch in vorherigen Kapiteln beschriebenen Eigenschaften – Optimismus, die Big Five, Selbstwirksamkeitsüberzeugungen oder Resilienz – spielen sicherlich eine zentrale Rolle.

Generell beschreibt Sozialkompetenz Kompetenzen und Fertigkeiten, die die Beziehungsfähigkeit ermöglichen, etwa soziale Urteilsfähigkeit, Empathie, Kontakt- und Kommunikationskompetenz. Auch die Fähigkeit, Konflikte konstruktiv zu bewältigen und ein gutes Teammitglied zu sein, gehören dazu.

Allerdings beschrieb Daniel Goleman in seinem Buch die emotionale Kompetenz teilweise ganz ähnlich, nämlich als Selbstbewusstsein, Selbstmanagement, soziale Sensibilität und Beziehungsmanagement.

Ist sozial-emotionale Intelligenz wichtig im Arbeitsleben? In einer zunehmend globalisierten, multikulturellen Welt? In den Schulen? Ja sicher – nur, wie soll sie entwickelt werden?

Die kalifornische Nueva School für überdurchschnittlich fähige Kinder entwickelte beispielsweise 1996 einen Lehrplan für Self Science, zur sozial-emotionalen Alphabetisierung, mit den folgenden Schwerpunkten (nach Huber 1996):

- **Selbstwahrnehmung** (sich selbst und die eigenen Gefühle verstehen, Gefühle auch sprachlich ausdrücken und Zusammenhänge zwischen Gedanken, Gefühlen und Reaktionen erkennen)

- **Entscheidungen treffen** (erkennen, ob eine Entscheidung – und ihre möglichen Folgen – vom Denken oder vom Gefühl bestimmt ist)

- **Umgang mit Gefühlen** (erkennen, was «hinter» einem Gefühl steckt, wie etwa eine mögliche Verletzung bei Wut. Wege finden, um mit seinen Gefühlen und Frustrationen fertig zu werden)

- **Mitgefühl und Empathie** (Gefühle und Probleme anderer verstehen und sich in sie hineinversetzen)
- **Kommunikation** (über Gefühle klar sprechen können und ein guter Zuhörer sein)
- sich öffnen, **Vertrauen** in Beziehungen schaffen
- **Einsicht** (Muster im eigenen Gefühlsleben und Reaktionen bei sich und bei anderen erkennen)
- **Selbstakzeptanz** (sich positiv erleben, Stärken und Schwächen anerkennen und über sich lachen können)
- **Kooperation** (Gespür für Gruppendynamik entwickeln und erkennen, wann und wie man sich unterordnen und auch wann man die Führung übernehmen soll)
- **Stressabbau** (lernen, was man mit körperlicher Bewegung, Vorstellungsübungen und Entspannungsübungen für seine Gefühlswelt tun kann).

Die weltweit einzigen Schulen, die meines Wissens diese und ähnliche Inhalte als Teil des regulären Unterrichts auf der Basis spezifischer Lernziele gezielt vermitteln und trainieren, vom Kindergarten bis zur 12. Klasse, sind die internationalen Schulen, besonders diejenigen mit einem International Baccalaureate Program und dessen Vorstufen, das PYP (Primary Years Program) und MYP (Middle Years Program). An diesen Schulen werden zweifellos globale Eliten von morgen ausgebildet.[23] So sind beispielsweise Absolventen dieser Schulen bereits heute bevorzugte Mitarbeitende bei internationalen Organisationen und Firmen, haben sie doch schon seit dem Kindergartenalter den toleranten Umgang mit vielen Nationalitäten gelernt, sowie Präsentationskompetenz und Konfliktbewältigung.

23 siehe auch: Wallis, C., Steptoe, S. How to bring our schools out of the 20th century. TIME Magazine, 10. 12. 2006

Das soziale Umfeld: Eltern und Freunde

Was ist schlussendlich wichtiger: der Einfluss der Eltern oder der Freunde? Vor einiger Zeit plädierte die amerikanische Psychologin Judith Rich Harris für einen größeren Einfluss der Gleichaltrigen, der Peers. Das deutsche Nachrichtenmagazin Der Spiegel fasste ihre Aussagen folgendermaßen zusammen (*Der Spiegel*, 47/98, 16. 11. 1998):

> Was Durchschnittseltern nach Harris' Ansicht übrigbleibt, um dem Nachwuchs einen guten Start ins Leben zu ermöglichen, klingt pragmatisch, aber gesellschaftlich wenig wünschenswert: in ein nettes Viertel ziehen, wo die Kleinen gute Chancen haben, eine artige Peergroup zu finden; die richtigen Klamotten kaufen, damit der Sprössling nicht zum Außenseiter wird; in drastischen Fällen gar den Schönheitschirurgen konsultieren, um dem Kind Hänseleien zu ersparen.

Es stimmt, die Beziehung zu den Gleichaltrigen lässt Schlüsse auf das schulische Engagement zu, selbst wenn die Beziehung zu den Lehrpersonen und Eltern berücksichtigt wird.

Dennoch: eine breit angelegte Untersuchung von talentierten Teenagern konnte zeigen, dass bei diesen jungen Menschen der Unterstützung durch die Familie eine zentrale Rolle zukam (Csikszentmihalyi et al. 1993). Natürlich brachten diese Schülerinnen und Schüler Fähigkeiten und Talente mit, mit denen sie ihre Lehrpersonen beeindruckten. Jedoch hatten sie auch die Persönlichkeitsmerkmale und die familiäre Unterstützung, die den Erfolg in den von ihnen gewählten Domänen begünstigten. Zwei weitere entscheidende Faktoren machte das Forscherteam aus. Diese Familien verfügten in der Regel über einen gehobenen Bildungshintergrund und überdurchschnittliche wirtschaftliche Ressourcen im Verhältnis zu vergleichbaren Familien an ihrem Wohnort. Und: Sie waren ungewöhnlich flexibel, dabei zeigten sie gleichzeitig einen starken Zusammenhalt. Alles sehr günstige Voraussetzungen für Talententwicklung, schlossen die Forscher.

Das soziale Umfeld: Lehrpersonen und weitere wichtige Bezugspersonen

Die zentrale Rolle der primären Bezugspersonen – der Eltern oder auch einzelner Erwachsener, vielleicht Verwandter –, die sich für das Kind interessieren, steht außer Zweifel. Aber auch Beziehungen zu Rollenvorbildern, Lehrpersonen und Mentoren spielen eine wesentliche Rolle.

Eine biografische Studie von Walberg et al. (1981) über 221 bedeutende Männer fand, dass 60 Prozent von ihnen schon früh mit ähnlichen Hochleistern in Berührung kamen. Dabei wurden 78 Prozent zusätzlich von einer Person gefördert, die nicht zum Kreis der Eltern und Lehrpersonen gehörte.

Schon vor längerer Zeit interviewte und testete Roe (1952) 64 hervorragende Wissenschaftler, darunter Biologen, Physiker und Sozialwissenschaftler, alle männlich. Zahlreiche dieser Männer berichteten, dass sie als Studenten kaum auffielen – bis sie mit einer Lehrperson in Kontakt kamen, die ihre Neugier und ihr Interesse auf das Fachgebiet weckte.

Das Forscherteam um Csikszentmihalyi (1993) äußerte sich zusätzlich zu der Art von Beziehung, die sie mit *Lehrling und Meister* betitelte – so typisch für anspruchsvolle Ausbildungen nicht nur in der Kunst und Musik, sondern auch in den Wissenschaften. Das Team identifizierte drei Gründe, die diese Beziehung so wertvoll machen:

- Jemand kann auf sensible Weise auf die persönlichen Bedürfnisse des Studierenden eingehen.
- Falls der Mentor eine praktizierende Fachperson ist, so wird er oder sie zum persönlichen und beruflichen Rollenvorbild.
- Durch diese Art von Mentorat werden sich junge Musiker, Künstlerinnen und Athleten der Langzeitanforderungen in ihrer zukünftigen Karriere eher bewusst – beispielsweise der Wichtigkeit harter Arbeit, sozialer Anerkennung und sozialer Kontakte sowie materieller Faktoren.

Gerade während der Pubertät ist es so wichtig, jungen Menschen eine Langzeitperspektive aufzuzeigen, bei der auch die Begeisterung für die Arbeit und Ausbildung nicht zu kurz kommt. Ja, gefühlsmäßig engagiert, begeistert und interessiert müssen diese Erwachsenen sein, sollen sie junge Menschen nachhaltig motivieren: «Es gibt ein Problem mit unseren technologisch inspirierten Bildungsansichten. Wir schauen Lernen als etwas an, das vor allem der Ratio entspringt. Wir denken, wenn das Material nur gut aufbereitet ist und logisch präsentiert wird, so werden die Schüler schon lernen. Nichts ist weiter von der Wahrheit entfernt.» (Csikszentmihalyi et al. 1993).

Mädchen und Jungen

Wir wissen alle, dass Frauen nicht entsprechend ihrem Anteil in der Bevölkerung und entsprechend ihren Fähigkeiten in leitenden und anspruchsvollen akademischen und geschäftlichen Funktionen vertreten sind. Ohne hier nochmals ausführlich die Gründe dafür zu beleuchten, einige Hinweise für Eltern und Lehrpersonen für faire Chancen während der Schulzeit:[24]

- Werden im Klassenzimmer und in der Schulbibliothek stereotypisierte Darstellungen von Frauen und Männern vermieden?
- Haben Mädchen früh die Gelegenheit, sich an visuell-räumlichen Aktivitäten zu üben, etwa im Zusammenhang mit Mathematik oder Arbeit am Computer, bevor sie sich rollenspezifischer Erwartungen bewusst werden?
- Werden auch Mädchen ermutigt, sich in Wettbewerbssituationen zu behaupten?
- Werden Schülerinnen und ihre Eltern über die breite Palette schulischer und beruflicher Möglichkeiten informiert, die Frauen offen stehen?
- Werden auch Mädchen ermutigt, Gelegenheiten für Führung und Verantwortung am Schopf zu packen?
- Werden Mädchen mit überdurchschnittlichen Fähigkeiten zu anspruchsvollerem Lernen ermutigt?
- Kommen die Mädchen mit einer Vielzahl weiblicher, erfolgreicher Berufsfrauen in Kontakt – entweder direkt oder durch Filme oder Lesestoff?
- Gibt es Möglichkeiten für die Mädchen, geschlechtsspezifische Schwierigkeiten in kleinen Gruppen zu diskutieren, zu Themen wie Selbstvertrauen, Leistungsmotivation, und Weiblichkeit?
- Werden die Vorzüge von beruflichen Leistungen den Mädchen gegenüber genauso betont wie gegenüber den Jungen?

---

24 Aus: Davis, G. A., Rimm, S. B. Education of the gifted and talented. Boston: Allyn & Bacon, 1998, S. 330

Zufallsfaktoren: von vielen Eltern unterschätzt

Renzulli erwähnt in seinem Drei-Ringe-Modell Zufallsfaktoren als ein wichtiges Element bei der Entstehung herausragender Lebensleistungen. Obwohl zweifellos langjährige, gezielte Anstrengung kaum durch etwas zu ersetzen ist, unterschätzen besonders Eltern oft die Rolle von Zufallsfaktoren, wie die Wahl des Lebenspartners, des Wohnortes, der Ausbildungsstätte. Auch wenn diese Faktoren eine bewusste Wahl beinhalten, führen sie zu «zufälligen» Einflüssen. Gewisse Begegnungen können ein ganzes Leben, eine Laufbahn völlig verändern. Nicht alles lässt sich planen.

Und noch etwas: Integrität, persönliche Ethik, Charakterstärke

Das Intelligenzkonzept der Industrienationen, das vor allem auf intellektueller Stärke fußt, wird keinesfalls global geteilt. Auffassungen von Intelligenz sind kulturspezifisch. In Afrika und Asien beispielsweise wird Intelligenz vor allem als soziale Stärke gesehen. Bei den Baoulé in Afrika ist ein zentraler Schwerpunkt des Intelligenzkonzepts die Bereitschaft, anderen zu helfen (Dasen 1984). Technische Fertigkeiten beispielsweise gelten in dieser Kultur nur als ein Mittel, um soziale Ziele zu erreichen.

Auch im deutschsprachigen Raum werden ähnliche Stimmen laut: Für vermehrte Charakterschulung plädiert auf überzeugende Weise der erfahrene und langjährige Schulleiter des Eliteinternats Schloss Salem am Bodensee, Bernhard Bueb (2006), in seinem kürzlich erschienenen Buch *Lob der Disziplin*. Andere haben sich in letzter Zeit zu den großen Gefahren einer verwöhnenden Erziehung geäußert (Pearson und Stamford 2005, Frick 2005). Das Pendel der antiautoritären 1960er-Jahre schlägt zurück, aus guten Gründen.

Global lässt sich – neben den bekannten Auswüchsen von Geld- und Machtgier – eine wachsende Bereitschaft bei wirtschaftlichen Führungsfiguren für ethisch motiviertes gesellschaftliches Engagement beobachten, so für den Umweltschutz. So berichtete kürzlich ein Schweizer Nachrichtenmagazin, dass Milliardäre weltweit gegenwärtig riesige Ländereien aufkaufen und zu Schutzgebieten und Nationalparks erklären, im Bemühen, die Erderwärmung aufzuhalten und die drohende Umweltkatastrophe abzuwenden. Bill Gates und Warren Buffett führen einen beträchtlichen Teil ihres Vermögens einem Engagement für andere und für den Planeten zu.

In einem Grundsatzartikel fragt Joseph Renzulli (2002), wie wir Bedingungen schaffen können, die Kinder dazu ermutigen, ihre Stärken gesellschaftlich konstruktiv einzusetzen. Mit dem Begriff *soziales Kapital* bezeichnet er dabei die Bereitschaft, für andere Verantwortung zu übernehmen, sich konstruktiv zu engagieren oder andere verantwortungsvoll zu führen. Renzulli zitiert den amerikanischen Forscher Reed Larson, der festgestellt hat, dass sich Durchschnittsschüler durchschnittlich während eines Drittels der Zeit im Klassenzimmer langweilen. Larson denkt, dass im fehlenden Engagement für soziale, gesellschaftliche und politische Anliegen der Schlüssel zu dieser inneren Kündigung und zum Aussteigen liegen könnte, die sich leider nicht nur in den USA beobachten lassen. Deshalb plädiert Renzulli für frühe Gelegenheiten, wo junge Menschen echte Verantwortung für andere übernehmen können.

Übrigens, zum Stichwort Langeweile: Die schon früher erwähnte Langzeitstudie von Freeman (2001) widerlegt klar die besonders von besorgten Eltern oft gehegte Ansicht, dass überdurchschnittlich fähige junge Menschen stärker von einem subjektiven Gefühl der Langeweile betroffen sind als andere Schüler. Andererseits fühlen sich eben generell zahlreiche junge Menschen gelangweilt. Für den Verhaltensbiologen Felix von Cube ist Langeweile nichts anderes als Aktionsbereitschaft, für die ein lohnender Einsatz gesucht wird. Diese Aktionsbereitschaft hat auch eine aggressive Komponente, die der Frustration entspringt, wenn diese Handlungsmotivation nicht verwirklicht werden kann. Selbst- und Fremdverletzung oder Vandalenakte können die Folge sein – alle drei sind in den westlichen Ländern zweifellos im Anstieg. Auch erhöhte Ansprüche können resultieren, mit fatalen Folgen für Natur und Gesellschaft (von Cube und Alshuth 1989): «Wer nicht in der Lage ist, seine überschüssigen Aktionspotenziale in lustvoller Weise abzubauen – z. B. durch Exploration, durch Wettbewerb, durch die Lust an gekonnten Fertigkeiten – kommt eher in Versuchung, sein Lustquantum im Bereich erhöhter Ansprüche zu suchen.» Der steigende Bewegungsmangel bei Kindern und Jugendlichen trägt kaum dazu bei, Aktionsbereitschaft konstruktiv abzubauen, auch nicht das Zappen vor dem TV oder PC.

Das Wichtigste in Kürze

- Generell haben Kinder mit kognitiven Entwicklungsvorsprüngen nicht mehr sozial-emotionale Schwierigkeiten als durchschnittlich fähige Kinder, wie zahlreiche wissenschaftliche Untersuchungen belegen.

- In vom Gehirn als Notsituation wahrgenommenen Situationen gewinnt allerdings immer das emotionale Gehirn noch vor dem rationalen, kognitiven die Oberhand und bestimmt das Verhalten.

- Körperliche und emotionale Traumata können sich langfristig belastend auch auf die kognitive Funktionsfähigkeit auswirken. Zur Behandlung stehen der heutigen Psychologie wirksame Interventionen zur Verfügung.

- Bestimmte Verhaltensmerkmale sind besonders relevant für den beruflichen und persönlichen Erfolg: Nämlich das emotionale Wohlbefinden, die aufgeschlossene soziale Orientierung und Gewissenhaftigkeit.

- *Selbstwirksamkeit* bezeichnet die Überzeugung, eine spezifische Herausforderung erfolgreich meistern zu können. Selbstwirksamkeitsüberzeugungen beeinflussen in hohem Maße das Verhalten und entstehen am wirksamsten über aktives Handeln und Bewältigen von Schwierigkeiten.

- Im Gegensatz dazu ist *erlernte Hilflosigkeit* eine erlernte Reaktion auf Misserfolg, die auf längere Sicht zu kognitiven, motivationalen und emotionalen Defiziten führt. Diese problematischen Erklärungsmuster können durch einen konstruktiven inneren Dialog ersetzt werden, beispielsweise mit therapeutischer Hilfe.

- Resiliente Menschen haben emotionale Widerstandskraft, die sie auch widrigen Lebensumständen und Erfahrungen standhalten lässt. Eine stabile und positive emotionale Beziehung zu mindestens einer Bezugsperson ist wesentlich für die Entwicklung von Resilienz.

- Sozial-emotionale Kompetenzen werden zwar häufig diskutiert, jedoch in den meisten Schul- und Arbeitsumgebungen noch zu wenig gezielt gefördert.

Fragen zum Weiterdenken

- Kann ich mich an eine Situation erinnern, in denen mein emotionales Gehirn über meine rationale Denkfähigkeit die Oberhand gewonnen hat?
- In welchen Bereichen beobachte ich bei meinem Kind starke Selbstwirksamkeitsüberzeugungen, in welchen nicht?

Zur Vertiefung

Servan-Schreiber, D. Die neue Medizin der Emotionen. Stress, Angst, Depression: Gesund werden ohne Medikamente. München: Goldmann, 2006.

Kapitel 8

Sinnvolle Frühförderung

Seit kurzem gibt es einen ganz neuen Forschungszweig, die kognitive Entwicklungsneurobiologie. Auch aus der Hirnforschung selbst weiß man heute viel über eine optimale Frühförderung.

Schon längere Zeit war bekannt, dass sich während der ersten fünf bis sechs Lebensjahre das Gehirngewicht verdreifacht. So bestehen zum Zeitpunkt der Geburt erst 25 Prozent der späteren Gehirnmasse, mit fünf Jahren bereits 90 Prozent. Es ist offensichtlich, dass in der dazwischen liegenden Zeit sehr viel passiert. Es gibt Eltern und Pädagogen, die aus diesen Fakten schließen, dass das Gehirn des Kleinkindes mit möglichst vielen Frühlernaktivitäten und Inhalten angefüllt werden sollte. Das ist jedoch falsch, denn so lernt das Gehirn nicht und so hat es noch nie gelernt – seit etwa 40 000 Jahren sind unsere biologischen Programme im Wesentlichen die gleichen geblieben, wie auch die Kognitionsforscherin Elsbeth Stern betont. Deshalb lernen Kleinkinder und überhaupt alle Menschen auch heute noch hirngerecht oder gar nicht.

Während des ganzen Lebens, doch besonders während der Frühkindheit, werden im Gehirn Verknüpfungen geschaffen und wieder gelöst – ganz auf der Basis täglicher Lernerfahrungen jeglicher Art. Dabei verändert sich jeweils nicht nur ein kleiner, örtlich begrenzter Teil, sondern das gesamte Gehirnsystem (Spitzer 2002). Auch sollte zu Beginn der Entwicklung möglichst breit stimuliert werden, denn jede ungenutzte Neuronengruppe im Gehirn wird von benachbarten Gruppen übernommen. Babys und Kleinkinder haben also mit Vorteil von Anfang an Zugang zu möglichst vielen verschiedenen Inhalten: Musik und viele verschiedene Klänge, interessante Gerüche und Geschmackserlebnisse, Berührung möglichst vieler verschiedener Materialien, Farben und Muster zum Anschauen, und vor allem sehr viel Gelegenheit zu körperlicher Bewegung und Berührung.

Da frühes Lernen auch immer sozial und emotional geprägt ist, brauchen Kleinkinder Menschen, die ihnen die Welt übersetzen, Mediatoren gewissermaßen – Menschen, die sie auf Dinge aufmerksam machen, sich mit ihnen freuen, sich mit ihnen gemeinsam interessieren. Der bekannte Entwicklungspsychologe Reuven Feuerstein, der unter anderem mit Piaget an der Universität Genf studierte, hat auf diese wichtige Rolle enger Bezugspersonen aufmerksam gemacht (Feuerstein und Rand 1998).

Auch schon längere Zeit bekannt sind sogenannte sensible Perioden, wo bestimmte Inhalte und Fertigkeiten ganz besonders leicht gelernt werden und damit einen flexiblen Raum für weiteres Lernen schaffen (vgl. **Tab. 8-1**). Allerdings werden wichtige Voraussetzungen für das Lernen aller Inhalte bereits von Geburt an und teilweise bereits auch vorgeburtlich geschaffen. Lernen ist natürlich keinesfalls auf diese sensiblen Perioden beschränkt und kann auch später immer noch stattfinden, viel-

Tabelle 8-1: Sensible Phasen für die Entwicklung von Fähigkeiten nach Begley 1996

Fähigkeit	sensible Phase in Jahren
Muttersprache optimal: möglichst viele Wörter hören, Ermutigung zur Kommunikation – anfänglich auch durch Imitation des Baby Talks (dabei die «Antworten» des Kindes abwarten), häufige Gespräche	0–3 «auditive Landkarten» bereits mit 6 Monaten
Zweitsprache optimal: so früh wie möglich	0–9
Musik frühes Erlernen eines Instrumentes, tägliche Beschäftigung damit	3–9
Mathematik/Logik Es gibt einige Hinweise, dass die frühe Beschäftigung mit Musik das mathematische Lernen begünstigt.	1–4
räumliches Sehen	0–2
Emotionen gut fürs Baby: wenn die Emotionen von den Eltern wahrgenommen und «gespiegelt» werden, Babymassage. Zuneigung und Körperkontakt sind zentral für die Entwicklung von Urvertrauen, Bindungs- und Lernfähigkeit. Mangelerfahrung beim Baby hat langfristige Auswirkungen.	0–8
Bewegung Tägliche, vielseitige Bewegung spielt eine zentrale Rolle für die Entwicklung der Lernfähigkeit.	0–4

leicht mit nicht ganz so großer Leichtigkeit. Das Gehirn von Kleinkindern weist eine sehr große Plastizität auf.

Das Gehirn ist auch außerordentlich verletzlich – mehr als man je dachte. Wenn immer möglich, sollten Kinder und Jugendliche deshalb beim Skifahren, auf dem Fahrrad und Mofa und bei ähnlichen Aktivitäten einen Helm tragen. Stürze oder Kopfbälle, wie beim Fußball, können sehr schädlich sein, denn das Gehirn ist weich wie Butter und sehr schnell verletzt, auch wenn weder ein äußerlich sichtbarer Schaden noch eine Bewusstlosigkeit resultieren.

Nicht nur Babys und Kleinkinder wollen multisensorisch lernen – über das Betasten und Begreifen, das Hören, Riechen, Schmecken und ganz besonders über die Bewegung – denn so lernt das Gehirn in jedem Alter am schnellsten und wirksamsten. Vernetzung wird dabei vor allem über die Bewegung erreicht. Weil Kleinkinder nur begrenzte Zeit wach sind, sollten sie diese kurze Zeit unbedingt mit Menschen, Tieren, Pflanzen oder Spielzeug verbringen. Deshalb sprechen sich Hirnforscher wie Manfred Spitzer mit Nachdruck gegen Computer- und Fernsehprogramme für Kleinkinder aus: «Wenn ich diese innere Repräsentation (die erst durch hirngerechtes Lernen entwickelt wird) nicht habe, kann ich auch die buntesten Bilder und die schrillsten Töne aus dem Computer gar nicht verstehen [...]. Computer haben im Kinderzimmer, in Kindergärten und in der Vorschule absolut nichts zu suchen.» (Spitzer 2002). Und das gilt nicht nur für Computer, sondern auch für formelle Lernprogramme und schulähnliche Aktivitäten jeglicher Art. *Immer gilt: Zuerst die konkrete Anschauung, dann die Abstraktion.* Elsbeth Stern befürwortet beispielsweise zwar das frühkindliche Erlernen von Fremdsprachen im natürlichen sozialen Umfeld, jedoch nicht einen frühen Fremdsprachunterricht: «Unterricht ist etwas ganz anderes als das natürliche Lernen einer zweiten Muttersprache in bilingualen Familien.» (Stern in Kahl 2003).

In diesem Zusammenhang zwei Beispiele:

- Vor einiger Zeit kam ein chinesisches Elternpaar mit seinem zweijährigen Sohn zu uns, weil es sich Feedback darüber erhoffte, wie der Kleine am besten zu fördern sei. Sie hatten einen PC mitgebracht und der kleine Junge sollte nun zeigen, was er darauf schon alles konnte – dazu hatte der Junge angesichts der vielen interessanten Spielsachen im Zimmer allerdings gar keine Lust.
- Uns ist eine junge Frau bekannt, die an der ETH Zürich schon mit kaum mehr als 25 Jahren ihre Studien in Mathematik mit einem

> Doktorat abschloss und offensichtlich in der Mathematik ausgesprochen hoch leistend war. Ich fragte die Eltern einmal, wie sie die junge Frau denn als Kind gefördert hätten. Diese sagten mir daraufhin, als Mädchen habe ihre Tochter sehr viel Zeit im Sandkasten verbracht, beim Bauen, Schaufeln und Konstruieren.

So sind denn ein solides Vorwissen auf der Basis vielfältiger multisensorischer Erfahrungen, ein guter Wissensaufbau und die laufende Ermutigung zum Lernen und Ausprobieren sicher die besten Voraussetzungen für den Erwerb späteren abstrakten Wissens. Ganz neu sind diese Erkenntnisse nicht, denn schon vor den Fakten aus der Gehirnforschung wurden ähnliche Empfehlungen von bekannten Wissenschaftlern und Pädagoginnen wie Jean Piaget, Maria Montessori und auch Rudolf Steiner vertreten. Auch die Empfehlungen des Schweizer Schulmeisters Pestalozzi drückten mit *Kopf, Herz und Hand* Ähnliches aus.

Die Bedeutung von täglicher körperlicher Bewegung für hirngerechtes Lernen wurde schon erwähnt, und fast alle Kinder haben ja von sich aus ein natürliches starkes Bewegungsbedürfnis – dem allerdings auch auf jeden Fall entsprochen werden sollte. Dieser Meinung ist aus anderen Gründen auch der Verhaltensbiologe Felix von Cube in seinem Buch *Fordern statt verwöhnen* (von Cube 1999). Von Cube führt aus, wie wichtig die Erkenntnisse der Verhaltensbiologie für Eltern und Erzieher sind. Denn Fördermaßnahmen richten sich nicht nur an das entwicklungsgeschichtlich sehr junge Großhirn, sondern an unser uraltes stammesgeschichtliches Programm. Er betont die Bedeutung des Neugiertriebes und seiner Befriedigung durch multisensorische Aktivitäten wie Anfassen, Riechen oder Schmecken sowie von Bewegungsspielen für die menschliche Entwicklung. Die Erziehung solle gezielt einer vorschnellen Befriedigung des Neugiertriebes entgegenwirken, Explorationen und auch eventuell resultierende Fehler und Probleme konsequent ermutigen.

Eltern und Lehrpersonen tun also gut daran, offene Fragen auch einmal im Raum stehen zu lassen und nicht immer gleich auf alles eine Antwort oder Lösung bereit zu haben. Im Gegenteil, sie können Kinder immer wieder einmal mit Ungereimtheiten und ungelösten Schwierigkeiten konfrontieren, mit der Ermutigung, es doch einfach einmal zu versuchen.

Ich habe Eltern schon sagen hören, wie kompliziert heute alles sei, und was man bei der Förderung eines Kindes alles beachten müsse. Eigentlich ist es gar nicht so schwierig, wenn man sich an einige einfache Leitplanken hält. Wir müssen uns bewusst sein, dass wir immer fördern, ob wir dies beabsichtigen oder nicht. Die Frage ist lediglich – wie? Wenn ein Baby den ganzen Tag in seinem Kinderbettchen liegt und die weiße Zimmerdecke anschaut, so ist das auch Förderung, wenn auch eine sehr eingeschränkte. Daher gilt für Förderung: *Je früher, desto besser. Je mehr, desto besser (aber mit Vernunft, Liebe und Sensibilität fürs Kind, bitte). Und multisensorisch!*

Was bedeuten überdurchschnittliche Fähigkeiten bei Kindern im Vorschulalter?

Sarah ist vier Jahre alt und kann lesen. Die Buchstaben hat sie einzeln von den Eltern erfragt, eines Tages las sie dann einfache Kinderbücher. Gleichzeitig hat sie den Eltern schon mehr als einmal signalisiert, dass sie gerne lernen würde, Geige zu spielen. Seit einem Konzert will ihr dieses Instrument nicht mehr aus dem Kopf.

Ist Sarah *hoch begabt*? Was ist von Hinweisen auf altersuntypische Fähigkeiten und Interessen bei Kindern im Vorschulalter zu halten? Wie können Eltern damit umgehen, was gilt es beim Kindergartenbesuch und bei der Einschulung zu beachten?

Schon bei Kindern im Vorschulalter lassen sich Hinweise auf verschiedene Ausprägungen menschlicher Intelligenz finden, etwa so, wie sie Howard Gardner beschrieben hat (siehe auch Kap. 2, S. 39). So beobachten Eltern dann etwa:

Sprachliche Fähigkeiten – das Kind …

- … hat einen reichhaltigen Wortschatz und kann sich gewählt ausdrücken. Manchmal irritiert es unbeabsichtigt Gleichaltrige mit differenzierten Ausdrücken.
- … hat ein gutes Gedächtnis für Gedichte, Lieder und Geschichten.
- … lernt schon vor der Einschulung mit wenig Hilfe lesen und beschäftigt sich dann vielleicht unter anderem mit Nachschlagewerken und Lexika. Seine Begeisterung fürs Lesen hält an.

Mathematische Fähigkeiten – das Kind …

- … bevorzugt Spiele, die eher vom Kombinationsvermögen (Organisieren, Sortieren, Klassifizieren) und weniger vom Glück abhängen.

- ... stellt früh von sich aus Vergleiche an wie größer/kleiner, länger/kürzer, höher/niedriger.
- ... zählt schon früh über 10 und 20 hinaus.
- ... stellt und löst einfache Rechenaufgaben, möchte mit den Eltern rechnen.

Sozial-emotionale Fähigkeiten – das Kind ...

- ... ist kontaktfreudig und geht offen auf andere zu. Es sucht und findet mit Leichtigkeit Spielkameraden, oft verschiedenen Alters.
- ... zeigt einen ausgeprägten Gerechtigkeitssinn.
- ... zeigt häufig Mitgefühl für andere und ist sensibel für die Gefühle anderer.
- ... beschäftigt sich gerne und viel mit Rollenspielen, mag Theater.
- ... zeigt einen auffallenden Sinn für Humor.

Visuell-räumliche Fähigkeiten – das Kind ...

- ... geht äußerst geschickt mit Lego®, Puzzles und Konstruktionsspielen um.
- ... mag Konstruktionsspielzeug, das für wesentlich ältere Kinder gedacht ist.
- ... kann sich an einem fremden Ort schnell räumlich orientieren, es erkennt mit Leichtigkeit Orte wieder, wo es schon einmal war.
- ... ist für «schöne» Dinge (Blumen, Farben, Ästhetik) besonders empfänglich und legt viel Wert auf Dinge wie Kleidung oder seine Zimmereinrichtung.

Bewegungsorientierte Fähigkeiten – das Kind ...

- ... ist ein Bewegungstalent: Es agiert grobmotorisch geschickt und zeigt auffallendes Talent und Interesse für eine oder verschiedene Sportarten.

Musikalische Fähigkeiten – das Kind ...

- ... reagiert sehr sensibel auf Musik.
- äußert wiederholt den Wunsch, ein Musikinstrument spielen zu wollen.

Naturbezogene Fähigkeiten – das Kind …

- … hilft auffallend gerne im Garten mit, interessiert sich im Wald intensiv für Pflanzen und Tiere.
- … sammelt Dinge wie Steine oder Kristalle, eignet sich über bestimmte Themen ein auffallendes Spezialwissen an (z. B. Dinosaurier, Mineralien).
- … kocht gerne.
- … zeigt ein starkes Interesse für Orte wie den Wald, den Zoo oder einen botanischen Garten.

Interessen kindgerecht unterstützen

Um ihr Vorschulkind einfühlsam und wirksam zu unterstützen, können Eltern, je nach Interesse des Kindes:

- ein vielfältiges Angebot an altersgerechten, bebilderten (Sach-) Büchern und Materialien über Themen anbieten, die ihr Kind begeistern.
- Ausflugsziele auf die jeweiligen Interessen ihres Kindes abstimmen, doch auch neue Themen aufgreifen – besonders solche, die auch die Eltern interessieren.
- ihr Kind früh an eine Fremdsprache heranführen (oder an zwei oder drei), etwa durch eine Spielgruppe mit fremdsprachigen Kindern mehrmals wochentlich. Kurse sind fur diese Altersgruppe nicht geeignet, da sie insgesamt zu selten stattfinden.
- das Kind immer wieder zum Sprechen ermutigen, ihm nicht *alles von den Augen ablesen.*
- fremdsprachige Lieder singen, den Kontakt mit Kindern oder Erwachsenen aus anderen Kulturen ermöglichen – und überhaupt viel singen, reimen und verschiedene «Klangmacher» ausprobieren.
- ihr Kind in möglichst viele Alltagstätigkeiten mit einbeziehen (Mithilfe im Haushalt, beim Kochen, im Garten, bei der Pflege von Tieren), ihm echte Verantwortung übertragen.
- vorwissenschaftliche Aktivitäten anregen: beobachten, aufzeichnen, diskutieren – möglichst an Beispielen aus Wald, Feld und Garten.

- grundsätzlich alle Fragen ihres Kindes beantworten, gemeinsam Alltagsfragen besprechen. Mit dem Kind überlegen, warum Dinge im Alltag so gemacht werden und nicht anders – und auch, wie man sie anders machen könnte.
- Selbst- und Sozialkompetenz durch regelmäßige soziale Kontakte zu Menschen jeden Alters fördern. Dabei beachten, dass schüchterne und introvertierte Kinder mit größeren Gruppen oft überfordert sind und innerhalb von Zweier- oder Dreierbeziehungen leichter soziale Kompetenzen erwerben können.
- ein vielseitiges Angebot von Bewegungsmöglichkeiten machen – ob auf dem Spielplatz, im Wald, im Schwimmbad oder im Garten – und dies am besten täglich.
- das Körperbewusstsein ihres Kindes schon früh durch gemeinsame Aktivitäten wie Babymassage oder Bodypainting mit Fingerfarben oder Schokoladenpudding (am besten in der Badewanne) fördern.
- ein interessantes Angebot an Lego®, Bauklötzen, Formenspielen wie Tangram und Puzzle und mathematischen Spielzeugen bereitstellen.
- ihr Kind je nach Vorliebe eine Sportart regelmäßig ausüben lassen, oder ihm den Besuch einer Theater- oder Ballettgruppe ermöglichen.
- ihr Kind zum Besuch eines Malateliers ermutigen, wo Ausdrucksmalen praktiziert wird.
- das frühe Erlernen eines Musikinstrumentes ermöglichen.
- mit ihren Kindern Ausflüge zu technischen oder wissenschaftlichen Museen oder zum Bahnhof oder Flugplatz machen.

Wichtig ist in jedem Fall, verlässliche zeitliche Strukturen zu schaffen, die genügend Zeit für Muße und Nichtstun lassen. So weist Brigitte Rollett, Professorin für Entwicklungspsychologie an der Universität Wien, darauf hin, dass ein ruhiges und gut strukturiertes Umfeld besonders während der Frühphase wichtig für die Entwicklung überdurchschnittlicher Fähigkeiten bei Kindern ist. Gut ist es auch, kleine Kinder nicht mit einer Fülle von Spielzeug zu verwirren. Außerdem sollte – im Sinne von Ermutigung zu Engagement und Durchhaltevermögen – kindliches Spiel nicht laufend unterbrochen werden. Wie auch bei älteren Kindern sollte schon früh eher die Anstrengung als das tatsächliche Resultat verbal belohnt werden: «Das finde ich schön, wie du bei deiner Zeichnung so viele verschiedene Stifte ausprobiert hast und so viel Geduld gehabt hast.»

Und Vorsicht: Zwang und Drill sind auf jeden Fall kontraproduktiv. Bei überforderten Kindern werden im Gehirn Nervenzellen geschädigt, da sie die Flut der Reize nicht angemessen verarbeiten können, weiß die Neuropsychologie.

Die Suzuki-Methode: Musikalische Früherziehung

Ein interessantes Beispiel sinnvoller Frühförderung sei hier noch besonders erwähnt, die Suzuki-Methode. Shinichi Suzuki, ein japanischer Violinist und Pädagoge, begann nach dem Zweiten Weltkrieg mit der Verbreitung seiner Methode zur musikalischen Früherziehung. Suzuki plädiert für einen sehr frühen Beginn des musikalischen Lernens, in der Regel ab drei Jahren. Kinder lernen anfangs vor allem durch Nachahmung, das Notenlesen kommt erst später.

Suzukis Überzeugung, dass Talent *kein Zufall der Geburt* sei, ist vor dem Hintergrund der Expertiseforschung und der Neurowissenschaften sehr aktuell - dabei hat Suzuki seine Methode eher auf den Grundannahmen des Zen-Buddhismus entwickelt. Zen-Buddhisten glauben, dass erst die geduldige und richtige Anstrengung ständiger Wiederholung zur Entwicklung menschlicher Fähigkeiten führt – wie gesagt, eine eigentlich sehr aktuelle Sichtweise. Deshalb gibt es für Suzuki auch keine unterdurchschnittlichen Begabungen: Fähigkeiten manifestieren sich erst durch geduldiges Tun.

Die Suzuki-Methode ist in den USA inzwischen weit verbreitet, nach Europa kam sie zu Beginn der 1970er-Jahre.[25] Eine ähnliche Methode zur musikalischen Früherziehung, beruhend auf ähnlichen Grundannahmen, wurde übrigens zu Beginn des 20. Jahrhunderts vom ungarischen Komponisten und Pädagogen Zoltán Kodály entwickelt. Es ist im Hinblick auf die aktuellen Erkenntnisse der Neurowissenschaften wohl sehr vorteilhaft, Kinder schon sehr früh zu einer regelmäßigen, lustvollen Disziplin anzuleiten, die zum Erwerb von Expertise führt, sei dies in der Musik oder im Sport.

---

25 Siehe auch: www.suzuki-music-method.ch und www.hofer-symphoniker.de (Zugriff: 17. 9. 2007)

Wann ist eine genaue Abklärung der kindlichen Fähigkeiten angebracht?

Sobald Entscheidungen, wie eine vorzeitige Einschulung, oder Probleme anstehen – ob zu Hause oder im Kindergarten –, kann sich eine Abklärung des Entwicklungsstands lohnen. Selten sind stark ausgeprägte Fähigkeiten die einzige Ursache für Schwierigkeiten im Kindergarten und in der Schule, auch später nicht. Die Gründe hierfür wurden bereits ausführlich diskutiert. Zu beachten ist, dass bei einer Abklärung oder Potenzialanalyse wirklich nur der aktuelle Entwicklungsstand erfasst wird, im Sinne einer Momentaufnahme. Das Fähigkeits- und Interessenprofil eines Kindes ändert sich im Laufe der Entwicklung. Je jünger und je fähiger ein Kind ist, desto unzuverlässiger sind Testwerte. Vorsicht: Nicht immer, wenn das Kind *Langeweile* beklagt, müssen überdurchschnittliche Fähigkeiten die Ursache sein. Selbst wenn sich aufgrund einer Potenzialanalyse herausstellt, dass die Fähigkeiten des Kindes in verschiedenen Bereichen überdurchschnittlich sind, so ist dies kein Grund für eine frühzeitige Etikettierung des Kindes. Besser ist es, dem Kind fortlaufend zu helfen, die Fähigkeiten in seiner Lebenswelt bestmöglich umzusetzen.

Brauchen Kinder mit überdurchschnittlichen Fähigkeiten einen speziellen Kindergarten?

Ob die Kindergartenzeit für ein Kind positiv verläuft, ist in der Regel stark von der Lehrperson und nicht zuletzt auch von der Gruppenzusammensetzung abhängig. Eine reichhaltige Umgebung mit vielen Anreizen ist wichtig, ebenso entscheidend ist aber auch eine warmherzige und interessierte Lehrperson. Für Kinder mit sehr guten sprachlichen Fähigkeiten ist ein zweisprachiger Kindergarten ideal. Nicht immer ist eine Privatschule die beste Lösung – es gibt hervorragenden Unterricht auch im Rahmen des öffentlichen Kindergartens. Sobald jedoch größere Probleme auftauchen – beispielsweise wenn das Kind nach einiger Zeit den Besuch des Kindergartens verweigert oder am Morgen häufig weint, lohnt sich eine umfassende Abklärung der Situation.

Es gibt Lernumgebungen für Kinder im Vorschulalter, die wesentliche aktuelle Erkenntnisse der Hirnforschung, der Intelligenzforschung und der Frühpädagogik überzeugend umsetzen. Die Konzepte von Pädagoginnen wie Maria Montessori – aktives, eigenständiges Tun – sind aktueller denn je.

In den frühen 1990er-Jahren berichtete das amerikanische Nachrichtenmagazin Newsweek, dass die Vorschulen der Reggio Emilia in Norditalien zu den besten der Welt gehören. Die Vorschulpädagogik der Reggio Emilia wurde nach dem Zweiten Weltkrieg durch einen jungen Journalisten initiiert und war von den theoretischen Ansätzen von Montessori, Vygotsky, Dewey, Bruner und Piaget beeinflusst. Auch heute noch florieren diese Kindergärten, gemeinsame Forschungsaktivitäten werden mit der Gruppe um Howard Gardner an der Harvard University umgesetzt.

Die Kinder in der Reggio Emilia beschäftigen sich mehrere Monate lang mit einem Bereich, der ihnen interessant scheint und zu vielfältigen, interdisziplinären Folgeaktivitäten führt. Eine wichtige Aufgabe der Erwachsenen besteht darin, die Arbeiten und Aktivitäten der Kinder zu protokollieren, beispielsweise mit Hilfe von Fotos oder Videoaufnahmen. Auf diese Weise beschäftigen sich die Kinder mit Kunst, Naturwissenschaften, Schreiben oder Mathematik – um nur einige Bereiche zu nennen. Gardner meint dazu: «Reggio ermutigt die differenzierte Beschäftigung multipler Repräsentationen, multipler Intelligenzen.»[26]

Wie steht es mit einer vorzeitigen Einschulung?

Kinder, die in vielen Bereichen schon sehr gut entwickelt sind und sich im Kindergarten offensichtlich langweilen – vielleicht den Kindergartenbesuch verweigern, regelmäßig unzufrieden aus dem Kindergarten kommen oder häufig über körperliche Beschwerden wie Kopf- oder Bauchschmerzen klagen, sind möglicherweise Kandidaten für eine vorzeitige Einschulung. Zu sagen ist dazu allerdings auch, dass in einem hervorragenden Kindergarten in der Regel keine Langeweile aufkommt, da dem Denken und Erforschen der Kinder dort keine künstlichen Altersgrenzen gesetzt werden. Untersuchungen aus der Schweiz zeigten teilweise, dass in traditionellen Strukturen das Überspringen der ersten Klasse nicht ideal ist, denn das Kind hat so keine Möglichkeit, sich an den Schulbetrieb mit seinen veränderten Anforderungen zu gewöhnen. Stamm (2005) fand allerdings, dass insgesamt mehr für eine frühzeitige Einschulung sprach als für das spätere Überspringen von Klassen, denn früher

26 Für Literatur zur Arbeit der Reggio Emilia: www.dialog-reggio.ch/seiten/buecher.html (Zugriff: 17.9.2007)

eingeschulte Kinder hatten positivere Schullaufbahnen als Überspringer, die nicht selten später eine Klasse wiederholen mussten. Auf jeden Fall sollte eine individuelle Lösung gesucht werden, die auf die Bedürfnisse des Kindes abgestimmt ist.

Vorgeburtliche Einflüsse

Im Hinblick auf die Entwicklung von Fähigkeiten, von Resilienz und sozial-emotionalen Stärken spielen jedoch nicht nur die ersten Jahre des Lebens eine entscheidende Rolle, sondern bereits die vorgeburtliche Entwicklung – und davor die Lebensweise der Eltern. Darum sollen einige dieser Einflüsse hier der Vollständigkeit halber erwähnt werden (s. **Tab. 8-2**). Viele sind erst in den letzten Jahren vermehrt erforscht worden, und es gibt Hinweise, dass die vorgeburtlichen Einflüsse schwerer wiegen, als bisher angenommen. Die Forschungsresultate belegen insgesamt eindrücklich, dass Erbanlagen und Erfahrungen in ständigem Wechselspiel stehen.

Tabelle 8-2: Entwicklungsrelevante vorgeburtliche Einflüsse

Faktor	positiv für die Entwicklung	problematisch für die Entwicklung
Ernährung	Die optimale Versorgung mit Nährstoffen bildet reich ausgestaltete neuronale Netzwerke, führt zu optimalen Lernprozessen.	Giftstoffe wie Schwermetalle, Nikotin, Alkohol und weitere Drogen
emotionaler Grundtonus der Mutter	Ausgeglichene Emotionen bei der Mutter, positive Beziehungen und angenehme Lebensumstände	Schwierigkeiten wie Depression bei der Mutter wirken sich unter anderem via biochemische Botenstoffe problematisch auf das Gehirn des Ungeborenen aus.
Stimulation über das Ohr	Es gibt Hinweise, dass Faktoren wie Musik (wie etwa Brahms, Mozart oder Vivaldi) oder das «Gespräch» der Mutter mit dem Ungeborenen die Hirnreifung positiv beeinflussen.	

Faktor	positiv für die Entwicklung	problematisch für die Entwicklung
Stress	Gelegentlicher Stress der Mutter schafft für das spätere Überleben wichtige Verbindungen im Gehirn des Fötus und erleichtert die spätere Stressresistenz.	Chronischer Stress der Mutter führt zu einem in Bezug auf Stress übermäßig ausgeprägten neuronalen Netzwerk, die Babys werden später oft zu «Schreikindern».
Bewegung	Regelmäßige Bewegung im Mutterleib entwickelt neuronale Funktionen, die auch für die spätere Lernfähigkeit wesentlich sind.	Beeinträchtigte Bewegung (etwa durch häufiges Liegen der Mutter während der Schwangerschaft) ist ein Risikofaktor.
Geburtsumstände	Eine normale Termingeburt, Wassergeburten	Eine schwierige Geburt oder auch ein Kaiserschnitt kann sich langfristig emotional und körperlich auswirken. Prävention nach der Geburt: Osteopathie oder Kraniosakraltherapie für Babys

Das Wichtigste in Kürze

- Die Zeit vor der Einschulung ist in Bezug auf die Entwicklung kognitiver Fähigkeiten und sozial-emotionaler Kompetenzen von größter Wichtigkeit, dies nicht nur wegen der sensiblen Phasen, in denen besonders leicht gelernt wird.
- Alle Menschen, und insbesondere Babys und Kleinkinder, lernen am wirksamsten multisensorisch: besonders über die körperliche Bewegung, aber auch über die übrigen Sinne.
- Babys und Kleinkinder haben vor TV und PC nichts zu suchen, da diese Aktivitäten wertvolle Zeit verschwenden, die besser zur aktiven Exploration genutzt wird.
- Über eine Vielzahl handlungsorientierter, multisensorischer Aktivitäten können von Kindern ausgedrückte Interessen gefördert und neue geweckt werden.

- Ein gut strukturiertes Umfeld und verlässliche zeitliche Strukturen sind für die Entwicklung überdurchschnittlicher Fähigkeiten bei Kindern von großer Wichtigkeit.
- Konzentration und Aufmerksamkeit werden bei Kleinkindern unterstützt, indem nicht zu viel Spielzeug aufs Mal zur Verfügung steht und das kindliche Spiel nicht immer wieder unterbrochen wird.
- Einige Lernumgebungen für Vorschulkinder setzen aktuelle Erkenntnisse der Hirnforschung, der Intelligenzforschung und der Frühpädagogik überzeugend um. Dazu gehören beispielsweise die Montessori-Schulen und die Vorschulprogramme der norditalienischen Reggio Emilia.
- Wichtige vorgeburtliche Einflüsse auf die kognitive und emotionale Entwicklung sind u. a. die Ernährung und der emotionale Grundtonus der Mutter, die regelmäßige Bewegung im Mutterleib, die Geburtsumstände und vermutlich auch die vorgeburtliche Stimulation über das Ohr.

Fragen zum Weiterdenken

- Inwieweit spiegelt die Vorschulumgebung meines Kindes die hier aufgeführten Faktoren für eine stimulierende und gut strukturierte Frühentwicklung wider?
- Welche Interessen habe ich bei meinem Vorschulkind beobachtet, besonders in Bezug auf die acht Intelligenzen von Howard Gardner?

Zur Vertiefung

Burt, S. und Perlis, L. Mein Kind hat Talent. Begabungen entdecken und fördern. Freiburg: Herder Spektrum, 2000.

Bühler, D. und Rychener, I. Jedes Kind hat starke Seiten. Wie Eltern Begabungen richtig erkennen und fördern. Zürich: Atlantis pro juventute, 2004.

Kapitel 9
Potenzialentwicklung im Schulalter und auf dem Weg zum Beruf

> Ich habe immer darauf geachtet, dass das schulische Lernen nicht meine Bildung beeinträchtigt.
> Mark Twain

Welche Einflüsse ermöglichen Kindern einen guten Start? Spielt es im Hinblick auf die spätere schulische und berufliche Entwicklung überhaupt eine Rolle, was während der ersten Schuljahre passiert?

Auf der Basis ihrer langjährigen und umfassenden Untersuchungen von Frühlesern und Frührechnern – wohl einzigartig im deutschsprachigen Raum – misst Stamm (2005) der Einschulungsphase eine zentrale Bedeutung zu, und damit der Qualität und Angemessenheit des Erstunterrichts für ein spezifisches Kind. Die individuelle und passende Förderung führt zu einer positiven Lerngeschichte in den ersten Schuljahren und damit einer steten Aufwärtsspirale in wesentlichen Bereichen – der Leistungsentwicklung, dem Schulerfolg, der Beziehung zu Lehrpersonen und Klassenkameraden –, die spaterer Minderleistung vorbeugt.

Stern (1998) untersuchte in einer Langzeitstudie über 15 Jahre hinweg die Lernentwicklung von mehreren hundert bayrischen Kindern. Alle Lernenden, die gute mathematische Leistungen in der 11. Klasse zeigten, hatten bereits in der 2. Grundschulklasse mathematisches Verständnis gezeigt. Es gab allerdings solche, die in der 2. Klasse noch mathematisch interessiert waren, diese Kompetenzen jedoch im Laufe der Schulzeit verloren. Und Stern fand keinen einzigen Schüler, bei dem in den unteren Klassen Versäumtes später korrigiert werden konnte.

Auch die Expertiseforschung legt nahe, dass besonders in der Mathematik und den Naturwissenschaften ein sorgfältiger, domänenspezifischer Aufbau von zentralen Konzepten und Kompetenzen schon früh wesentlich für eine spätere erfolgreiche Weiterentwicklung des Lernens in diesen Bereichen ist.

Freeman (2001) schloss auf der Basis ihrer Langzeitstudie von Kindern verschiedener Intelligenzniveaus, dass ungeachtet der Testintelligenz die Verfügbarkeit guter Schulen wesentlich war, ebenso das Engagement und Vorbild der Eltern. Dies überrascht kaum.

Wie sehen günstige Lernumgebungen aus?

Wenn wir an Schulumgebungen zurückdenken, die uns motivierten, inspirierten und beflügelten, so denken wir bestimmt in erster Linie einmal an besondere Lehrpersonen, deren Einfluss selbst aus der Warte eines Erwachsenen noch außergewöhnlich scheint. Diese Lehrpersonen vermitteln zumeist etwas, das über bloßen Stoff weit hinausgeht, nämlich Werte, eine Haltung, Menschlichkeit. Oft sind sie in der Lage, das noch kaum Sichtbare, Spezielle in ihren Schülern zu sehen, das über bloßes Potenzial hinausgeht. Und sie sind begeistert von ihrer Tätigkeit und von ihrem Fachgebiet. Kinder und Jugendliche, die das Glück haben, bei ihnen zur Schule zu gehen, haben niemals diese von Elsbeth Stern beschriebene Haltung: «Man geht zur Schule wie zum Zahnarzt und versucht, sich vor dem Schmerz zu drücken oder ihn zu ertragen.»

Stern (in Staub und Stern 2002) beklagt, dass in unseren Schulen immer noch zuviel isoliertes Faktenwissen auswendig gelernt werde, das als *träges Wissen* keine Verknüpfungen mit schon Bekanntem im Gehirn erlaube. Dahinter steht bei vielen Lehrpersonen, besonders auf den höheren Klassenstufen, leider immer noch die Sicht des Schülergehirns als Trichter, den es nur auf direktem Wege mit Wissen aufzufüllen gilt. Das funktioniert auch oft – bis zur nächsten Prüfung. Viele dieser Lehrpersonen wären wohl entsetzt, würde überprüft, wie wenig des Materials nach ein oder zwei Jahren noch vorhanden ist – glücklicherweise vielleicht. Eine von Elsbeth Stern und dem Schweizer Fritz Staub durchgeführte Untersuchung konnte zeigen, dass Lehrpersonen, die das Lernen als individuellen, aktiven Konstruktionsprozess von Wissen verstehen, die Lernenden zu deutlich überlegenen Resultaten beispielsweise in der Mathematik führen konnten.

Zum aktiv konstruierenden Lernen gehören immer die Möglichkeit zum aktiven und eigenverantwortlichen Tun, die Gelegenheit, Fehler zu machen, vielfältige Anreize und eine konkrete Anleitung zum Erwerb vielfältiger Fertigkeiten und Kompetenzen. Diese Art von Pädagogik wurde in Europa beispielsweise von Maria Montessori und von Célestin Freinet vertreten, in den USA von John Dewey. Hier ein entsprechendes

Zitat von Freinet: «Jede Methode, die vorhat, das Pferd, das keinen Durst hat, zu tränken, ist bedauerlich. Jede Methode, die den Appetit auf Wissen anregt und das starke Bedürfnis nach Arbeit verstärkt, ist gut.»

Aus dieser Perspektive sollte es schon zu denken geben, dass ein Großteil der Abiturienten und Maturanden nach Jahren der akademischen Zwangsfütterung einen Zustand erleben, der einem Burn-out sehr nahe kommt, wie wir bei unserer Beratungstätigkeit immer wieder beobachten. Studierenden geht es beim Abschluss des universitären Studiums besonders in Europa oft leider ähnlich.

Vertreter eines eigenverantwortlichen, lustvollen Lernens auf der Basis konkreter Erfahrungen sind beispielsweise die Pädagogen in der italienischen Reggio Emilia auf Kindergartenstufe, in Deutschland Heinz Klippert und in den USA Jerome Bruner mit dem selbstständigen Entdeckungslernen, Sally Reis und Joseph Renzulli mit dem Schulischen Enrichment Modell SEM. So diskutiert Klippert (2001) eine beim eigenverantwortlichen Lernen veränderte Lehrer- und Schülerrolle (s. **Tab. 9-1**).

Zu erwähnen sind auch die zahlreichen Forschungsarbeiten von Benjamin Bloom, in denen er bereits vor der Expertenforschung der letzten Jahre nachwies, dass bei entsprechender Förderung in Schule und Elternhaus praktisch alle Kinder zu hohen Leistungen fähig sind (Bloom 1985). Bloom war einer der sehr frühen Vertreter eines zielgerichteten Mastery-Learnings, wo Lernende nicht miteinander verglichen werden, sondern am Grad des Erreichens individuell bestimmter Ziele gemessen werden.

Tabelle 9-1: Veränderte Lehrer- und Schülerrolle beim eigenverantwortlichen Lernen. (nach Klippert 2001, S. 50)

Lehrperson	Lernende	Resultat für die Lernenden
■ traut den Schülern etwas zu ■ organisiert und moderiert ■ wirkt als Berater ■ führt durch Zielvorgaben ■ lässt Fehler und Lernumwege zu ■ etc.	■ übernehmen Verantwortung ■ arbeiten selbstständig ■ kooperieren in Gruppen ■ planen und gestalten ■ lösen Probleme ■ etc.	■ Selbstständigkeit ■ Problemlösungsfähigkeit ■ Sozialkompetenz ■ Eigeninitiative ■ Fachkompetenz ■ Verantwortungsgefühl ■ etc.

Auch neue Technologien können aktives Lernen unterstützen (Bransford et al. 1999), denn:

- Zahlreiche neue Technologien sind interaktiv. Auf diese Weise können Lernumgebungen geschaffen werden, wo *learning by doing* möglich wird, Feedback gegeben und neues Wissen auf der Basis von Bestehendem aufgebaut werden kann.
- Komplexe Konzepte können besser visualisiert werden, Umgebungen außerhalb der Schule können simuliert werden.
- Umfassende Datenquellen können digital erschlossen werden, wie digitale Bibliotheken, Fachpersonen, die Feedback und Information geben können, und bereits vorliegende Daten, die analysiert werden können.

Talententwicklung bei Jugendlichen

Viele Eltern sind ohne Schwierigkeiten in der Lage, während der Grundschulzeit die Interessen, Fähigkeiten und außerschulischen Aktivitäten ihres Kindes zu unterstützen. Doch was geschieht mit diesen Interessen und der Motivation während der Pubertät, unter Gruppendruck und mit einem Gehirn, das einer Baustelle gleicht, wie die Schweizerische Wochenzeitschrift *Weltwoche* einmal titelte? Csikszentmihalyi et al. (1993) untersuchten 200 hoch talentierte Gymnasiasten über vier Jahre hinweg, um die Frage zu beantworten, wie diese jungen Menschen ihre Talente entwickelten. Wie bei jüngeren Kindern fand das Forscherteam, dass auch Teenager anspruchsvolle Aktivitäten weiterhin verfolgten, wenn sie diese attraktiv fanden. Selbst sehr schwierige Aktivitäten wurden wiederum attraktiv gefunden, wenn daraus Erfolg resultierte.

Als Resultat dieser Erkenntnisse verwendete Csikszentmihalyi in der Arbeit mit den Jugendlichen den Begriff *Flow*. Flow bezeichnet einen tranceartigen Zustand, der einsetzt, wenn sich Menschen auf sehr hohem Leistungsniveau bewegen, gleich ob sie Schach spielen, auf anspruchsvolle Weise Snowboard fahren oder ein Musikinstrument beherrschen. Ein Talent wird entwickelt, wenn es zu *optimalen Erfahrungen* führt. Optimale Erfahrungen beinhalten immer ein intensives, emotionales und persönliches Engagement, das man auch mit *Leidenschaft* bezeichnen könnte. Flow führt immer zu mehr Komplexität, denn um Langeweile zu vermeiden, müssen neue Fertigkeiten gelernt und frische Herausforderungen gemeistert werden. Csikszentmihalyi et al. (1993) fanden, dass amerikanische Teenager zu 13 Prozent der Zeit vor dem Fernseher Flow erlebten, zu 34 Prozent der Zeit während Hobbys, und zu 44 Prozent der Zeit, wenn sie Sport trieben. Dennoch wurde oft insgesamt mehr Zeit vor dem Fernseher verbracht. Dass TV-Konsum nicht besonders stimulierend für das Gehirn ist, wurde bereits an früherer Stelle in diesem Buch erwähnt.

Über das schulische Umfeld dieser Teenager sagte das Forscherteam, dass die jungen Leute mit ihren Interessen dort oft nicht abgeholt wurden und dass stattdessen zuviel Gewicht auf Prüfungen gelegt wurde. Wesentlich hingegen war auch bei dieser Altersgruppe die Unterstützung durch die Familie – Teenager, die die emotionale und materielle Unterstützung ihres Engagements durch die Familie erlebten, entwickelten ihre Fähigkeiten eher weiter.

Die aktive Unterstützung der Talente ihrer Sprösslinge verlangt von Eltern sehr oft ein großes Ausmaß an Anstrengung, Zeit und Geld. Um auch jungen Menschen bescheidener Herkunft die Entwicklung vielversprechender Fähigkeiten zu ermöglichen, ist hier sicherlich auch die Gesellschaft gefragt. Interessant: In Csikszentmihalyis Studie waren nur halb so viele Elternpaare, verglichen mit der Gesamtbevölkerung, geschieden oder getrennt. Das Forscherteam fand, dass Kinder alleinerziehender Eltern oft große Schwierigkeiten haben, ihre Talente zu entwickeln.

Sicherlich tun Eltern gut daran, besonders bei Teenagern die aktive Freizeitgestaltung außer Haus zu unterstützen, die Art von Freizeit, die zum Erwerb komplexer und anspruchsvoller Fertigkeiten und Kompetenzen führt. Dabei muss es sich keinesfalls um akademische Beschäftigungen handeln. Ein spannender Job kann ebenfalls zu einem großen Zuwachs an Know-how und Selbstvertrauen führen.

Csikszentmihalyi et al. (1993) kamen bezüglich der Rolle des Umfelds bei der Unterstützung talentierter Teenager zu folgenden Schlüssen. Kein Teenager ...

- ... kann ohne sofortige und längerfristige äußere Verstärker wie Anerkennung, Lob und Unterstützung durch primäre Bezugspersonen wie Eltern, Lehrpersonen und Freunde Talente entwickeln.
- ... wird seine Fähigkeiten entwickeln, wenn er oder sie die Aktivitäten nicht genießt.
- ... kann den Konflikten ausweichen, die mit Talententwicklung nun einmal verbunden sind. Zu den häufigsten Konflikten gehören die Spannung zwischen dem eigenen Weg und dem Zusammensein mit der Familie, zwischen Freude im Hier und Jetzt und Langzeitzielen,

> zwischen persönlichen und kulturellen Werten, und die Spannung zwischen Eltern und Freunden. Talentierte Teenager sind oft einfach anders, sagt Csikszentmihalyi – sie tragen mehr Verantwortung als ihre gleichaltrigen Freunde, müssen schwierigere Entscheidungen treffen und in größerem Ausmaß zu ihrer Individualität stehen.

Freeman, über deren Langzeitstudie (2001) bereits verschiedentlich berichtet wurde, warnt zusätzlich davor, gerade hoch intelligente Kinder starkem akademischem Druck auszusetzen:

> Die Ergebnisse der Studie sind eine deutliche Warnung vor zu großem akademischem Druck, besonders bei Kindern mit hoher Intelligenz. Diesen Druck findet man besonders in Schulen, die Schüler und Schülerinnen auf Eliteuniversitäten vorbereiten wollen. Einige Schüler schienen im Bemühen, perfekte Schulnoten zu erreichen, ihre Persönlichkeit zu unterdrücken. Auf diese Weise wurde eine gesunde emotionale Entwicklung, einschließlich der Freiheit zu Spiel und Kreativität, ernsthaft beschnitten. Dieser Druck führte bei einigen der Schulabgänger zu gegenteiligen Wirkungen als beabsichtigt, wenn diese unerwartete Lebenswege einschlugen. Am schlimmsten betroffen waren Jungen, die einen Schwerpunkt in den Naturwissenschaften setzten, die Augen auf dem Mikroskop – diese verpassten ihre sozialen Beziehungen. Viele dieser damaligen Kinder sagen jetzt, sie hätten das Gefühl, in ihrer Jugend etwas verpasst zu haben, und einige sind wütend darüber. (Freeman 2006)

Csikszentmihalyi (1993) und sein Forscherteam schlossen nach der Untersuchung der 200 talentierten Gymnasiasten, dass Talententwicklung leichter für diejenigen war, die sich im Zusammenhang mit ihren Aktivitäten konstruktive Gewohnheiten angeeignet hatten und auch einmal alleine sein konnten, um ihre Fähigkeiten zu entwickeln. Dennoch waren dies keine Einzelgänger, sondern allgemein glückliche, aktive, motivierte und produktive junge Menschen.

Dürfen sich junge Menschen auch langweilen? Sie sollten es sogar. Natürlich ist es eine Gratwanderung zwischen sinnvoller Förderung, die auch von den Eltern Opfer verlangen kann, zwischen einer Daueranimation durch Schule und Elternhaus einerseits und sinnlosem Drill andererseits. Gelegentliche Langeweile kann jedoch zu fruchtbaren Resultaten und neuen Aktivitäten führen, sie kann die Frustrationstoleranz schulen. Seit die Begabungsförderung in Deutschland, Österreich und der Schweiz ein Thema wurde, scheinen viele Eltern gerade intelligenter Kinder Angst davor zu haben, dass sich ihr Kind einmal langweilen könnte. Es ist jedoch nicht zu viel verlangt, wenn sich ein Kind selbst eine Beschäftigung suchen soll. Hier ist nicht die Rede von chronischer schulischer

Unterforderung – die selbstverständlich vermieden werden sollte –, jedoch sehr wohl von der Art von Langeweile, mit der auch noch Erwachsene durchaus immer wieder einmal konfrontiert werden und die zu neuen Ufern führen kann.

Allerdings scheinen gerade in Europa viele Eltern Mühe zu haben, einen ausgewogenen Mittelweg zwischen sehr starker Unterstützung – wie vielleicht im Spitzensport – und gar keiner zu finden. Oft beobachten wir bei unseren Klienten Befürchtungen, das Kind durch eine frühe Unterstützung in seinen Interessen einzuengen oder zu bevormunden. Viele Eltern glauben, dass sich plötzlich gegen Schulabschluss auf wundersame Weise Interessen manifestieren, die zu einer Berufsausbildung oder einem Studium führen. Nur wenigen scheint klar zu sein, dass dies ein Weg ist, der durchaus schon im Kleinkindalter beginnt.

Berufsfindung

Es überrascht nicht, dass eine frühe Ermutigung und Unterstützung kindlicher Interessen über längere Zeit zu größerem Selbstvertrauen, komplexeren Fertigkeiten und gezielterer Berufsfindung führt.

Ein aktueller theoretischer Ansatz, die Social Cognitive Career Theory SCCT (Brown und Lent 2006), kommt in diesem Zusammenhang zu interessanten Ergebnissen:

- Die Überzeugung, Interessen erfolgreich verfolgen zu können, bestimmt die Stärke des Engagements und längerfristig auch eine Berufsentscheidung für einen bestimmten Bereich.
- Wenn bei Jugendlichen Fähigkeiten und Leistungen zusammenfallen, beispielsweise in der Mathematik, so wächst damit das Vertrauen, diesen Bereich erfolgreich meistern zu können, und damit auch das Interesse am betreffenden Fachgebiet.
- Eine Selbstwirksamkeitsüberzeugung, d. h. die Überzeugung, Aufgaben in einem Bereich erfolgreich meistern zu können, beeinflusst die Zielsetzungen, den Einsatz der Fähigkeiten und das Durchhaltevermögen bei Schwierigkeiten. Dabei führen stärkere Selbstwirksamkeitsüberzeugungen zu anspruchsvolleren Zielen.

Da Selbstwirksamkeitsüberzeugungen am ehesten durch aktives Tun in einem bestimmten Bereich entstehen, sollten Eltern ihre Kinder von klein auf und auch als Jugendliche zu aktivem, selbstverantwortlichem Tun in Interessenbereichen ermutigen – ob im Sport, in der Mathematik, beim Theaterspiel, beim Singen oder in den Naturwissenschaften. Die Möglichkeit zur Teilnahme an speziellen Wettbewerben oder Projekten, beispielsweise am Wettbewerb «*Jugend forscht*», ist genauso wertvoll wie die Möglichkeit zur Teilnahme an Sommercamps, wo sich junge Menschen mit ähnlichen Interessen treffen und weitere Kompetenzen erwerben können.

Wie finden Eltern heraus, was ihr Kind interessiert? Am besten durch Beobachtung. Dabei können sich Eltern von Howard Gardners *Acht Intelligenzen* leiten lassen (s. auch Seiten 43–44).

Für Jugendliche gibt es einen wissenschaftlich sehr gut abgestützten Online-Interessen-Test, mit dem sich Berufs- und Studieninteressen ermitteln lassen, *Explorix*[27].

Am besten ist es, wenn Kinder und Jugendliche in schulischen Umfeldern lernen können, in denen von Anfang an Anreize für die Interessenentwicklung vermittelt werden, eigenverantwortliches Lernen in Form von Projektarbeit oder ähnlichem ermutigt wird und Kinder und Jugendliche sich über ihre Arbeiten und Projekte austauschen können. Dies ist beispielsweise in Schulen der Fall, die nach dem Schulischen Enrichment Modell SEM arbeiten. Zahlreiche Untersuchungen in den letzten zwanzig Jahren haben gezeigt, dass in SEM-Schulen aus erfolgreichen Schulprojekten oft ein berufliches Engagement wird.

Ehrgeizige Ziele

In Europa gibt es zumeist ein Problem, wenn junge Menschen schon früh sehr ehrgeizige berufliche Ziele äußern – wie etwa: Bundespräsidentin, Filmschauspieler, Millionär, Managerin einer Großfirma, Astronaut. Sehr oft fühlt sich dann das Umfeld, darunter leider auch die Eltern, berufen, diese *unrealistischen* Aspirationen wieder auf den Boden der Tatsachen zu führen. Ich könnte zahlreiche Kommentare von wohlmeinenden Eltern und auch Psychotherapeuten als Beispiele anführen.

Tatsache ist: Es ist besser, wenn sich junge Menschen jahrelang einem sehr ehrgeizigen Ziel verschreiben und alles tun, um es zu erreichen, als wenn sie dies nie versucht hätten. Vielleicht landen sie beruflich nicht

27 www.explorix.de (Online Benutzung und Auswertung, gegen eine geringe Gebühr per Kreditkarte)

ganz genau an dem Ort, den sie anstrebten – doch die inzwischen erworbenen Fähigkeiten und Kompetenzen werden sie auf jeden Fall erfolgreich sein lassen. Deshalb ist es auch falsch, solchen Hochfliegern einen sicheren Alternativberuf zu empfehlen, den so genannten Brotberuf. Denn ein Brotberuf steht vor allem für eines: Zweifel an den eigenen Zielen und der Fähigkeit, diese mit harter Arbeit und Durchhaltevermögen zu erreichen. Erwachsene sollten nicht ihre eigenen Bedenken auf junge Menschen projizieren, sondern diesen eher bei der Umsetzung tatkräftig zur Seite stehen. Wenn Jugendliche eine solide und breite Palette von Kompetenzen rund um ihre Wunschtätigkeit erwerben, sind sie auf jeden Fall zukunftstauglich.

Lieber hohe Ziele als nur ein hoher IQ!

Das Wichtigste in Kürze

- Schulisches Lernen gleicht noch zu oft einer Zwangsfütterung und sollte vermehrt durch aktives, selbstbestimmtes Lernen und eigenmotivierte Projektarbeit ergänzt werden.
- Zu starker akademischer Druck wirkt sich auch längerfristig negativ auf die soziale und emotionale Entwicklung aus – akademischer Druck ist dabei nicht unbedingt identisch mit anspruchsvollen Herausforderungen.
- Eltern unterstützen mit Vorteil besonders bei Jugendlichen die aktive Freizeitgestaltung außer Haus, die zum Erwerb komplexer und anspruchsvoller Fertigkeiten und Kompetenzen führt. Aktivitäten wie kürzere oder längere Auslandaufenthalte sind in dieser Beziehung besonders wertvoll.
- Langeweile ist ein konstruktiver Bestandteil des menschlichen Lebens, der zu interessanten Aktivitäten führen und die Frustrationstoleranz schulen kann.
- Dennoch sollte ein schulisches Umfeld angestrebt werden, das eine gute Passung zwischen schulischem Lernen und dem allgemeinen Fähigkeitsniveau des Kindes darstellt.

- Die Berufsfindung ist ein Prozess, der bereits mit der wohlwollenden und gezielten Unterstützung von Interessen im Kindesalter beginnt.
- Junge Menschen mit ehrgeizigen Zielen – sogar mit sehr ehrgeizigen Zielen – sollten wie alle anderen Jugendlichen auch auf die Ermutigung und Unterstützung ihrer Eltern und Lehrpersonen zählen können.

Fragen zum Weiterdenken

- Wie gehe ich mit der Langeweile meines Kindes um?
- Wie äußert sich mein Kind über häusliche und schulische Langeweile?
- Wie steht es mit der schulischen Zufriedenheit meines Kindes, ganz spezifisch in den wichtigsten Bereichen? Drängen sich Veränderungen auf, in der Freizeitgestaltung, in der Wahl des schulischen Umfelds?

Zur Vertiefung

Stedtnitz, U. Sprengen Sie den Rahmen. In 9 Schritten zum persönlichen Work-Life-Konzept. Zürich: Orell-Füssli, 2003.

Und zum Schluss: Begabungsförderung quo vadis?

Was wird in Zukunft im Arbeitsmarkt wichtig sein?

Kürzlich machte der Schweizerische Verband der Kinder- und Jugendpsychologen unter der Leitung des Schulpsychologen Philipp Ramming eine Umfrage bei einigen Berufsleuten in Schlüsselpositionen, um mehr über die zukünftigen persönlichen und beruflichen Anforderungen zu erfahren, die auf junge Menschen zukommen. Obwohl diese Frage letztlich niemand beantworten kann, seien doch drei dieser Meinungen herausgegriffen, reflektiert von sehr erfahrenen Führungskräften.

Drei Meinungen

Helena Pleinert

Hier meine Gedanken dazu, soweit ich das aus längerfristigen Trends – nicht zyklischen Modeerscheinungen – erahnen kann:

1. Anforderungen des Arbeitsmarktes
   Generell, *Marktbewusstsein*: Unternehmen garantieren keine langfristigen Perspektiven, jeder Arbeitnehmer muss jederzeit bereit sein, am Arbeitsmarkt aktiv zu werden, so etwa dafür zu sorgen, dass er die aktuell auf seinem Gebiet gefragten Qualifikationen mitbringt. Solche Arbeitnehmer werden als attraktive *Anbieter von Arbeit* wahrgenommen. Dazu gehören insbesondere:

   - **Laufende Weiterbildung:** Diese wird wichtiger als die ursprüngliche Ausbildung, berufsspezifische Zertifikate werden wichtiger als ein Hochschulabschluss, traditionell hoch bewertete Titel wie *Doktor* verlieren an Bedeutung.

- **Sprachen:** Muttersprache und perfektes Englisch, alles weitere ist von großem Vorteil.
- **Gute IT-Anwenderkenntnisse in allen Berufen** werden so selbstverständlich wie ein Führerschein.
- **Kommunikative und Präsentations-Fähigkeiten:** Wenn der Arbeitnehmer nicht in der Lage ist, seine Qualifikationen wirkungsvoll zu kommunizieren, werden sie auch nicht wahrgenommen.

2. Nötige Eigenschaften und Fähigkeiten
   - **Unternehmerisches Denken:** Eigeninitiative, Fähigkeit und Motivation zu analysieren, was am Markt gefragt ist. Bereitschaft, sich die erforderlichen Qualifikationen zu erarbeiten sowie Zeit und finanzielle Mittel dafür zu investieren.
   - **Flexibilität:** Bereitschaft, sich beruflich auf neuen Gebieten weiterzuentwickeln; geographische Flexibilität; Flexibilität zwischen verschiedenen Formen von Arbeitsverhältnissen; Flexibilität bei der Planung der Laufbahn; Fähigkeit, mit Unsicherheit umzugehen

Dr. Helena Pleinert ist Geschäftsführerin von Pleinert & Partner in Zürich. Ihre Firma ist in der Personalberatung tätig und unterstützt Kunden in verschiedenen Branchen bei der Besetzung von Stellen auf Management- und gehobener Spezialistenebene. Helena Pleinert hat einen Background in der Finanzindustrie, in Hightech und IT. Sie hat an der ETH Zürich doktoriert.

Daniel Villiger

1. Ich gehe davon aus, dass in den meisten Wirtschaftsbranchen der Schweiz Teams am Arbeitsplatz eine multikulturelle Zusammensetzung haben werden. Dies impliziert die Fähigkeit, Menschen mit anderen Wertsystemen und einem unterschiedlichen Verständnis von erfolgreicher Zusammenarbeit verstehen und eine gemeinsame Arbeitsbasis entwickeln zu können. Sozialkompetenz, emotionale Intelligenz und Flexibilität zeichnen erfolgreiche Mitarbeitende aus.
   Künftige Generationen von Erwerbstätigen werden aller Wahrscheinlichkeit nach mindestens drei Berufe in ihrem Erwerbsleben ausgeübt haben. Lernfähigkeit, Risikobereitschaft, die Fähigkeit, längerfristige Ziele zu setzen und zu verfolgen, sind nützliche Kompetenzen für diese Menschen.

2. In der Schweiz und anderen Ländern werden in 20 Jahren die Babyboomer im dritten Lebensabschnitt stehen. Dies eröffnet neue Chancen (Märkte), bedeutet aber auch eine Verschiebung der Aufmerksamkeit der Öffentlichkeit vermehrt auf dieses Segment. Was braucht es, um den Dialog mit diesen vielen alten Menschen zu halten? Interesse, Neugier und die Bereitschaft, (Frei-) Zeit mit Menschen aller Alterskategorien kreativ zu verbringen, sind vielleicht von Nutzen. Sicher werden die Sektoren Freizeit, Bildung und Gesundheit weiterhin anhaltendes Wachstum haben.

3. Der technische Wandel wird in ähnlicher Intensität wie heute auch in zehn Jahren noch stattfinden. Ausgeprägte *technische Intelligenz* hilft, die Möglichkeiten dieser Entwicklungen besser zu verstehen und kreative Chancen für neue Produkte und Dienstleistungen zu erkennen. Die Hürden für Firmengründungen werden weiter sinken. Ein 16-Jähriger wird von zu Hause aus sein eigenes Geschäft betreiben können, aus seinem Zimmer.
   Gestaltungsfreude, Energie und Lust am Neuen zeichnen diese Jüngst-Unternehmer aus. Wer macht mit?

Dr. Daniel Villiger ist Eigentümer und Geschäftsführer der ABP Assessment AG in Zug. Davor war er 15 Jahre lang in großen internationalen Unternehmen tätig, hauptsächlich als Leiter der Abteilung Human Resources.

Claudia Windfuhr

1. Welche Anforderungen wird der Arbeitsmarkt in etwa zehn Jahren stellen?
   - Internationale Teams
   - Mobilität
   - Netzwerkstrukturen statt Hierarchien
   - Selbstorganisation statt Anweisungen
   - Komplexität

2. Welche Eigenschaft und Fähigkeiten müss(t)en erworben werden, um in diesem Arbeitsmarkt überleben können?
   Dies sind insbesondere:

- die Fähigkeit zur Zusammenarbeit in Teams mit unterschiedlichem Hintergrund – hinsichtlich Nationalität, ethnischer Zugehörigkeit, Geschlecht, Ausbildung, Familiensituation, Sprache, kulturellem Hintergrund etc. – **Interkulturelle Erfahrung und Diversity-Training werden wesentlich sein**
- die Fähigkeit zu virtueller Zusammenarbeit, d. h. weniger persönliche Interaktion, sondern mehr E-Mail, Telefon, Videokonferenzen etc. – **Umgang mit Technik und Kommunikationsstärke**
- die Fähigkeit, schnell neue Informationen aufzunehmen, zu filtern und zu bewerten – beispielsweise hinsichtlich Relevanz und Zuverlässigkeit – **selbstständiges Lernen und kritisches Hinterfragen**
- die Fähigkeit, die Mobilität zu erleichtern – beispielsweise schnell Kontakte knüpfen, verschiedene Sprachen sprechen – **Flexibilität und Offenheit**
- die Fähigkeit, viele unterschiedliche Anforderungen *unter einen Hut zu bringen*, wie Familie, Beruf, soziales Engagement, Sport, Kultur etc. – **Bewusstsein für eigene und fremde Bedürfnisse, sowie die Fähigkeit, diese in Balance zu halten**

Dr. Claudia Windfuhr ist gegenwärtig Projektleiterin im Bereich Diversity und Chancengleichheit und war vorher für eine große internationale Firma als Unternehmensberaterin tätig. Sie ist promovierte Biologin, hat eine Zeitlang in der IT-Branche programmiert und in der Prozess- und IT-Beratung gearbeitet. Außerberuflich engagiert sie sich in einem Netzwerk für Berufs- und Geschäftsfrauen.

Der Trend zu sozial und gesellschaftlich verantwortlichem Handeln

In einer Welt, die immer globaler und wettbewerbsorientierter agiert, werden unmenschliche Arbeitsbedingungen und alle möglichen Formen der Ausbeutung zweifellos zunehmen.

Jedoch ist auch das Gegenteil der Fall: Bei Fachleuten in der Begabungsförderung lässt sich in den letzten Jahren eine deutliche Tendenz ausmachen, die Ziele der Förderung menschlicher Talente und Fähigkeiten zu hinterfragen. Dies sind Fachleute, die versuchen, «einen Sinn für Verantwortung, Anstand und Ethik aufrechtzuerhalten» (Gardner et al. 2001). Immer öfter sprechen führende Denker der Begabungs- und Intelligenzförderung die Frage an, welche Fähigkeiten wir denn eigentlich längerfristig entwickeln sollten, so Sternberg (1993) oder Renzulli (2002). Dabei sind Forscher wie Gardner, Sternberg oder Renzulli sicher nicht so naiv anzunehmen, dass es auf diese Frage eine richtige Antwort gibt, die für alle Kulturen Gültigkeit hat.

Diese Diskussion hat noch nicht auf Europa übergegriffen, doch sollten Schulen, Pädagogen und nicht zuletzt die Konsumenten von Begabungsförderungsprogrammen auch hierzulande reflektieren, welche Fähigkeiten mit bestimmten Förderprogrammen eigentlich entwickelt werden sollen und ob die Auswahl und Anzahl der zu fördernden Kinder im Hinblick auf neue Forschungsergebnisse, so aus der Expertiseforschung oder den Neurowissenschaften, überhaupt sinnvoll ist.

Der Trend zum Wissen um spirituelle Intelligenz

Spirituelle Intelligenz ist etwas, das bis jetzt von der akademischen Begabungsforschung hartnäckig ausgeklammert wurde. Obwohl Howard Gardner so etwas wie eine Existenzielle Intelligenz – über den Sinn und Zweck des Lebens nachdenken, philosophische Fragen stellen – für möglich hält, will er diese keinesfalls im Zusammenhang mit Spiritualität sehen.

Während eine neue Etikettierung wie beispielsweise *Indigo-Kinder* fragwürdig ist, hat doch eine wachsende Zahl von durchaus auch akademisch geschulten Menschen das Bedürfnis, neben dem herkömmlichen und vor allem materiell orientierten Leistungsdenken noch eine weitere Dimension zu sehen. Diese Dimension erfasst eine Art von Intelligenz, die schon jahrtausendelang ein Teil menschlicher Tradition und Kultur ist, vielleicht verkörpert von fortgeschrittenen Yogis oder Heilern, von spirituell sehr bewussten Menschen, wie aktuell beispielsweise Eckhart Tolle (2005). In akademischen Kreisen scheint oft der Mut zu fehlen, sich ernsthaft mit dieser Art menschlicher Fähigkeiten zu befassen – doch könnten gerade diese in Zukunft wesentlich für ein nachhaltiges Überleben auf unserem Planeten sein.

Die Fragwürdigkeit von Etikettierungen und Aussonderung

Dieses Buch hat versucht aufzuzeigen, wie fragwürdig Etikettierungen wie *hoch begabt* im Hinblick auf aktuelle Forschungsergebnisse und die hoffentlich darauf aufbauende Konzeption von Förderprogrammen für Kinder und Jugendliche sind.

Die in diesem Buch zusammengetragenen Forschungsergebnisse zeigen überdeutlich, dass die Unterteilung in *begabte* und *nicht begabte* Kinder wenig sinnvoll ist. Schulen sollten stattdessen Bedingungen schaffen, die es allen Kindern ermöglichen, ihre individuellen Fähigkeiten optimal zu entwickeln – «entgegenkommende Verhältnisse», wie es der Philosoph Jürgen Habermas nennt. Dies gilt ganz besonders für Kinder, deren familiärer und sozialer Hintergrund wenig vorteilhaft ist.

Kinder können ermutigt werden, ihre besonderen Stärken, Interessen und Fähigkeiten schon früh auszubauen, zunehmend zu entdecken und laufend umzusetzen, im besten Sinne eines *Mastery Learning* (Lernstoff wirklich meistern). Kinder sollten schon früh wiederkehrende Gelegenheiten zu gezieltem Üben (engl.: *deliberate practice*) auf allen Interessengebieten haben. Sie sollten schon früh auf die Bedeutung geduldigen Übens und Praktizierens aufmerksam gemacht werden. Was damit sicher nicht gemeint ist: Frühes Herauspicken und früher Drill gegen den Wunsch und Willen, und womöglich zum Schaden des Kindes. Sicher wird es auch immer wieder Kinder geben, die erst später während ihrer Entwicklung klare Vorlieben und Interessen zeigen. Diese brauchen eine reichhaltige Breitenförderung, vielfältige Anreize und regelmäßig Ermutigung zur Bearbeitung kleinerer, anspruchsvoller Projekte.

Nicht nur sollten bei allen Kindern gleichermaßen Stärken erfasst und gefördert werden, gleichzeitig sollte auch bei allen Kindern das Augenmerk auf mögliche Schwierigkeiten und Blockaden gerichtet werden. Nur weil ein Kind über einen hohen Intelligenzquotienten verfügt, heißt dies noch lange nicht, dass es nicht gleichzeitig von emotionalen Verletzlichkeiten, Aufmerksamkeits- und Lernstörungen betroffen sein könnte – nicht *wegen* seiner hohen Intelligenz, sondern zusätzlich zu dieser.

Und schließlich müssen sich insbesondere alle europäischen Länder und deren Bildungsverantwortliche fragen, wo ihre Zukunft liegt – bei den Rohstoffen oder beim Talent? Finnland zumindest scheint die Frage bereits beantwortet zu haben und setzt konsequent auf eine sehr breite Talentförderung.

Fragen zum Nachdenken

- Welche Fähigkeiten werden wohl in zehn Jahren wichtig sein? In 50 Jahren?
- Was ist wichtiger: ausgeprägte Fähigkeiten oder persönliche Integrität?
- Sollten Fähigkeiten überhaupt entwickelt werden, wenn sie nicht der Allgemeinheit zugutekommen?
- Was trägt wohl am meisten dazu bei, dass wir unsere gegenwärtigen und zukünftigen Probleme lösen können – ist es tatsächlich ein hoher Intelligenzquotient?

Literatur

Amabile, T.M. Growing up creative: Nurturing a lifetime of creativity. New York: Crown, 1989.

Amabile, T.M. The social psychology of creativity. New York: Springer Verlag, 1983.

Arnold, K.D. Lives of promise: what becomes of High School valedictorians? San Francisco: Jossey Bass, 1995.

Aust-Claus, E. und Hammer, P.-M. ADS. Eltern als Coach. Ein praktisches Workbook für Eltern. Wiesbaden: OptiMind media, 2006.

Bandura. A. Self-efficacy: Toward a unifying theory of behavioral change. Psychological Review, 1977, 84: 191–215.

Begley, S. Your child's brain. Newsweek, 19.2.1996.

Block, J., Kremen, A.M. IQ and ego-resiliency: Conceptual and empirical connections and separateness. Journal of Personality and Social Psychology, 1996, 70: 349–361.

Bloom, B. (Ed.). Developing talent in young people. New York: Ballantine Books, 1985.

Bransford, J.D., Brown, A.L., Cocking, R.R. (Eds.) How people learn: Brain, mind, experience and school. Washington, DC: National Academy Press, 1999.

Brown, B.B., Steinberg, L. Academic achievement and social acceptance: Skirting the «brain-nerd» connection. Education Digest, 1990, 55, 7: 55–60.

Brown, S.D., Lent, R.W. Preparing adolescents to make career decisions. A social cognitive perspective. In: Pajares, F., Urdan, T. (Eds.) Self-efficacy beliefs of adolescents. Greenwich, CT: Information Age Publishing, 2006.

Buch, R.S., Sparfeldt, J.R., Rost, D.H. Eltern beurteilen die Entwicklung ihrer hochbegabten Kinder. Zeitschrift für Entwicklungspsychologie und Pädagogische Psychologie, 2006, 38: 53–61.

Bueb, B. Lob der Disziplin. Eine Streitschrift. Berlin: Ullstein Buchverlage GmbH, 2006.

Bühler, D. und Rychener, I. Jedes Kind hat starke Seiten. Wie Eltern Begabungen richtig erkennen und fördern. Zürich: Atlantis pro juventute, 2004.

Burt, S. und Perlis, L. Mein Kind hat Talent. Begabungen entdecken und fördern. Freiburg: Herder Spektrum, 2000.

Cornell, D.G., Grossberg, I. N. Parent use of the term «gifted»: Correlates with family environment and child adjustment. Journal for the Education of the Gifted, 1989, 123: 218–230.

Costa P.T. Jr, McCrae, R.R. Four ways five factors are basic. Personality and Individual Differences, 1992, 13: 653–665.

Csikszentmihalyi, M. Das Flow-Erlebnis. Jenseits von Angst und Langeweile: im Tun aufgehen. Stuttgart: Klett-Cotta, 2005.

Csikszentmihalyi, M. Creativity. New York: Harper Collins, 1996.

Csikszentmihalyi, M., Rathunde, K. und Whalen, S. Talented teenagers. The roots of success and failure. Cambridge: Cambridge University Press, 1993.

Dasen, P. R. The cross-cultural study of intelligence: Piaget and the Baole. In P. S. Fry (Ed.) Changing conceptions of intelligence and intellectual functioning: Current theory and research. New York: North-Holland, 1984: 107–134.

Davis, G. A., Rimm, S. B. Education of the gifted and talented. 4th Edition. Boston: Allyn & Bacon, 1998.

Doll, J., Mayr, U. Intelligenz und Schachleistung – eine Untersuchung an Schachexperten. Psychologische Beiträge, 1987, 29: 270–289.

Dreyfus, H. L., Dreyfus, S. E. Künstliche Intelligenz: Von den Grenzen der Denkmaschine und dem Wert der Intuition. Reinbek: Rowohlt, 1987.

Dweck, C. S. Self-theories: Their role in motivation, personality and development. Philadelphia, PA: The Psychology Press, 1999.

Ericsson, K. A. The acquisition of expert performance: An introduction to some of the issues. In: Ericsson, K. A. (Ed.) The Road to Excellence: The Acquisition of Expert Performance in the Arts and Sciences, Sports, and Games. Mahwah, NJ: Erlbaum, 1996: 1–50.

Ericsson, K. A., Crutcher, R. J. The nature of exceptional performance. In Baltes, P. B., Featherman, D. L., Lerner, R. M. (Eds.) Life-span development and behavior. Vol. 10. Hillsdale, NJ: Erlbaum, 1990: 187–217.

Ericsson, K. A., Lehmann, A. C. Expert and exceptional performance: Evidence on maximal adaptations on task constraints. Annual Review of Psychology, 1996, 47: 273–305.

Ericsson, K. A., Smith, J. (Eds.) Toward a General Theory of Expertise: Prospects and Limits. Cambridge, England: Cambridge University Press, 1991.

Eysenck, H. J. Genius: The natural history of creativity. Cambridge, UK: Cambridge University Press, 1995.

Feldman, D. H. Nature's gambit. Child prodigies and the development of human potential. New York: Teacher's College Press, 1991.

Feuerstein, R., Rand, Y. Don't accept me as I am: Helping retarded performers excel. Santa Monica, CA: Skylight Professional Development, 1998.

Freeman, J. What happens when gifted and talented children grow up? Presentation given at the ECHA conference in Lahti, Finland, 9/2006.

Freeman, J. Gifted children grown up. London: David Fulton Publishers, 2001.

Frick, J. Die Kraft der Ermutigung. Grundlagen und Beispiele zur Hilfe und Selbsthilfe. Bern: Verlag Hans Huber, 2007.

Frick, J. Die Droge Verwöhnung. Beispiele, Folgen, Alternativen. Bern: Verlag Hans Huber, 2005.

Funke, J., Vaterrodt-Plünnecke, B. Was ist Intelligenz? München: C. H. Beck, 2004.

Ganzach Y. Intelligence and job satisfaction. Academy of Management Journal, 1998, 41: 526–539.

Gardner, H. Changing minds: The art and science of changing our own and other people's minds. Boston: Harvard Business School Press, 2004: 196.

Gardner, H. Intelligenzen. Die Vielfalt des menschlichen Geistes. Stuttgart: Klett-Cotta, 2002.

Gardner, H. The disciplined mind. Beyond facts and standardized tests, the K-12 education that every child deserves. New York, NY: Penguin Books, 2000.

Gardner, H. Kreative Intelligenz. Was wir mit Mozart, Freud, Woolf und Gandhi gemeinsam haben. München: Campus, 1999.

Gardner, H. Extraordinary minds. London: Weidenfeld and Nicolson, 1997.

Gardner, H. Abschied vom IQ. Die Rahmen-Theorie der vielfachen Intelligenzen. Stuttgart: Klett-Cotta, 1994.

Gardner, H. Creating minds: an anatomy of creativity seen through the lives of Freud, Einstein, Picasso, Stravinsky, Eliot, Graham, and Gandhi. New York: Basic Books, 1993.

Gardner, H. Creative lives and creative works: A synthetic scientific approach. In R. Sternberg (Ed.), The nature of creativity. New York: Cambridge University Press, 1988: 298–321.

Gardner, H., Csikszentmihalyi, M., Damon, W. Good work. When excellence and ethics meet. New York, NY: Basic Books, 2001.

Gobet, F. Expertise und Gedächtnis. In: Gruber, H., Ziegler, A. (Hrsg.) Expertiseforschung. Theoretische und methodische Grundlagen. Opladen: Westdeutscher Verlag, 1996.

Goertzel, M. G., Goertzel, V., Goertzel, T. G. 300 eminent personalities. San Francisco: Jossey Bass, 1978.

Goldberg, L. R. An alternative «description of personality»: The Big Five factor structure. Journal of Personality and Social Psychology, 1990, 59: 1216–1229.

Goleman, D. Emotionale Intelligenz. München: dtv 1997.

Good, C., Dweck, C. S. A motivational approach to reasoning, resilience, and responsibility. In: Sternberg, R. J., Subotnik, R. F. (Eds.) Optimizing student success in school with the other three Rs: Reasoning, resilience, and responsibility. Charlotte, NC: Information Age Publishing, 2005, 39–56.

Gruber, H., Mandl, H. Expertise und Erfahrung. In: Gruber, H., Ziegler, A. (Hrsg.) Expertiseforschung. Theoretische und methodische Grundlagen. Opladen: Westdeutscher Verlag, 1996.

Gruber, H., Ziegler, A. Expertise als Domäne psychologischer Forschung. In: Gruber, H., Ziegler, A. (Hrsg.) Expertiseforschung. Theoretische und methodische Grundlagen. Opladen: Westdeutscher Verlag, 1996.

Hagemann, N., Tietjens, M., Strauss, B. Psychologie der sportlichen Höchstleistung. Grundlagen und Anwendungen der Expertiseforschung im Sport. Göttingen: Hogrefe, 2006.

Hany, E. A. How leisure activities correspond to the development of creative achievement: insights from a study of highly intelligent individuals. High Ability Studies, 1996, 7: 65–82.

Heller, K. A. (Hrsg.) Lehrbuch Begabungsdiagnostik in der Schul- und Erziehungsberatung. 2. Auflage. Bern: Verlag Hans Huber, 2000.

Heller, K. A., Perleth, C. (Hrsg.) Münchner Hochbegabungstestbatterie (MHBT). Göttingen: Hogrefe, 2007.

Holland, J. L. Exploring careers with a typology: What we have learned and some new directions. American Psychologist, 1996, 51: 397–406.

Howe, M. J. A. Motivation, cognition and individual achievements. In: de Corte, E. et al. (Eds.) Learning and instruction. Chichester: Wiley, 1987.

Howe, M. J. A. The childhoods and early lives of geniuses: Combining psychological and biographical evidence. In: Ericsson, K. A. The road to excellence. The acquisition of expert performance in the arts and sciences, sports and games. Mahwah, NJ: Lawrence Erlbaum Associates, 1996.

Huber, A. Stichwort Emotionale Intelligenz. München: Heyne, 1996.

Jacoby, H. Jenseits von «begabt» und «unbegabt». Zweckmäßige Fragestellung und zweckmäßiges Verhalten – Schlüssel für die Entfaltung des Menschen. Hamburg: Christians Verlag, 1983.

Jang, K. L., Livesley, W. J., Vernon, P. A. Heritability of the Big Five personality dimensions and their facets: A twin study. Journal of Personality, 1996, 64: 577–591.

Judge, T. A. et al. The Big Five personality traits, general mental ability and career success across the life span. Personnel Psychology, 1999: 52.

Judge, T. A., Cable, D. M., Boudreau, J. W., Bretz R. D. An empirical investigation of the predictors of executive career success. Personnel Psychology, 1995, 48: 485–519.

Kahl, R. Was Hänschen lernt. Die Kognitionspsychologin Elsbeth Stern erforscht, wie Kinder sich Wissen aneignen. Die Zeit online, 3. 4. 2003, Nr. 15.

Kerstan, T. «Wissen schlägt Intelligenz.» Der Geist kann nicht an beliebigen Themen trainiert werden. Ein Gespräch mit der Lernforscherin Elsbeth Stern. Die ZEIT online, 26. 6. 2003, Nr. 27.

Klippert, H. Eigenverantwortliches Arbeiten und Lernen. Bausteine für den Fachunterricht. Weinheim: Beltz, 2001.

Klix, F. Die Natur des Verstandes. Werden und Wirken menschlicher Erkenntnis. Göttingen: Hogrefe, 1992.

Korman, A. K., Mahler, S. R., Omran, K. A. (1983). Work ethics and satisfaction, alienation, and other reactions. In: Walsh, W. B., Osipow, S. H. (Eds.) Handbook of vocational psychology, Vol. 2. Hillsdale, NJ: Erlbaum, 1983: 181–206.

Kupferberg, T., Topp, S. First glance. Childhood creations of the famous. Maplewood, NJ: Hammond Incorporated, 1978.

Mack, W. Expertise und Intelligenz. In: Gruber, H., Ziegler, A. (Hrsg.) Expertiseforschung. Theoretische und methodische Grundlagen. Opladen: Westdeutscher Verlag, 1996.

Magnusson, P. K. E., Rasmussen, F., Gyllensten, U. B. Height at age 18 years is a strong predictor of attained education later in life: cohort study of over 950 000 Swedish men. International Journal of Epidemiology, 2006, 35: 658–663.

Maguin, E., Loeber, R. Academic performance and delinquency. In: Torry, M., Morris, N. Crime and Justice. Chicago: Chicago University Press, 1996.

Malone, T. W., Lepper, M. R. Intrinsic motivation and instructional effectiveness in computer-based education. In: Snow, R. E., Farr, M. J. (Eds.) Aptitude, learning, and instruction: Conative and affective process analyses. Vol. 3. Lawrence Erlbaum Associates, Hillsdale, NJ: 1987.

McCrae, R. R., Costa, P. T. Jr. Personality trait structure as a human universal. American Psychologist, 1997, 52: 509–516.

Milgram, R. M., Hong, E. Leisure activities and career development in intellectually gifted Israeli adolescents. In: Bain, B., Janzen, H., Paterson, J., Stewin, L., Yu. A. (Eds.) Psychology and education in the 21st century. Edmonton: ICP Press, 1997.

Müller, R., Niederhauser, M., Stamm, M. Wer sind die Besten in der Berufsbildung? Panorama, 2006, 3: 17–18.

Neubauer, A., Stern, E. Lernen macht intelligent. Warum Begabung gefördert werden muss. München: DVA, 2007.

Pajares, F. Self-efficacy during childhood and adolescence. In: In: Pajares, F., Urdan, T. (Eds.) Self-efficacy beliefs of adolescents. Greenwich, CT: Information Age Publishing, 2006.

Pajares, F., Urdan, T. (Eds.). Self-efficacy beliefs of adolescents. Greenwich CT: Information Age Publishing, 2006.

Pearson, L., Stamford, L. A. The discipline miracle. The clinically proven system for raising happy, healthy, and well-behaved kids. New York: American Management Association, 2005.

Perleth, C., Ziegler, A. Überlegungen zur Begabungsdiagnose und Begabtenförderung in der Berufsaus- und Weiterbildung. In: Kittler, U., Metz-Göckel, H. (Hrsg.) Pädagogische Psychologie in Erziehung und Unterricht. Essen: Die Blaue Eule, 1996.

Piirto, J. Understanding those who create. 2nd Ed. Scottsdale, AZ: Gifted Psychology Press, 1998.

Posner, M. I. Introduction: What is it to be an expert? In: Chi, M. T. H., Glaser, R., Farr, M. J. (Eds.) The nature of expertise. xxix-xxxvi. Hillsdale, NJ: Erlbaum, 1988.

Prause, G. Genies in der Schule. Legende und Wahrheit über den Erfolg im Leben. Düsseldorf: ECON Verlag, 1987.

Pulver, A., Allik, J., Pulkkinen, L., Hamalainen, M. A Big Five personality inventory in two non Indo-European languages. European Journal of Personality, 1995, 9: 109–124.

Pusch, L. F. (Hrsg.) Schwestern berühmter Männer. Zwölf biographische Portraits. Frankfurt a. M.: Insel Verlag, 1985.

Reis, S. M. Series introduction. In: Sternberg, R. J. (Ed.) Definitions and conceptions of giftedness. Thousand Oaks, CA: Corwin Press, 2004.

Reis, S. M. An analysis of the productivity of gifted students participating in programs using the revolving door identification model. Unpublished doctoral dissertation. Storrs, CT: University of Connecticut, 1981.

Renzulli, J. S. Expanding the conception of giftedness to include co-cognitive traits and promote social capital. Phi Delta Kappa, 2002, 84, 1: 33–58.

Renzulli, J. S. New directions for the schoolwide enrichment model. In: Katzko, M. W., Mönks, F. J. (Eds.) Nurturing talent, individual needs and social ability. Assen, NL: Van Gorcum, 1995.

Renzulli, J. S. The Enrichment Triad model: A guide for developing defensible programs for the gifted. Mansfield, CT: Creative Learning Press, 1977.

Renzulli, J. S., Reis, S. M., Stedtnitz, U. S. Das Schulische Enrichment Modell SEM. Begabungsförderung ohne Elitebildung. Aarau: Sauerländer, 2001.

Roe, A. A psychologist examines 64 eminent scientists. Scientific American, 1952, Vol. 187, 5: 21–25.

Rost, D. H., Czeschlik, T. The psycho-social adjustment of gifted children in middle-childhood. European Journal of Psychology of Education, 1994, 9: 15–25.

Rothe, H. J., Schindler, M. Expertise und Wissen. In: Gruber, H., Ziegler, A. (Hrsg.) Expertiseforschung. Theoretische und methodische Grundlagen. Opladen: Westdeutscher Verlag, 1996.

Ryan, R. M., Deci, E. L. Self-Determination Theory and the facilitation of intrinsic motivation, social development, and well-being. American Psychologist, 2000, Vol. 55, 1: 68–78.

Salgado J. F. The five factor model of personality and job performance in the European Community. Journal of Applied Psychology, 1997, 82: 30–43.
Schaler, A. J. (Ed.) Gardner under fire. Chicago: Open Court Press 2007.
Schmidt, F. L., Ones, D. S., Hunter J. E. Personnel selection. Annual Review of Psychology, 1992, 43: 627–670.
Segerstrom, S. Breaking Murphy's law. How optimists get what they want from life – and pessimists can too. New York: Guilford Press, 2006.
Seligmann, M. E. P. Der Glücksfaktor. Warum Optimisten länger leben. Bergisch-Gladbach: Lübbe, 2005.
Seligman, M. E. P. Erlernte Hilflosigkeit. Weinheim: Beltz, 1999.
Servan-Schreiber, D. Die neue Medizin der Emotionen. Stress, Angst, Depression: Gesund werden ohne Medikamente. München: Goldmann, 2006.
Shapiro, F., Silk Forrest, M. EMDR in Aktion. Die neue Kurzzeit-Therapie in der Praxis. Paderborn: Junfermann, 1998.
Silver, S. J., Clampit, M. K. WISC-R profiles of high ability children: Interpretation of verbal-performance discrepancies. Gifted Child Quarterly, 1990, 34, 2: 76–79.
Sinclair, M. The divine fire. Teddington UK: Paperbackshop Echo Library, 2006.
Simonton, D. K. Creative expertise: A life-span developmental perspective. In: Ericsson, K. A. The road to excellence. The acquisition of expert performance in the arts and sciences, sports and games. Mahwah, NJ: Lawrence Erlbaum Associates, 1996.
Simonton, D. K. Greatness: Who makes history and why? New York: Guilford Press, 1994.
Simonton, D. K. Genius, creativity, and leadership. Cambridge MA: Harvard University Press, 1984.
Sloboda, J. Musical expertise. In: Ericsson, K. A., Smith, J. (Eds.) Toward a general theory of expertise. Prospects and limits. Cambridge: Cambridge University Press, 1991: 153–171.
Spitzer, M. Lernen. Gehirnforschung und die Schule des Lebens. Heidelberg: Spektrum Akademischer Verlag, 2002.
Spitzer, M. Vorsicht Bildschirm! München: dtv, 2006.
Stamm, M. Kluge Köpfe und goldene Hände. Überdurchschnittlich begabte Lehrlinge in der Berufsbildung. Zeitschrift für Berufs- und Wirtschaftspädagogik, 102, 2006: 226.
Stamm, M. Zwischen Exzellenz und Versagen. Frühleser und Frührechnerinnen werden erwachsen. Zürich/Chur: Verlag Rüegger, 2005.
Staub, F., Stern, E. The nature of teachers' pedagogical content beliefs matters for students' achievement gains: quasi-experimental evidence from elementary mathematics. In: Journal of Educational Psychology, 2002, 93: 144–155.
Stedtnitz, U. Sprengen Sie den Rahmen. In 9 Schritten zum persönlichen Work-Life-Konzept. Zürich: Orell-Füssli, 2003.
Stedtnitz, U. Psychosocial dimensions of high ability: a review of major issues and neglected topics. In: Freeman, J., Span, P., Wagner, H. (Eds.) Actualizing Talent: a Lifelong Challenge. London: Cassell, 1995.
Stedtnitz, U. The influence of educational enrichment on self-efficacy in young children. Unpublished doctoral dissertation. Ann Arbor, MI: University Microfilms International, 1986.

Stern, E. Die Entwicklung schulbezogener Kompetenzen: Mathematik. In: Weinert, F.E. (Hrsg.) Entwicklung im Kindesalter – Bericht über eine Längsschnittstudie. Weinheim: Beltz Psychologie Verlags Union, 1998: 95–113.

Sternberg, R.J. (Ed.) Definitions and conceptions of giftedness. Thousand Oaks, CA: Corwin Press, 2004.

Sternberg, R. Countdown zum Erfolg. Was man braucht, um seine Ziele wirklich zu erreichen. München: Knaur, 2002.

Sternberg, R.J. Thinking styles. Cambridge UK: Cambridge University Press, 1997.

Sternberg, R.J. Costs of expertise. In: Ericsson, K.A., Ed. The Road to Excellence: The Acquisition of Expert Performance in the Arts and Sciences, Sports, and Games. Mahwah, NJ: Erlbaum, 1996.

Sternberg, R.J. Beyond IQ: A triarchic theory of human intelligence. New York: Cambridge University Press, 1985.

Sternberg, R.J. (Ed.) Wisdom. Its nature, origins, and development. Cambridge MA: Cambridge University Press, 1993.

Sternberg, R.J., Castejon, J.L., Prieto, M.D., Hautamäki, J., Grigorenko, E.L. Confirmatory factor analysis of the Sternberg triarchic abilities test in three international samples: An empirical test of the triarchic theory of intelligence. European Journal of Psychological Assessment, 2001, 17, 1: 1–16.

Sternberg, R.J., Grigorenko, E. L. Our labeled children. What every parent and teacher needs to know about learning disabilities. Cambridge, MA: Perseus Publishing, 1999.

Sternberg, R.J., Lubart, T.I. Defying the crowd. Cultivating creativity in a culture of conformity. New York: The Free Press, 1995.

Sternberg, R.J., Williams, W.M. Educational psychology. Boston: Allyn & Bacon, 2002.

Sternberg, R.J., Wagner, R.K., Williams, W.M., Horvath, J.A. Testing common sense. American Psychologist, 1995, 50: 912–927.

Sternberg, R.J., Zhang, L. What do we mean by giftedness? A Pentagonal Implicit Theory. Gifted Child Quarterly, 39 (2), 1995: 88–94.

Taylor, I.A. A retrospective view of creativity investigation. In: Taylor, I.A., Getzels, J.W., Eds. Perspectives in creativity. Chicago, IL: Aldine Publishing, 1975.

Terman, L.M., Oden, M.H. Genetic studies of genius. Vol. 5. The gifted group at midlife: Thirty-five years' follow-up of a superior group. Stanford, CA: Stanford University Press, 1959.

Tolle, E. Eine neue Erde. Bewusstseinssprung anstelle von Selbstzerstörung. München: Goldmann Arkana, 2005.

Urban, K.K., Jellen, H.G. Test zum Schöpferischen Denken – Zeichnerisch (TSD-Z). Manual. Frankfurt: Swets & Zeitlinger, 1995.

Von Cube, F. Fordern statt verwöhnen. Die Erkenntnisse der Verhaltensbiologie in Erziehung und Führung. München: Piper, 1999.

Walberg, H.J. A psychological theory of educational productivity. In Gordon, N., Farley, F. H. (Eds.) Psychology and education: The state of the union. Berkeley, CA: McCutchan, 1981.

Walberg, H.J. A portrait of the artist and scientist as young men. Exceptional Children, September 1969: 5–11.

Walberg, H.J. et al. Childhood traits and environmental conditions of highly eminent adults. Gifted Child Quarterly, 1981, 25 (3): 103–107.

Werner, E., Smith, R. Overcoming the odds: High-risk children from birth to adulthood. New York: Cornell University, 1992.

Wilk, S. L., Sackett, P. R. Longitudinal analysis of ability-job complexity fit and job change. Personnel Psychology, 1996, 49: 937–967.

Wolff, P. Ein Interview mit Lutz Jäncke. In: SZ Wissen 09/2006; www.sueddeutsche.de/wissen/artikel/427/74353/3/print.html

Ziegler, A., Dresel, M., Schober, B. Underachievementdiagnose – Ein Modell zur Diagnose partieller Lernbeeinträchtigungen. In: Heller, K. A. (Hrsg.) Lehrbuch Begabungsdiagnostik in der Schul- und Erziehungsberatung. 2. Auflage. Bern: Verlag Hans Huber, 2000.

Personenregister

Sachwortverzeichnis

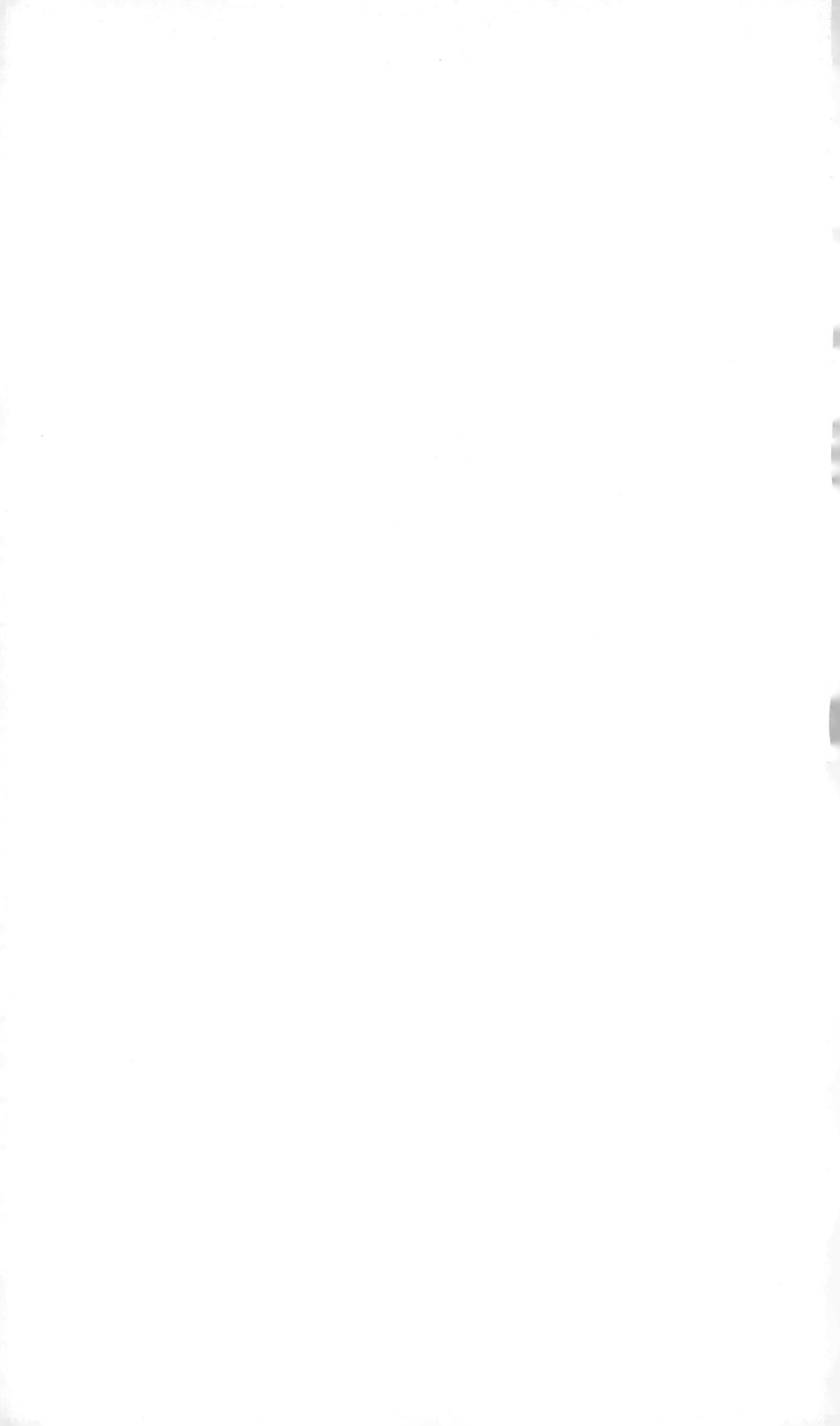